peter f. drucker
sociedade pós capitalista

ACTUAL EDITORA
Conjuntura Actual, Editora, Lda.

MISSÃO
Editar livros no domínio da Gestão e da Economia e tornar-se uma
editora de referência nestas áreas. Ser reconhecida pela sua qualidade
técnica, **actualidade** e relevância de conteúdos, imagem e design
inovador.

VISÃO
Apostar na facilidade e compreensão de conceitos e ideias que
contribuam para informar e formar estudantes, gestores, executivos
e outros interessados, para que, através do seu contributo, participem
na melhoria da sociedade e da gestão das empresas em Portugal
e nos Países de Língua Oficial Portuguesa.

ESTÍMULOS
Encontrar novas edições interessantes e **actuais** para as necessidades
e expectativas dos leitores das áreas de Economia e de Gestão. Investir
na qualidade das traduções técnicas. Adequar o preço às necessidades
do mercado. Apresentar um design de excelência e contemporâneo.
Apresentar uma leitura fácil através de uma paginação estudada.
Facilitar o acesso ao livro, por intermédio de vendas especiais,
website, marketing, etc.Transformar um livro técnico num produto
atractivo. Produzir um livro acessível e que pelas suas características
seja **actual** e inovador no mercado.

peter f. drucker
sociedade pós capitalista

ACTUAL EDITORA
www.actualeditora.com
Portugal – Lisboa

ACTUAL EDITORA
Conjuntura Actual, Editora Lda
Caixa Postal 180
Rua Correia Teles, 28 A
1350-100 Lisboa
Portugal

www.actualeditora.com
TEL: (+ 351) 21 3879067
FAX: (+ 351) 21 3871491

TEXTO
Título original Post Capitalist Society,
Copyright © 1993 by Peter Drucker
Primeira edição em inglês publicada em 1993 pela HarperBusiness
Primeira edição em português publicada em 1993 pela Difusão Cultural
Tradução de Maria Fernanda Jesuíno (revisão de Jorge Nascimento Rodrigues)

Edição Actual Editora
1.ª Edição Junho 2003; 2.ª Edição Fevereiro 2005; 3.ª Edição Maio 2007
Direitos exclusivos reservados para Portugal para Conjuntura Actual, Editora Lda
Revisão da tradução Sofia Rodrigues Ramos
Copy Desk Helena Soares, com o apoio de Maria Eduarda Ornelas
Design capa e paginação Silva! designers
Impressão Guide – Artes Gráficas, Lda
Depósito Legal 259768/07
ISBN 972-8152-46-9

Nenhuma parte deste livro pode ser utilizada ou reproduzida, no todo ou em parte, por qualquer processo mecânico, fotográfico, electrónico ou gravação, ou qualquer outra forma copiada para uso público ou privado, além do uso legal como breve citação em artigos e críticas, sem autorização prévia por escrito da Conjuntura Actual, Editora. Este livro não pode ser emprestado, revendido, alugado ou estar disponível em qualquer forma comercial que não seja o seu actual formato, sem o consentimento da sua editora.

Vendas Especiais. Este livro está disponível com descontos especiais para compras de maior volume para grupos empresariais, associações, universidades, escolas de formação e outras entidades interessadas. Edições especiais, incluindo uma capa personalizada para grupos empresariais, podem ser encomendadas à editora. Para mais informações contactar Conjuntura Actual, Editora.

Índice

11 Prefácio de Peter Drucker
    para a Edição Portuguesa (2003)

15 Introdução: a transformação

PARTE I **Sociedade**

33 **1. Do Capitalismo à Sociedade do Conhecimento**
38   O novo significado do conhecimento
41   A Revolução Industrial
46   A Revolução da Produtividade
53   A Revolução da Gestão
58   Do conhecimento aos conhecimentos

61 **2. A Sociedade das Organizações**
62   A função das organizações
63   A organização como uma espécie à parte
65   As características das organizações
69   A organização como desestabilizador
74   A sociedade dos empregados

81 **3. O Trabalho, o Capital e o seu Futuro**
82   O trabalho ainda é um valor?
84   Que quantidade e que tipo de trabalho são necessários?
87   Capitalismo sem capitalistas
88   Os fundos de pensões e os seus proprietários
91   A governação das sociedades empresariais
93   Responsabilizar a gestão

95 **4. A Produtividade das Novas Forças de Trabalho**
97   Que tipo de equipa?
101   A necessidade de concentração
104   A reestruturação das organizações
105   A subcontratação
107   Impedir um novo conflito de classes

109	**5. A Organização Baseada na Responsabilização**
110	*Quando o certo se torna errado*
113	*O que é a responsabilidade social?*
114	*Poder e organizações*
118	*Do comando à informação*
119	*Da informação à responsabilização*
120	*Fazer de todos colaboradores*

PARTE II **Política**

125	**6. Do Estado-nação ao Mega-Estado**
126	*O paradoxo do Estado-nação*
132	*As dimensões do mega-Estado*
133	*O Estado-ama*
135	*O mega-Estado como mestre da economia*
136	*O Estado fiscal*
138	*O Estado-Guerra Fria*
139	*A excepção japonesa*
141	*O mega-Estado funcionou?*
144	*O Estado-fachada*
146	*O Estado-Guerra Fria – o fracasso do sucesso*

151	**7. Transnacionalismo, Regionalismo e Tribalismo**
152	*O capital não tem pátria...*
153	*...nem a informação*
155	*Necessidades transnacionais: o ambiente*
156	*Acabar com o terrorismo*
157	*O controle das armas*
158	*Regionalismo: a nova realidade*
161	*O regresso ao tribalismo*
163	*A necessidade de raízes*

167	**8. A Necessária Transformação do Estado**
170	*A inutilidade do apoio militar*
171	*O que ser abandonado na política económica*
174	*Concentração no que funciona*
175	*Os êxitos parciais: para além do Estado-ama*

177	**9. A Cidadania através do Sector Social**
178	A necessidade de subcontratar
180	Patriotismo não basta
181	A necessidade de uma comunidade
182	O desaparecimento da comunidade laboral
183	O voluntário como cidadão

PARTE III **O Conhecimento**

189	**10. Conhecimento: a sua Economia e Produtividade**
191	A economia do conhecimento
193	A produtividade do conhecimento
196	A produtividade do capital
198	As exigências da Gestão
199	É só relacionar...

203	**11. A Responsabilização da Escola**
205	Como fizeram os japoneses
207	As novas exigências do desempenho
209	Aprender a aprender
212	A escola na sociedade
215	As escolas como parceiros
216	A escola responsabilizada

219	**12. A Pessoa Instruída**

229	*Entrevista*
236	*Livros do autor*

Prefácio de Peter F. Drucker
para a Edição Portuguesa (2003)

A minha mulher e eu visitámos Portugal pela primeira vez há quarenta e cinco anos atrás, no final dos anos 50. A nossa última visita foi há seis anos, no final dos anos 90. Das duas vezes percorremos o país de carro, vindos de Santiago de Compostela e saindo do país em direcção a Sevilha, depois de uma semana em Lisboa. Fisicamente, claro, era o mesmo país bonito de ambas as vezes e Lisboa era a mesma cidade fascinante. Mas, o Portugal de 1997 era muito diferente do de 1957 – e, além disso, tinha-se tornado um país mais rico.

A única maneira como posso descrever a diferença é que em quatro décadas Portugal deu um salto de 200 anos. O Portugal de 1957 era muito, como nos pareceu na altura, o Portugal que Wellington e Napoleão conheceram e onde lutaram. O Portugal de 1997 era ainda pobre, especialmente nas regiões mais montanhosas do Norte, mas já fazia parte da Europa do século XX, quer pelo trânsito quer pelas auto-estradas.

Agora Portugal está a dar outro pulo, ao enfrentar a integração na União Europeia. O Portugal que eu conheci primeiro estava espantosamente isolado do resto da Europa, até da sua vizinha Espanha. Mesmo os turistas ainda não tinham começado a ir para o Algarve. E nas regiões montanhosas do Norte, um estrangeiro era tão raro que as pessoas vinham das aldeias vizinhas para nos ver e pedir um autógrafo quando parávamos para comer ou passar a noite.

Politicamente, o Portugal dos finais dos anos cinquenta era uma verdadeira ilha. Mesmo economicamente, só as grandes cidades, como Lisboa e Porto, tinham contacto com a Europa, especialmente com a Inglaterra e no outro lado do Oceano, com o Brasil e os EUA.

O Portugal da década de noventa, especialmente o Portugal a sul de Lisboa, tinha saído deste isolamento de século XIX. Mas o país como um todo era ainda (em conjunto com a Irlanda) das regiões mais isoladas do Ocidente não comunista.

Agora, Portugal, em conjunto com outras nações da União Europeia, está a entrar numa Nova Ordem nunca antes vivida: a completa integração económica e internacional com a completa diversidade nacional.

Os desafios são muito diferentes para quem toma decisões no Governo e para quem as toma nos negócios. Mas para ambos é indispensável compreender a Sociedade em que agora vão ter de funcionar.

Esta sociedade está, ela própria, em rápida mudança. Portugal, como o resto do mundo desenvolvido, está a evoluir para o que este livro chama de "Sociedade Pós-Capitalista". É uma sociedade que é diferente da Sociedade Industrial na qual Portugal se integrou com sucesso na segunda metade do século passado, que era diferente da dos países capitalistas da Europa Industrial.

Na prática, em todo o lado – e não só em Portugal –, políticos e políticas, quer sejam do Governo ou dos negócios, têm ainda por base as realidades dessa Era inicial, apesar de ela rapidamente ter passado à história. Tal como as ideologias e teorias às quais os partidos políticos ainda se agarram em quase todo o lado.

Quais são estas novas realidades – a mudança para o Conhecimento como principal recurso de produção e único criador de riqueza; ou a ascensão e queda do Mega-Estado – é o tema deste livro. Mas só as políticas e decisões que têm por base estas duas novas realidades da Sociedade Pós-Capitalista podem ser eficazes e bem sucedidas.

Claremont, Califórnia, Verão 2003
Peter F.Drucker

Prefácio dos editores

Peter Drucker tem 94 anos e uma motivação e energia que deixam qualquer jovem espantado. Quando foi contactado para colaborar na reedição deste livro, o autor mostrou-se verdadeiramente empenhado em participar. De Claremont (Califórnia, EUA), enviou as respostas aos nossos pedidos através de faxes batidos à máquina. Estas são as únicas ferramentas tecnológicas a que recorre para estar "ligado" ao mundo: um fax e uma máquina de escrever. Não utiliza a Internet nem o telefone.

Numa semana respondeu ao pedido para escrever um prefácio, e as questões da entrevista (também publicada na revista "Gestão Pura") foram respondidas no espaço de seis dias. Para além desta eficiência e de uma escrita que deixa transparecer muita atenção ao detalhe, mostrou como para ele o mundo é pequeno: seis dias após serem pedidas, as suas cinco fotografias chegavam a Lisboa, por correio normal. É ele, pessoalmente, que envia os faxes e trata dos envelopes para o correio.

Este prefácio dos editores, pouco vulgar no mundo da edição, foi escrito porque quisemos dar a conhecer ao leitor que Peter Drucker se envolveu nesta reedição com uma boa vontade e uma simplicidade pouco comuns em alguém com a sua idade e prestígio. Considerado o "melhor guru da Gestão", este pensador mantém uma escrita inteligente, actualizada e com um sentido de humor subtil. Num dos últimos faxes trocados pediu que lhe fosse enviada a revista onde será publicada a sua entrevista, porque, apesar de não dominar o português falado, consegue ler prosa portuguesa (a poesia não) porque, nas suas palavras, é "muito parecida ao latim medieval"!

Num dos textos que escreveu, em 1997, Peter Drucker confessou que o jornalismo lhe ensinou uma metodologia de desenvolvimento pessoal que ainda hoje o acompanha. Nos últimos 60 anos tem-se dedicado a estudar temas vários, um de cada vez. Durante três anos, período que diz não ser suficiente para se tornar um especialista, mas que serve pelo menos para o compreender, estuda esse assunto. Passado esse período escolhe nova área. Pode ser arte japonesa ou economia. "Isto não só me trouxe muitos conhecimentos como também me ajudou a estar mais aberto a novas disciplinas, novas abordagens e novas metodologias. Porque cada tema que estudei parte de diferentes pressupostos e emprega diferentes metodologias", esclarece.

Este livro transmite-nos muitos dos seus conhecimentos em diferentes áreas e, num estilo muito próprio, propõe-nos a sua flexibilidade e a sua abertura de pensamento em relação ao passado, presente e futuro, que estuda e analisa há quase um século. Num mundo em constante mudança e onde a flexibilidade e a capacidade para reagir aos imprevistos e à mudança são competências chave, apostar na contínua actualização de conhecimentos é essencial. Esperemos que goste de "Sociedade Pós-Capitalista" e prometemos em breve oferecer-lhe novas sugestões de leitura que o ajudarão a conhecer ou aprofundar outras áreas de estudo e a investir no seu desenvolvimento pessoal.

Lisboa, Maio 2003

Introdução: a transformação

De cem em cem anos ocorre na história do Ocidente uma profunda transformação. Atravessamos aquilo que num livro anterior ("The New Realities", 1989) designei por "divisão". Dentro de poucas décadas, a sociedade reorganizar-se-á – a sua visão do mundo, os seus valores básicos, a sua estrutura social e política, as suas artes, as suas instituições-chave. Cinquenta anos depois, é um mundo novo. Quem nasce nessa altura não consegue sequer imaginar o mundo em que viveram os avós e em que nasceram os pais.

Actualmente estamos a viver uma dessas transformações. Estamos a criar a sociedade pós-capitalista, e é esse o tema deste livro.

No século XIII aconteceu uma dessas transformações, quando, quase da noite para o dia, o mundo europeu se concentrou na nova cidade – com a emergência das associações de artesãos nas cidades como grupos sociais dominantes e com o renascimento do comércio de longo curso; com o gótico, essa nova arquitectura eminentemente urbana e realmente burguesa; com a nova arte dos pintores de Siena; com a mudança para Aristóteles como principal fonte de sabedoria; com as universidades urbanas a substituírem, enquanto centros de cultura, os mosteiros no seu isolamento rural; com as novas ordens urbanas, os Dominicanos e os Franciscanos, a emergirem como veículos da religião, da aprendizagem, da espiritualidade; e, daí a algumas décadas, com a substituição do latim pelo vernáculo e com Dante a criar a literatura europeia.

A transformação seguinte ocorreu duzentos anos mais tarde, durante o período de sessenta anos que mediou entre a invenção, por Gutenberg, em 1455, dos tipos móveis, e com eles do livro impresso, e a Reforma protestante, em 1517. Estas foram as décadas do florescimento da Renascença, com o seu apogeu entre 1470 e 1500, em Florença e Veneza; da redescoberta da Antiguidade; da descoberta europeia da América; da infantaria espanhola, o primeiro exército regular desde as legiões romanas; da redescoberta da anatomia e, com ela, da investigação científica; e da adopção generalizada dos algarismos árabes no Ocidente. E, uma vez mais, ninguém que vivesse em 1520 poderia imaginar o mundo em que os avós tinham vivido e os pais nascido.

A transformação seguinte inicia-se em 1776 – o ano da Revolução Americana, do aperfeiçoamento da máquina a vapor e da "Riqueza das Nações", de Adam Smith[1], terminando quarenta anos mais tarde, em Waterloo; quatro décadas durante as quais nasceram os "ismos" modernos – o capitalismo, o comunismo e a Revolução Industrial. É por essa altura também que é criada – em 1809 – a universidade moderna (Berlim), bem como a escolarização universal. Estas quatro décadas trouxeram ainda a emancipação dos judeus – por volta de 1815 os Rothschilds tinham-se transformado no grande poder, fazendo sombra a reis e príncipes. Estes quarenta anos produziram, de facto, uma nova civilização europeia. Mais uma vez, ninguém que vivesse em 1820 poderia imaginar o mundo em que tinham vivido os avós e nascido os pais.

O nosso tempo, duzentos anos mais tarde, é um destes períodos de transformação. No entanto, este tempo não está limitado à sociedade e história ocidentais. Na verdade, uma das mudanças fundamentais consiste no facto de ter deixado de existir uma história "ocidental" ou uma civilização "ocidental". Existe só uma história mundial e uma civilização mundial, ambas "ocidentalizadas". Discute-se se esta transformação actual começou com a emergência do primeiro país não ocidental, o Japão, como grande poder económico – o que aconteceu por volta de 1960 –, ou se foi iniciada com o apare-

---

1. "Riqueza das Nações", Fundação Calouste Gulbenkian, Lisboa.

cimento do computador, ou seja, quando a informação se tornou central. A minha proposta é outra: é o aparecimento da Carta dos Direitos do Militar (Gl Bill of Rights), no final da Segunda Guerra Mundial, que dava a cada soldado americano regressado da guerra o dinheiro necessário para frequentar a universidade – algo que trinta anos antes não faria sentido, ou seja, não faria sentido no final da Primeira Guerra Mundial. A Carta dos Direitos do Militar – e a resposta entusiástica que recebeu por parte dos veteranos dos EUA – assinalava a viragem para a sociedade do conhecimento. Os historiadores futuros podem considerá-la, com toda a razão, o acontecimento mais importante do século XX.

Estamos claramente no meio dessa transformação, que – se é que a História nos pode servir de guia – só ficará completa por volta do ano 2010 ou 2020, embora, entretanto, já tenha alterado a paisagem política, económica, social e moral do mundo. Ninguém nascido em 1990 poderá alguma vez imaginar o mundo em que os avós (isto é, a minha geração) cresceram e em que os pais nasceram.

A primeira tentativa bem sucedida para compreender a transformação que converteu a Idade Média e o Renascimento no mundo moderno, que começou em 1455, só será feita cinquenta anos mais tarde – com os "Comentários" de Copérnico, escritos entre 1510 e 1514, com "O Príncipe" de Maquiavel, datado de 1513, com Miguel Ângelo e a sua síntese e transcendência de toda a arte da Renascença no tecto da Capela Sistina, pintado entre 1510 e 1512, e com o ressurgimento da Igreja Católica no Concílio de Trento, nos anos posteriores a 1540.

A transformação seguinte – aquela que aconteceu há duzentos anos, provocada pela Revolução Americana – foi entendida e analisada pela primeira vez, sessenta anos mais tarde, nos dois volumes de Alexis de Tocqueville, "Da Democracia na América", publicados, respectivamente, em 1835 e 1840.

Contudo, estamos já suficientemente avançados na nova sociedade pós-capitalista para podermos rever e repensar a história social, económica e política da Era Capitalista e do Estado-nação. Este livro olha de novas formas para o período que estamos a deixar para trás... e alguma coisa do que se vê surgir destas novas tomadas de posição consegue ser uma autêntica surpresa (pelo menos, para mim, foi).

No entanto, é arriscado prever o aspecto que o mundo pós-capitalista irá assumir, embora pense que podemos descobrir com algum grau de probabilidade as novas questões que vão surgir e onde se situarão os novos grandes temas. Podemos desde já descrever aquilo que não vai funcionar em várias áreas, mas "as respostas" à maior parte das perguntas estão na sua maioria escondidas nas entranhas do futuro. A única coisa de que podemos ter a certeza é de que o mundo que vai nascer da actual reorganização dos valores, crenças, estruturas sociais e económicas, dos conceitos e sistemas políticos – de facto, da percepção mundial – será diferente de tudo aquilo que hoje imaginamos. Em algumas áreas – e, em especial, na sociedade e nas suas estruturas – já aconteceram mudanças fundamentais. É quase certo que a nova sociedade será simultaneamente não socialista e pós-capitalista. É igualmente seguro que o conhecimento será o seu principal recurso. O que significa que terá de ser uma sociedade de organizações. É também certo que, na política, já nos afastámos dos quatrocentos anos do Estado-nação soberano em direcção a um pluralismo em que esse Estado-nação é uma, entre várias, e não a única, unidade de integração política. Será portanto uma componente, embora ainda uma componente chave, daquilo a que chamo "política pós-capitalista", um sistema em que as estruturas transnacionais e regionais, dos Estados-Nações e dos estados locais, e mesmo tribais, competem e coexistem.

Tudo isto já aconteceu. Por isso pode ser descrito. Fazê-lo é o objectivo deste livro.

Sociedade pós-capitalista e política pós-capitalista

Há umas décadas atrás, toda a gente "sabia" que a sociedade pós-capitalista seria, com certeza, marxista. Agora todos sabemos que marxista é a única coisa que a próxima sociedade não será. Contudo, muitos de nós também sabemos – ou pelo menos pressentimos – que os países desenvolvidos estão a abandonar algo a que poderíamos chamar capitalismo. O mercado permanecerá com certeza o integrador eficaz da actividade *económica*. Mas, enquanto sociedade, os países desenvolvidos evoluíram já para o pós-capitalismo. Estão a tornar-se rapidamente numa sociedade de novas "classes", com um novo recurso fundamental no seu seio.

A sociedade capitalista era dominada por duas classes sociais: os capitalistas, que possuíam e controlavam os meios de produção, e os trabalhadores – "proletários" explorados e dependentes (Karl Marx, 1818-1883). Os proletários começaram por se tornar na classe média abastada, como resultado da "Revolução da Produtividade" – a qual se iniciou no exacto momento da morte de Marx, em 1883, e atingiu o apogeu, em todos os países desenvolvidos, logo a seguir à Segunda Guerra Mundial. Por volta de 1950, o trabalhador industrial, que deixara de ser "proletário", mas que era ainda "trabalhador", parecia dominar a política e a sociedade em todos esses países. Mas por essa altura, com o começo da "Revolução da Gestão", os trabalhadores na indústria produtiva começaram a diminuir quer em número, quer, ainda de forma mais visível, em poder e estatuto. No ano 2000 não existirá nenhum país desenvolvido onde os tradicionais trabalhadores da produção fabril e da distribuição de bens representem mais do que um sexto ou um oitavo da força de trabalho.

Quanto ao capitalista, atingiu o seu apogeu provavelmente ainda mais cedo – na viragem do século, não ultrapassando o fim da Primeira Guerra Mundial. Desde então ninguém mais teve o poder e o renome de indivíduos como Morgan, Rockefeller, Carnegie ou Ford, nos Estados Unidos; Siemens, Thyssen, Rathenau ou Krupp, na Alemanha; Mond, Cunard, Lever, Vickers, ou Armstrong, em Inglaterra; Wendel e Schneider, em França; ou como as famílias que possuíam os grandes *zaibatsu* do Japão – Mitsubishi, Mitsui e Sumitomo. Na altura da Segunda Guerra Mundial, todos eles foram substituídos por "gestores profissionais" [2], o primeiro resultado da Revolução da Gestão. Ainda há muita gente rica por esse mundo fora e que aparece com frequência nas colunas sociais dos jornais. Mas estas pessoas transformaram-se em "celebridades" – economicamente quase deixaram de ter importância. Até mesmo nas publicações dedicadas aos negócios, toda a atenção passou a ser dada aos "profissionais", ou seja, aos gestores. Quando se fala de dinheiro, porque é disso que se trata, é para referir os "salários excessivos" e os "bónus" destes profissionais, que são donos de muito pouco ou de nada.

Em vez dos capitalistas da velha guarda, são os fundos de pensões e de reformas que, nos países desenvolvidos, controlam cada vez mais a oferta e distribuição do dinheiro. Nos EUA, os fundos de pensões controlavam, em 1992, metade do capital investido nas maiores empresas do país e representavam quase metade da dívida fixa dessas empresas, sendo naturalmente os trabalhadores os beneficiários desses fundos. Se definirmos socialismo como Marx o fez, ou seja, co-

---

2. O melhor livro sobre este tema, dedicado ao sector fabril nos Estados Unidos, é de Alfred D. Chandler, "The Visible Hand" (Harvard University Press, 1977).

mo a posse dos meios de produção por parte dos assalariados, então os Estados Unidos tornaram-se no país mais socialista de todos – sendo, ao mesmo tempo, o mais "capitalista". Os fundos de pensões são geridos por um novo tipo de capitalistas: sem rosto, anónimos, empregados assalariados, gestores de carteiras e analistas de investimentos de fundos.

Igualmente importante é que o "factor de produção" decisivo para obter lucros e os controlar já não é nem o capital, nem a terra, nem o trabalho – é o conhecimento. Em vez de capitalistas e proletários, as classes da sociedade pós-capitalista são os trabalhadores do conhecimento e dos serviços.

A passagem para a sociedade do conhecimento

A mudança para a sociedade pós-capitalista iniciou-se logo a seguir à Segunda Guerra Mundial. Mesmo antes de 1950[3] escrevi sobre a "sociedade de empregados"; dez anos mais tarde, por volta de 1960, adoptei a terminologia "trabalho do conhecimento" e "trabalhadores do conhecimento". No meu livro "A Era da Descontinuidade" (1969) fui o primeiro a falar de "sociedade de organizações". "A Sociedade Pós-Capitalista" tem por base o trabalho realizado ao longo de quarenta anos. A maioria das suas recomendações quanto a política e acção tem sido testada com sucesso.

Só com o colapso do marxismo enquanto ideologia e do comunismo enquanto sistema[4] se tornou claro que já transitámos para uma sociedade nova e diferente. Apenas a partir desse momento é que um livro como este se tornou possível: um livro que não é um prognóstico, mas sim uma descrição, que não é *futurista, mas antes um apelo à acção, aqui e agora.*

A bancarrota – moral, política e económica – do marxismo e o colapso dos regimes comunistas não foram o fim da História ("the end of History", como proclamava um artigo publicado em 1989, largamente publicitado, escrito por Francis Fukayama)[5]. Até mesmo os mais fiéis defensores do mercado livre seguramente hesitaram em

---

3. Por exemplo, no meu livro "The New Society" (1949).
4. Ambos antecipados no meu livro "New Realities", publicado em 1989 e escrito em 1987, vários anos antes de esses acontecimentos ocorrerem.
5. "The End of History", de Francis Fukayama, The National Interest, Verão de 1989.

saudar o seu triunfo como um milagre. Contudo, os acontecimentos de 1989 e 1990 foram mais do que o fim de uma era: significaram o fim de um tipo de História. O colapso do marxismo e do comunismo terminava os duzentos e cinquenta anos dominados por uma religião secular – chamei-lhe *a crença na salvação pela sociedade*. O primeiro profeta desta religião secular foi Jean-Jacques Rousseau (1712-1778), e a utopia marxista foi a sua última destilação – e apoteose.

As mesmas forças que destruíram o marxismo enquanto ideologia e o comunismo enquanto sistema social estão, contudo, a tornar também o capitalismo obsoleto. Durante duzentos e cinquenta anos, a partir da segunda metade do século XVIII, o capitalismo foi a realidade social dominante. Nos últimos cem anos, o marxismo foi a ideologia social dominante. Ambos estão rapidamente a ser suplantados por uma nova sociedade, muito diferente.

A nova sociedade – que já existe – é a sociedade pós-capitalista. Esta nova sociedade, volto a frisar, vai seguramente utilizar o mercado livre como um dos mecanismos provados de integração económica. Não será uma sociedade anti-capitalista, nem não capitalista, pois sobreviverão algumas instituições do capitalismo – como por exemplo, os bancos – só que desempenharão papéis completamente diferentes. O centro de gravidade da sociedade pós-capitalista – as suas estruturas, a sua dinâmica social e económica, as suas classes sociais e os seus problemas sociais – é diferente do que dominou os últimos duzentos e cinquenta anos e definiu as questões à volta das quais se cristalizaram os partidos políticos, os grupos sociais, os sistemas de valores sociais e os compromissos pessoais e políticos.

O recurso económico básico – "os meios de produção", para utilizar o termo dos economistas – deixou de ser o capital, ou os recursos naturais (a "terra") ou o "trabalho". *É, e será, o conhecimento.* As actividades centrais criadoras de riqueza não serão nem a alocação do capital pelas áreas produtivas, nem o "trabalho" – os dois pólos da teoria económica do século XIX e XX, quer clássica quer marxista, keynesiana ou neoclássica. Agora o valor é criado pela "produtividade" e "inovação", qualquer delas aplicações do conhecimento no trabalho. Os grupos sociais líderes da sociedade do conhecimento serão os "trabalhadores do conhecimento" – executivos do conhecimento que sabem como alocar o conhecimento para uso produtivo, tal como os capitalistas alocavam o capital para uso produtivo – ou seja, os profissionais do conhecimento, os empregados do conhecimento.

Praticamente toda esta gente do conhecimento será empregue nas organizações. No entanto, contrariamente aos trabalhadores do sistema capitalista, os trabalhadores do conhecimento controlam tanto os "meios de produção" como os "instrumentos de produção" – os primeiros, através dos fundos de pensões, dos quais estão a surgir, em todos os países desenvolvidos, como os únicos proprietários reais; e, os últimos, porque são proprietários do seu próprio conhecimento, podendo levá-lo para onde quer que vão. O desafio *económico* da sociedade pós-capitalista será a produtividade do trabalho e do trabalhador com base no conhecimento.

O desafio *social* que a sociedade pós-capitalista terá de enfrentar será o da dignidade da segunda classe: os trabalhadores dos serviços. Estes, regra geral, têm uma instrução inferior à necessária para serem trabalhadores do conhecimento. Em todos os países, mesmo nos mais avançados, são eles que representam a maioria.

A sociedade pós-capitalista será dividida por uma nova dicotomia de valores e de percepções estéticas. Não será a das "duas culturas" – a literária e a científica – acerca das quais o romancista inglês, também cientista e representante do Governo britânico, C. P. Snow (1905-1980) escrevia no seu livro "As Duas Culturas e a Revolução Científica" (1959), embora esta divisão seja bem real. A dicotomia será entre "intelectuais" e "gestores", os primeiros ocupados com palavras e ideias, os últimos, com pessoas e trabalho. Transcender esta dicotomia numa nova síntese será um desafio filosófico e educacional central para a sociedade pós-capitalista.

Ultrapassar o Estado-nação

O final dos anos 80 e o início dos 90 também marcaram o fim de outra era, de um outro "tipo de História". Se a queda do Muro de Berlim, em 1989, foi o acontecimento nevrálgico que simbolizou a queda do marxismo e do comunismo, a coligação transnacional contra a invasão do Kuwait pelo Iraque em 1990 significou o mesmo em relação ao fim de quatrocentos anos de História durante os quais a soberania do Estado-nação foi o principal, e muitas vezes o único, actor no palco político.

Os historiadores do futuro colocarão com certeza Fevereiro de 1991 entre as "grandes datas". Não existem precedentes para este tipo de acção transnacional. Nunca antes acontecera que as nações –

sem uma única divergência importante – colocassem à frente dos seus sentimentos nacionais, e em muitos casos à frente do seu próprio interesse nacional, o interesse comum da comunidade mundial em destruir o terrorismo. Não existe precedente para a compreensão universal de que o terrorismo não é um assunto "político" para ser entregue aos governos individuais nacionais, mas sim um assunto que exige uma acção transnacional.

> Pensou-se, especialmente entre os liberais dos Estados Unidos, que a guerra de 1991 contra o Iraque tinha sido desencadeada para proteger o fornecimento do petróleo ao Ocidente, mas nada está mais longe da verdade. O controle dos poços de petróleo do Kuwait pelo Iraque – bem como dos da Arábia Saudita – teria muito mais interesse *económico* para o Ocidente, significaria petróleo muito mais barato. Enquanto o Kuwait e a Arábia Saudita não têm praticamente população nativa, e por isso não necessitam de investir imediatamente, o Iraque é fortemente sobrepovoado e, à excepção do petróleo, encontra-se quase totalmente desprovido de recursos naturais. Por isso, precisa de vender a maior quantidade possível de petróleo, enquanto o Kuwait e a Arábia Saudita estão sobretudo interessados em manter o seu preço elevado, o que significa um nível baixo de produção. Isto explica por que razão os Estados Unidos apoiaram tão fortemente Saddam Hussein antes da guerra e porque assim continuaram até ao exacto momento em que ele atacou o Kuwait, entregando-se a um manifesto acto terrorista, justificando também, suponho, o motivo por que Saddam falhou nos cálculos: devia estar convencido de que os Estados Unidos permitiriam que levasse adiante uma agressão flagrante, desde que isso assegurasse preços baixos para o petróleo. Toda a gente com quem falei nas maiores companhias petrolíferas estava certa de que, quando o Iraque invadisse o Kuwait, o Governo americano apenas se limitaria a fazer um protesto simbólico.

Durante quatrocentos anos, desde que o jurista e político francês Jean Bodin (1530-1596) o inventou (no seu livro, de 1576, "De la Republique"), o Estado-nação transformou-se num único órgão de poder político, interna e externamente. E, nos últimos duzentos anos, desde a Revolução Francesa, tornou-se o veículo da religião secular, a crença na salvação pela sociedade. De facto, o totalitarismo, tanto comunista como nazi, foi a última destilação e a apoteose da doutrina do Estado-nação soberano como único órgão de poder.

A teoria política e a lei constitucional ainda reconhecem só o estado soberano, e nos últimos anos ele adquiriu paulatinamente mais poder e domínio na sua mutação para "mega-Estado". É a única estrutura política que, pelo menos até agora, nos é familiar e compreendemos, e que sabemos construir a partir de instituições pré-fabricadas e padronizadas – um executivo, uma assembleia legislativa, tribunais, serviço diplomático, forças armadas, e por aí fora. Cada um dos duzentos novos países que resultaram dos impérios coloniais de outrora, desde o fim da Segunda Guerra Mundial, organizou-se como um Estado-nação. E é essa a aspiração de todas as várias partes de um dos últimos impérios colonialistas, o soviético.

No entanto, durante quarenta anos, ou seja, desde o fim da Segunda Guerra Mundial, o Estado-nação tem vindo a perder regularmente a sua posição de órgão *único* de poder. Internamente, os países desenvolvidos estão a transformar-se rapidamente em sociedades pluralistas de organizações. Externamente, algumas das funções governamentais tornaram-se transnacionais, outras regionais, como a Comunidade Europeia, por exemplo: e outras foram tribalizadas.

O Estado-nação não vai definhar. Poderá manter-se o órgão político mais poderoso durante algum tempo, mas deixará de ser o indispensável. Cada vez mais partilhará poder com outros órgãos, outras instituições, outros construtores de políticas. O que ficará sob o domínio do Estado-nação? O que realizarão as instituições autónomas no interior do Estado? Como se define "supranacional" ou "transnacional"? O que se deverá manter "independente e local"?

Estas questões serão os problemas políticos centrais das próximas décadas, e as soluções que implicam são, na sua especificidade, praticamente imprevisíveis. Mas a ordem política parecerá diferente da ordem política dos últimos quatro séculos, em que os actores eram diferentes na dimensão, riqueza, harmonizações constitucionais e credos políticos, embora uniformes enquanto Estados-nações – cada um deles soberano no interior do seu território e definido pelo seu território. Estamos a passar – de facto já lá chegámos – para a *política pós-capitalista.*

O último daqueles que podemos designar como filósofos "pré--modernos", Gottfried Leibnitz (1646-1716), passou grande parte da sua vida numa tentativa vã de restaurar a unidade da cristandade. A sua motivação não era o receio de guerras religiosas entre católicos e protestantes, ou entre seitas protestantes – esse perigo já tinha passado quando Leibnitz nasceu. Ele temia que sem uma crença comum num Deus sobrenatural pudessem surgir religiões seculares. Uma religião secular, estava convencido disso, seria quase por definição uma tirania supressora da liberdade pessoal.

Um século mais tarde, Jean-Jacques Rousseau confirmava os receios de Leibnitz ao afirmar que a *sociedade* podia e devia controlar o ser humano, criar um "novo Adão" e atingir a perfeição humana. Mas podia e devia, também, subordinar o individual à *vontade geral*, impessoal, suprapessoal – aquilo a que mais tarde os marxistas chamarão as "leis objectivas da História". A partir da Revolução Francesa, a salvação pela sociedade transforma-se gradualmente no credo dominante, primeiro no Ocidente, e depois, após a Segunda Guerra Mundial, em todo o mundo. Apesar de pretender ser "anti-religião", é na verdade uma fé religiosa. Os meios são de facto não espirituais: a proibição das bebidas alcoólicas, matar todos os judeus, a psicanálise universal, a abolição da propriedade privada – mas o objectivo é no entanto religioso – estabelecer o reino de Deus na terra mediante a criação do "Homem Novo".

Durante mais de cem anos, o mais poderoso e subtil credo secular que prometia a salvação através da sociedade foi o marxismo. A promessa religiosa do marxismo, muito mais do que a sua retorcida ideologia e a sua economia cada vez mais irrealista, exercia um tremendo fascínio, especialmente sobre os intelectuais. Existiam muitas razões, por exemplo, para os judeus dos países de Leste aceitarem uma ideologia que prometia pôr fim às discriminações e perseguições de que eram vítimas na Rússia czarista ou na Roménia. Mas o apelo mais poderoso para eles era a promessa marxista de um paraíso terrestre, isto é, o apelo marxista de uma religião secular.

O comunismo enquanto sistema económico entrou em colapso. Em vez de criar riqueza, criou miséria. Em vez de estabelecer igualdade económica, originou uma *nomenklatura* de funcionários que desfrutavam de privilégios sem precedentes. Mas, enquanto credo, o marxismo falhou porque não criou o "Homem Novo". Em vez disso fortaleceu tudo o que havia de pior no "velho Adão": corrupção, ganância, ânsia de poder, inveja e desconfiança mútua, tirania mesquinha e secretismo, mentira, roubo, denúncia e, acima de tudo, cinismo. O comunismo, como sistema, teve os seus heróis, mas o marxismo, que era o seu credo, não produziu um único santo.

O ser humano poderá estar aquém de qualquer libertação. O poeta latino talvez estivesse certo quando dizia: "A natureza humana consegue sempre esgueirar-se e entrar pela porta dos fundos, independentemente das vezes que seja afastada da porta da frente". Talvez os cínicos tenham razão quando afirmam que não existe virtude, nem bondade, nem generosidade, mas apenas egoísmo e hipocrisia (embora haja provas suficientes em contrário, como gosto de recordar a mim próprio nas minhas horas mais negras).

Contudo, não há dúvida de que o colapso do marxismo como credo significa o fim da crença na salvação pela sociedade. Não sabemos o que vai surgir a seguir, apenas podemos esperar e rezar. Talvez apenas a resignação estóica? Talvez um renascimento da religião tradicional dirigida às necessidades e desafios do indivíduo na sociedade do conhecimento? O crescimento explosivo daquilo a que chamo igrejas cristãs pastorais na América – protestantes, católicas, não confessionais – pode ser um mau presságio. Mas também o ressurgimento do fundamentalismo islâmico. Os jovens do mundo muçulmano que actualmente abraçam fervorosamente o fundamentalismo islâmico poderiam ter sido, há quarenta anos, igualmente marxistas fervorosos. Ou irão aparecer novas religiões?[6]

Mais uma vez, a redenção, a regeneração pessoal, o desenvolvimento espiritual, o bem e a virtude – o "Homem Novo", para usar o termo tradicional – são vistos mais como existenciais do que como objectivos sociais ou prescrições políticas. O fim da crença na salvação pela sociedade marca seguramente uma viragem interior que dá nova ênfase ao indivíduo, à pessoa, podendo mesmo conduzir – ou pelo menos assim o esperamos – a um regresso à responsabilização individual.

O Terceiro Mundo

Este livro centra-se nos países desenvolvidos – Europa, EUA, Canadá, Japão e novos países desenvolvidos da Ásia continental – em vez de se deter nos países em desenvolvimento do Terceiro Mundo.

Isto não acontece porque considere as nações menos desenvolvidas sem importância ou mesmo menos importantes. Isso seria um

---

6. É mais fácil prever o que é difícil de acontecer do que o que é provável que aconteça. Não iremos, por certo, assistir à rejeição dos valores materiais nem ao fim da tecnologia – aquilo que um escritor japonês, Taichi Sakaya, nascido em 1935, predizia num *best-seller* dos meados dos anos 80 (publicado em inglês, em 1991, pela Kodansha International, Nova Iorque-Tóquio-Londres, com o título "The Knowledge-Value Revolution"). A difusão universal da informação e da tecnologia torna isso impossível.

disparate. No fim de contas, dois terços da população mundial vivem no Terceiro Mundo e, com o actual período de transição a chegar ao fim – por volta de 2010 ou 2020 –, nessa altura abrigará três quartos da população mundial. Mas também considero altamente provável que dentro de uma ou duas décadas se assista a novos e surpreendentes "milagres económicos" por meio dos quais os países do Terceiro Mundo, pobres e atrasados, se transformarão, quase da noite para o dia, em poderes económicos de crescimento acelerado. Também será muito provável que sucedam mais transformações agora do que nos últimos quarenta anos, ou seja, desde que se começou a falar de "desenvolvimento económico".

Todos os elementos para um rápido crescimento estão presentes nas áreas urbanizadas da China – de Tsientsin, no Norte, a Cantão, no Sul. Estas têm um mercado interno muito grande, uma população altamente instruída, com um respeito profundo pela aprendizagem, uma tradição empreendedora já antiga e laços estreitos com os "chineses da diáspora" de Singapura, Hong Kong e Taiwan, com acesso ao seu capital, às suas redes de comércio e às pessoas certas. Tudo isto pode desencadear uma explosão de crescimento do empreendedorismo, se a tirania de Pequim puder ser pacificamente ultrapassada. De forma semelhante, os maiores países da América do Sul oferecem um mercado interno considerável. O México está já na fase de arranque e o Brasil pode surpreender toda a gente pela rapidez da sua viragem, logo que consiga coragem para seguir o recente exemplo mexicano e abandone os planos falhados e verdadeiramente suicidas em que mergulhou depois de 1970. Possivelmente ninguém poderá antever as surpresas que os países ex-comunistas da Europa do Leste nos reservam.

Mas os países desenvolvidos jogam uma cartada tremenda no Terceiro Mundo. A não ser que se assista a um desenvolvimento rápido – tanto económico como social – os países em desenvolvimento serão inundados por uma vaga humana de imigrantes do Terceiro Mundo que excederá em muito a sua capacidade económica, social ou cultural para os absorver.

As forças que estão a criar a sociedade pós-capitalista e a política pós-capitalista têm origem no mundo desenvolvido. São o produto e o resultado do seu progresso. As respostas aos desafios da sociedade pós-capitalista e da política pós-capitalista não poderão ser encontradas no Terceiro Mundo.

Se há algo de totalmente falhado são as promessas dos líderes do Terceiro Mundo dos anos 50 e 60 – Nehru, na Índia, Mao, na China, Castro, em Cuba, Tito, na Jugoslávia, os apóstolos da "*negritude*" em África ou os neomarxistas como Che Guevara. Eles garantiram que o Terceiro Mundo iria encontrar respostas novas e diferentes e que iria de facto criar uma nova ordem. Mas o Terceiro Mundo não cumpriu as promessas feitas em seu nome. Os desafios, as oportunidades, os problemas da sociedade pós-capitalista e da política pós-capitalista só podem ser geridos onde foram originados. E isso aconteceu no mundo desenvolvido.

Sociedade, política, conhecimento

Este livro cobre várias áreas. Aborda a sociedade pós-capitalista, a política pós-capitalista e os novos desafios lançados ao conhecimento em si. Apesar disso, deixa de fora muito mais do que tenta abranger. Não é uma "História do futuro". Em vez disso é um *olhar sobre o presente.*

As áreas de análise, sociedade, política e conhecimento não estão ordenadas pela sua ordem de importância – o que levaria a uma rápida discussão prévia sobre a Pessoa Instruída que constitui a conclusão deste trabalho. Estas três áreas estão antes dispostas por *ordem de previsibilidade*. No que diz respeito à *sociedade* pós-capitalista, sabemos o que aconteceu e porquê, sabemos o que vai acontecer e porquê – pelo menos nas suas linhas gerais; e muito está já a acontecer. No que respeita à *política* pós-capitalista, até ao momento, apenas temos programas. Como é que as mudanças necessárias virão a acontecer ainda é uma simples conjectura. Mas como sabemos aquilo que aconteceu, e porquê, podemos pormenorizar quais as necessidades que vão surgir, e porquê. No que toca aos desafios do *conhecimento*, só podemos fazer perguntas – e esperar que elas possam ser as perguntas certas.

Perguntam-me muitas vezes se sou um optimista ou um pessimista. Como qualquer sobrevivente deste século, seria um tolo se fosse optimista. Não estamos de modo algum a chegar ao fim das turbulências, transformações, perturbações súbitas que fizeram deste século um dos mais mesquinhos, cruéis e sangrentos da história da humanidade. Quem quer que se iluda a si próprio pensando que nos encontramos algures perto do "fim da História" fica sujeito a surpresas desagradáveis – do tipo das que assaltaram a América do presidente Bush [pai], quando inicialmente apostou na sobrevivência do Império Soviético, com Gorbachev, e a seguir no êxito da "União das Nações ex-Soviéticas", de Ieltsin.

Nada que seja "pós" é permanente ou de longa duração. O nosso "pós" é um período de transição. Como se apresentará a futura sociedade, partindo do princípio de que venha mesmo a ser a "sociedade do conhecimento" – como alguns de nós esperamos –, depende de como os países desenvolvidos vão responder aos desafios deste período de transição, o período pós-capitalista – de como actuarão os seus líderes intelectuais, políticos e de negócios, mas sobretudo de como cada um de nós, no nosso trabalho e na nossa vida, vai agir. Contudo, e naturalmente, existe um tempo *para fazer o futuro* – precisamente porque tudo está a fluir. Este é um tempo para agir.

PARTE I
Sociedade

1. Do Capitalismo à Sociedade do Conhecimento

Em cento e cinquenta anos, de 1750 a 1900, o capitalismo e a tecnologia conquistaram o globo e criaram uma civilização mundial. Mas nem o capitalismo nem as inovações técnicas eram novos; ambos tinham sido fenómenos comuns, recorrentes ao longo dos tempos, tanto no Ocidente como no Oriente. O que foi novo foi a velocidade da difusão e o seu alcance global através das culturas, das classes e da geografia; e foi justamente isso, a sua velocidade e a sua extensão, que converteu o "capitalismo" em "sistema", que transformou os avanços técnicos em "revolução industrial".

Esta alteração foi o resultado de uma mudança radical do significado do conhecimento. Tanto no Ocidente como no Oriente, o conhecimento sempre tinha sido encarado como dirigido ao *ser*. Depois, quase da noite para o dia, tem sido aplicável ao *fazer*. Tornou-se um recurso e um bem de utilidade pública. O conhecimento, que sempre foi um bem privado, da noite para o dia torna-se um bem público.

Durante cem anos – na sua primeira fase – o conhecimento foi aplicado a ferramentas, procedimentos e produtos. Isto deu origem à Revolução Industrial, mas também àquilo que Karl Marx (1818-1883) denominou de "alienação", novas classes e luta de classes, e com elas o Comunismo. Na sua segunda fase, que começa cerca de 1880 e culmina no final da Segunda Guerra Mundial, o conhecimento, com o seu novo significado, é aplicado ao trabalho. Isto introduziu a *Revolução da Produtividade*, que em setenta e cinco anos converteu o proletariado em classe média burguesa, com um rendimento próximo de uma classe superior. A Revolução da Produtividade derrotou deste modo a luta de classes e o Comunismo.

A última fase começa depois da Segunda Guerra Mundial. Hoje, o conhecimento é aplicado ao próprio *conhecimento*. É esta a Revolução da Gestão. O conhecimento está a transformar-se, rapidamente, num único factor da produção, remetendo para segundo plano tanto o capital como o trabalho. Pode ser prematuro (e certamente presunçoso) chamar à nossa sociedade a "sociedade do conhecimento"; até agora, só temos a economia do conhecimento. Mas a nossa sociedade é seguramente "pós-capitalista".

O capitalismo, de uma forma ou outra, aconteceu e voltou a acontecer muitas vezes ao longo dos tempos, tanto no Ocidente como no Oriente. Também existiram diversos períodos de rápida invenção e de inovação técnica – de novo, tanto no Ocidente como no Oriente – muitos deles produzindo alterações técnicas totalmente radicais, como as que aconteceram no final do século XVIII ou inícios do século XIX.[1] O que é único e sem precedentes no desenvolvimento dos últimos dois séculos e meio é a velocidade e o âmbito de acção. Em vez de continuar a ser um elemento na sociedade, como todo o capitalismo inicial o foi, o Capitalismo – com maiúsculas – transformou-se em sociedade. Em vez de se restringir, como acontecera antes, a uma pequena localidade, o Capitalismo – outra vez com maiúsculas – ocupou toda a Europa Ocidental e do Norte nuns escassos cem anos, de 1750 a 1850. Uns cinquenta anos depois, controlou todo o mundo habitado.

O capitalismo inicial abarcava grupos pequenos e restritos da

---

1. A melhor análise do capitalismo como fenómeno recorrente e bastante frequente encontra-se nos dois livros do grande historiador e economista francês Fernand Braudel: "O Mediterrâneo", dois volumes [tradução portuguesa Dom Quixote, Lisboa, 1983–84], e "Civilização e Capitalismo", três volumes. As melhores análises das primeiras "revoluções industriais" são: "Medieval Technology and Social Champ", de Lynn White Jr., "A Revolução Industrial da Idade Média", de Jean Gimpel [tradução portuguesa, Europa-América, Mem Martins, 2ª ed., 1987] e a monumental "Science & Civilization in China", do bioquímico, orientalista e historiador britânico Joseph Needham (Cambridge University Press), cuja publicação começou em 1954, com metade das vinte e cinco partes previstas ainda no prelo. Contudo, aquilo que Needham já publicou alterou completamente o nosso conhecimento da tecnologia primitiva. Para as primeiras "revoluções industriais", ver também o meu livro "Technology Management and Society", Nova Iorque, Harper & Row, 1973, designadamente os capítulos 3, 7, e 11.

sociedade. Os nobres, os proprietários das terras e os militares, os camponeses, os artesãos profissionais, mesmo os assalariados, não tinham quase sido contaminados por ele. O Capitalismo, com maiúsculas, para onde quer que se tenha espalhado, penetrou em todos os grupos da sociedade, transformando-os.

Desde os tempos iniciais do Velho Mundo, novos instrumentos, novos processos, novos materiais, novos cultivos, novas técnicas – aquilo a que hoje chamamos "tecnologia" – difundiram-se rapidamente.

Poucas inovações modernas, por exemplo, se espalharam tão velozmente como uma invenção do século XIII – os óculos. Como resultado das experiências ópticas feitas, por volta de 1270, por um frade franciscano inglês, Roger Bacon (que morreu em 1292 ou 1294), os óculos para ler eram já usados pelas pessoas idosas na corte papal de Avinhão por volta de 1290, na corte do Sultão, no Cairo, no fim de 1300, e na corte do imperador mongol da China por volta de 1310. Só a máquina de costura e o telefone, as invenções do século XIX de mais rápida expansão, igualaram em velocidade a sua difusão.

Mas a mudança tecnológica mais primitiva permaneceu, quase sem excepção, confinada a uma arte ou uma aplicação. Foram precisos mais duzentos anos – até ao início de 1500 – para que a invenção de Bacon tivesse a sua segunda aplicação: óculos para ver ao longe. A roda de oleiro era usada em todo o Mediterrâneo por volta de 1500 a.C., tal como eram utilizados em todos os lares recipientes de barro para cozinhar e guardar água e alimentos. No entanto, o princípio aplicado à roda de oleiro só foi aplicado no ano 1000 d.C. ao trabalho feminino: o tear.

Do mesmo modo, a reinvenção do moinho de vento, por volta de 800 d.C., que transformou o brinquedo que ele tinha sido na Antiguidade numa verdadeira máquina – plenamente "automatizada" –, só foi aplicado aos barcos trezentos anos mais tarde, ou seja, por volta do ano 1100. Até aí os barcos eram movidos a remos; só se aproveitava o vento para os propulsionar como meio complementar, e só se soprasse na direcção certa.

A vela de um barco funciona do mesmo modo que a do moinho, e a necessidade de uma vela que permitisse aos barcos avançarem contra o vento era sentida há muito tempo. O moinho eólico foi reinventado no Norte de França ou nos Países Baixos, em regiões onde barcos e navegação eram comuns. No entanto, ninguém se tinha lembrado, durante muitos anos, de aplicar algo já inventado para aspirar a água ou moer o milho a um fim por demais evidente.

As invenções da Revolução Industrial, porém, foram logo aplicadas em todo o lado e em todos os ofícios e indústrias possíveis. Foram imediatamente encaradas como *tecnologia*.

> A reinvenção da máquina a vapor de James Watt (1736-1819), entre 1765 e 1776, transformou-a numa fonte eficaz de energia. O próprio Watt, ao longo de toda a sua vida, bastante produtiva, centrou-se num único objectivo: em descobrir como extrair água de uma mina – finalidade para a qual a máquina tinha sido, em princípio, desenhada por Newcomer, no início do século XVIII. No entanto, um dos patrões da indústria do ferro viu de imediato que a máquina a vapor, na sua nova versão, poderia ser também utilizada para insuflar ar numa fornalha, e seria por encomenda sua que foi construído o segundo engenho de Watt. O sócio de Watt, Matthew Boulton (1728-1809), teve toda a razão em fazer a promoção da máquina a vapor como fonte de energia para todos os tipos de processos industriais, em especial, evidentemente, para a então maior de todas as indústrias: a têxtil. Trinta e cinco anos mais tarde, um americano, Robert Fulton (1765-1815), pôs a flutuar no rio Hudson, em Nova Iorque, o primeiro barco a vapor, e uns vinte anos depois a máquina era colocada sobre rodas e nascia a locomotiva. Assim, por volta de 1840 – no máximo, 1850 –, o novo engenho já transformara todos os processos de produção – desde o fabrico do vidro à impressão. Transformou o transporte de longo curso por terra e por mar, e começava a modificar a agricultura. Nessa altura tinha invadido quase o mundo inteiro – apenas com algumas excepções, como o Tibete, o Nepal e o interior da África tropical.

No século XIX, acreditava-se – e muitos ainda acreditam – que a Revolução Industrial fora a primeira a alterar os "modos de produção" (para usar a terminologia de Karl Marx) e a estrutura social, e a dar origem a novas classes: a capitalista e a proletária. Esta crença é também incorrecta. Entre 700 e 1100 d.C. duas novas classes foram criadas na Europa em resultado das mudanças tecnológicas: o cavaleiro feudal e o artesão urbano. O cavaleiro nasceu com a invenção do estribo – feita na Ásia Central por volta do ano 700 d.C. – e o artesão surgiu da reinvenção da roda hidráulica e do moinho de vento; foi ele que, por sua vez, fez deles verdadeiras máquinas, que, pela primeira vez, usavam forças inanimadas (água, vento) como fonte de energia, em vez dos músculos humanos.

O estribo tornou possível lutar a cavalo; sem ele os cavaleiros, segurando uma lança, uma espada ou um arco pesado, teriam imediatamente caído por força da Segunda Lei de Newton: "Para cada acção existe uma igual e oposta reacção". Durante séculos, o cavaleiro manteve-se uma máquina de luta invencível. Mas esta máquina precisava de ser apoiada por um "complexo agrícola-militar", algo de novo na História. Os alemães chamaram-lhe, até ao nosso século, um *Rittergut,* a condição de cavaleiro, dotada de um estatuto legal, com privilégios económicos e políticos e com, pelo menos, cinquenta famílias de camponeses, cerca de duzentas pessoas, para produzirem a alimentação necessária à manutenção desta máquina de guerra: o cavaleiro, o seu pajem, os seus três cavalos e os seus doze ou quinze criados. O estribo, por outras palavras, criou o feudalismo.

O artesão da Antiguidade tinha sido o escravo. Mas o da primeira "idade da máquina" – o da Idade Média – passou a constituir a classe urbana superior, o "cidadão", aquele que criou a cidade na Europa, dando origem aos estilos gótico e renascentista.

As inovações técnicas – estribo, roda hidráulica e moinho de vento – viajaram pelo Velho Mundo rapidamente, mas as classes da primeira revolução industrial permaneceram, no seu conjunto, um fenómeno europeu. Só no Japão, por volta de 1100 d.C., apareceram os artesãos independentes e orgulhosos de si, que gozaram, até 1600, de elevada estima e de um poder considerável. No entanto, ao mesmo tempo que adoptavam o estribo para andar a cavalo, os japoneses continuavam a combater a pé. Quem ditava as leis no Japão rural eram os comandantes dos soldados de infantaria, os dáimios, que tributavam os camponeses mas não usufruíam de uma condição feudal. Na China, na Índia e no mundo islâmico, as novas tecnologias não tiveram qualquer impacto social. Na China, por exemplo, os artesãos continuaram servos sem estatuto social e os militares não se tornaram proprietários de terras, permanecendo, como na Europa da Antiguidade, mercenários profissionais. Mesmo neste continente, as mudanças sociais produzidas por esta primeira revolução industrial demoraram quase quatrocentos anos para se assumirem na sua plenitude.

Em contrapartida, a transformação da sociedade provocada pelo capitalismo e pela Revolução Industrial levou menos de cem anos para produzir o seu efeito pleno na Europa ocidental. Em 1750, os capitalistas e os proletários eram ainda grupos marginais; de facto, na acepção que o século XIX dava ao termo, os proletários, i.e., trabalhadores das fábricas, eram raríssimos. Por volta de 1850, capitalistas e proletários eram já as classes dinâmicas da Europa ocidental e estavam na ofensiva. Onde quer que o capitalismo e a tecnologia penetrassem, transformavam-se rapidamente na força dominante. No Japão, a transformação levou menos de trinta anos, da restauração Meiji, em 1867, até à guerra com a China, em 1894, não demorando muito mais tempo em Xangai e Hong Kong, Calcutá e Bombaim ou na Rússia czarista.

O capitalismo e a Revolução Industrial, dada a sua velocidade e dimensão, criaram uma civilização mundial.[2]

O novo significado do conhecimento

Ao contrário do que afirmavam os "terríveis simplificadores" Hegel e Marx, ideólogos do século XIX, hoje em dia sabemos que os maiores acontecimentos históricos raramente têm na sua origem uma causa ou uma explicação. Tipicamente resultam da convergência de um elevado número de acontecimentos isolados e independentes.

Um exemplo de como a história funciona é a génese do computador. A sua raiz primeira remonta ao sistema binário que, no século XVII, o filósofo e matemático alemão Gottfried Leibniz (1646-1716) concebeu: todos os números podem ser representados por dois: 0 e 1. A segunda raiz foi a descoberta, feita no século XIX por um inventor inglês, Charles Babbage (1792-1871), de que a roda dentada, isto é, a mecânica, podia representar todo o sistema decimal e realizar assim as quatro funções elementares da aritmética: adição, subtracção, multiplicação e divisão – uma "máquina de computar" genuína. Em seguida, nos primeiros anos deste século, dois lógicos ingleses, Alfred North Whitehead (1861-1947) e Bertrand Russell (1872-1970), no seu "Principia Mathematica", mostraram que qualquer conceito, se apresentado de forma rigorosamente lógica, pode ser representado matematicamente. A partir desta descoberta, um austríaco-americano, Otto Neurath (período produtivo, 1915-1930), ao trabalhar em Estatística para o US War Production Board, na Primeira Guerra Mundial, estabeleceu o conceito, nessa

---

2. A melhor história acerca deste tema é "Prometheus Unbound", de um historiador de Harvard, David S. Landes, Cambridge University Press, 1969.

altura novo e herético, de que qualquer informação, independentemente da sua área, desde a Anatomia à Astronomia, à Economia, à História ou à Zoologia, é exactamente a mesma quando quantificada e pode ser tratada e apresentada da mesma forma (ideia, aliás, subjacente a toda a Estatística moderna). Pouco antes, precisamente por volta do início da Primeira Guerra Mundial, um americano, Lee de Forest (1873-1961), inventou a válvula, para converter impulsos electrónicos em ondas sonoras, tornando desse modo possível a transmissão por TSF da fala e da música. Vinte anos mais tarde alguns técnicos que trabalhavam numa fábrica de cartões perfurados chamada IBM, lembraram-se de utilizar a válvula para mudar electronicamente o zero para um e inversamente.

Se tivesse faltado algum dos elementos referidos, não existiria o computador. Ninguém poderá dizer qual destes foi o elemento essencial. No entanto, com todos eles no seu lugar, o computador tornou-se praticamente inevitável. Foi por puro acaso que se tornou um desenvolvimento norte-americano – a Segunda Guerra Mundial permitiu que os Estados Unidos gastassem somas enormes no aperfeiçoamento (sem grande êxito, aliás, até ao fim da guerra) de máquinas capazes de calcular com rapidez a posição de aviões e navios inimigos que se deslocassem a grandes velocidades. Se não fosse isto, o computador teria sido um desenvolvimento britânico. De facto, nos anos 40, uma empresa inglesa distribuidora de produtos alimentares e proprietária de restaurantes, a J. Lyons & Co, desenvolveu o primeiro computador para fins comerciais que realmente funcionava, o "Leo". A Lyons não conseguiu angariar verbas que pudessem competir com o Pentágono e teve de abandonar a sua máquina, apesar de bem sucedida (e muito mais barata).

Muitos desenvolvimentos isolados – a maior parte dos quais provavelmente não relacionados entre si – foram conduzindo o capitalismo ao Capitalismo e o avanço técnico à Revolução Industrial. A bem conhecida teoria de que o capitalismo é filho da "ética protestante" – desenvolvida nos primeiros anos deste século pelo sociólogo alemão Max Weber (1864-1920) – está largamente posta em causa, pois não existem provas suficientes que permitam chegar a essa conclusão. Mais evidente é a tese inicial de Karl Marx de que a máquina a vapor, o primeiro motor, exigia um investimento de capital muito elevado e de que os artesãos, não tendo qualquer possibilidade de financiar os seus "meios de produção", acabariam por ceder o seu controle aos capitalistas.

Existe, no entanto, um elemento crucial sem o qual fenómenos bem conhecidos, como o capitalismo e o avanço técnico, possivelmente não se teriam transformado numa epidemia social universal: a mudança radical do *significado do conhecimento*, que surgiu na Europa por volta de 1700, ou um pouco mais tarde.[3]

O número de teorias para explicar o que conhecemos, e como o conhecemos, iguala o de metafísicos – desde Platão, em 400 a.C., a Ludwig Wittgenstein (1889-1951) e a Karl Popper (1902), já nos nossos dias. Mas desde os tempos de Platão que, no Ocidente, tal como sucedeu no Oriente, apenas surgiram duas teorias relativamente ao significado da função do conhecimento. O porta-voz de Platão, o sábio Sócrates, defendia que a única função do conhecimento é o autoconhecimento, ou seja, o crescimento intelectual, moral e espiritual da pessoa. O seu mais brilhante oponente, o culto Protágoras, sustentou que o objectivo do conhecimento era tornar o seu detentor eficaz, permitindo-lhe saber o que dizer e como o dizer. Para Protágoras, o conhecimento significava lógica, gramática e retórica – o que mais tarde constituiria o *trivium*, o âmago da educação na Idade Média –, e também, em grande parte, aquilo que entendemos por um "ensino liberal", ou o que os alemães chamam *Allgemeine Bildung*. No Oriente desenvolveram-se também duas teorias sobre o conhecimento semelhantes a estas. Para os confucionistas, conhecimento era saber o que dizer, e como dizê-lo, o caminho para o desenvolvimento e o êxito terreno. Para os taoístas e monges Zen, significava autoconhecimento, era a estrada para o esclarecimento e a sabedoria. Mas embora os dois lados discordassem claramente sobre o significado do conhecimento, estavam em total acordo quanto àquilo que não significava. Não se tratava da *capacidade para fazer*. Não significava *utilidade*. Utilidade não era conhecimento, mas sim *técnica* – a palavra grega é *techné*.

Contrariamente aos seus contemporâneos do Extremo Oriente (os confucionistas chineses tinham um desdém infinito pelo que não fosse aprendido em livros), tanto Sócrates como Protágoras respeitavam a *techné*.[4]

---

[3]. Esta mudança é analisada com alguma profundidade no meu ensaio, de 1961, "The Technological Revolution; Notes on the Relationship of Technology, Science and Culture", reeditado no meu volume de ensaios "Technology, Management and Society", Nova Iorque, Harper/Collins, 1973, e no meu volume, também de ensaios, "The Ecological Vision", Nova Brunsevique, New Jersey, Transaction Publishers, 1992.

Contudo, mesmo para Sócrates e Protágoras, a *techné*, embora digna de louvor, não era conhecimento. Estava confinada a uma aplicação específica e não tinha princípios gerais. Aquilo que o comandante de um barco sabia sobre navegação da Grécia para a Sicília não podia ser aplicado a mais nada. Para além disso, a única forma de adquirir a *techné* era através da aprendizagem e da experiência. Uma *techné* não podia ser explicada por palavras, faladas ou escritas; só podia ser demonstrada. Até 1700, ou mesmo mais tarde, os ingleses não falavam de ofícios, mas sim de "mistérios" – não porque o detentor de uma técnica de um ofício a declarasse secreta, mas porque, por definição, ela era inacessível a quem não a tivesse aprendido com um mestre e, portanto, a quem não tivesse sido ensinada através do exemplo.

A Revolução Industrial

Mas foi então – o início deu-se em meados do século XVIII, e num período incrivelmente curto de cinquenta anos – que a tecnologia foi inventada. A própria palavra é um manifesto que combina "*techné*", ou seja, o mistério de uma técnica de um ofício, com um conhecimento, uma -logia organizada, sistemática e objectiva. A primeira escola de Engenharia, a *École des Ponts et Chaussés* francesa (escola das pontes e calçadas), foi fundada em 1747, seguida pela primeira escola agrícola, por volta de 1770, e pela primeira escola de minas, em 1776, ambas na Alemanha. Em 1794, foi fundada a primeira universidade técnica, a *École Polytechnique* francesa, e com ela a profissão de engenheiro. Alguns anos depois, entre 1820 e 1850, o ensino e a prática da Medicina são reorganizadas enquanto tecnologias sistemáticas.

Num desenvolvimento paralelo, entre 1750 e 1800, o Reino Unido deixa de considerar as patentes como monopólios para enriquecer os favoritos do rei e passa a registá-las, como forma de encorajar a aplicação do conhecimento às ferramentas, aos produtos, e aos processos, tendo em vista compensar os inventores, desde que

---

4. De facto, no Ocidente, o desprezo pela técnica era desconhecido até ao aparecimento do *gentleman* inglês do século XVIII. Este desdém atingiu o seu mais alto grau na Inglaterra vitoriana, constituindo, seguramente, um último e fútil dique na defesa contra a substituição do *gentleman*, como classe dirigente, pelo capitalista e pelo técnico.

publicassem as suas invenções. Isto não se limitou a desencadear um século de criação mecânica febril no país: acabou com os mistérios e com o secretismo dos ofícios.

O grande documento que ilustra esta impressionante transição da técnica para a tecnologia – um dos livros mais importantes da História – foi a "Encyclopédie", editada entre 1751 e 1772 por Denis Diderot (1713-1784) e Jean d'Alembert (1717-1783). Esta famosa obra pretendia reunir de modo sistemático e organizado o conhecimento de todos os ofícios, de modo a que qualquer não aprendiz pudesse aprender a ser um "técnico". Não foi por acaso que os artigos da Encyclopédie que descreviam ofícios individuais, como, por exemplo, fiar e tecer, não foram escritos pelos artífices. Foram escritos por "especialistas em informação"; pessoas treinadas, como analistas, matemáticos, lógicos; tanto Voltaire como Rousseau colaboraram.

A tese subjacente à "Encyclopédie" era que os resultados eficazes no domínio dos materiais – ferramentas, processos e produtos – eram produzidos mediante análises sistemáticas e através da aplicação do conhecimento com um objectivo.

Além disso, a "Encyclopédie" apregoava ainda que os princípios que produziam bons resultados num ofício teriam bons resultados noutros, o que era totalmente inaceitável, tanto para o homem do conhecimento tradicional como para o artífice tradicional.

Nenhuma das escolas técnicas do século XVIII pretendia produzir *novo* conhecimento, e os Enciclopedistas também não. Nenhuma delas alguma vez falou da aplicação da *ciência* às ferramentas, processos e produtos, ou seja, à tecnologia. Esta ideia teria de esperar mais cem anos, até por volta de 1830, quando um químico alemão, Justus von Liebig (1803-1873), aplicou a ciência para inventar pela primeira vez fertilizantes artificiais e uma forma de preservar a proteína animal: o extracto de carne. Ainda assim, o que as escolas técnicas iniciais e a "Encyclopédie" fizeram foi mais importante. Reuniram, codificaram e publicaram a *techné*, o ofício misterioso que tinha sido desenvolvido ao longo de milénios. Converteram a experiência em conhecimento; a aprendizagem, num manual; o secretismo, em metodologia, aplicando o conhecimento. Estes são os elementos essenciais daquilo a que se passou a chamar "Revolução Industrial" – a transformação da sociedade pela tecnologia e a criação da civilização universal.

Foi esta mudança no significado do conhecimento que tornou o capitalismo moderno inevitável e dominante. Acima de tudo, a rapidez da mudança da técnica criou uma procura de capital muito superior à que os artífices conseguiam oferecer. A nova tecnologia também exigia concentração da produção, o que significava uma mudança para a fábrica. O conhecimento não podia ser aplicado às dezenas de milhões de pequenas oficinas individuais e às indústrias caseiras das aldeias. Requeria concentração da produção debaixo de um mesmo tecto.

A nova tecnologia também necessitava de energia em larga escala, quer fosse produzida pela água quer pelo calor, e essa energia não podia ser descentralizada. Mas, embora importantes, estas necessidades energéticas eram secundárias. O ponto central era que, da noite para o dia, a produção deixava de se apoiar no artesanato para se basear na tecnologia. Como resultado, o capitalista passou a ser, quase de repente, o centro da economia e da sociedade, quando sempre fora um "actor secundário".

Ainda em 1750, a grande empresa era mais estatal do que privada. A primeira, e durante vários séculos a maior de todas as empresas industriais do Mundo Antigo, foi o famoso arsenal gerido pelo Governo de Veneza. E as "manufacturas" do século XVIII, como as porcelanas de Meissen e Sèvres, ainda eram detidas pelo Estado.

Por volta de 1830, as empresas privadas capitalistas de larga escala dominavam o Ocidente. Cinquenta anos mais tarde, por altura da morte de Karl Marx, em 1883, a empresa capitalista privada tinha invadido tudo, com excepção de alguns recantos remotos do mundo, como o Tibete ou o deserto da Arábia.

Houve resistência, claro, tanto à tecnologia como ao capitalismo. Ocorreram tumultos, por exemplo, em Inglaterra e na Silésia alemã. Mas eram localizados, duraram algumas semanas ou alguns meses, e não diminuíram a velocidade e a propagação do Capitalismo.

A máquina e o sistema da fábrica expandiram-se a uma velocidade igualmente rápida e sem encontrar muita resistência, se é que houve alguma.

O livro "Riqueza das Nações", de Adam Smith, surgiu no mesmo ano em que James Watt registava a patente de aperfeiçoamento da máquina a vapor. No entanto, em "Riqueza das Nações" não é dedicada qualquer atenção às máquinas, fábricas ou à produção industrial. A produção é ainda descrita como baseada num ofício. Mesmo quarenta anos depois das guerras napoleónicas, as fábricas e máquinas não eram vistas como centrais pelos observadores sociais mais atentos. Praticamente não desempenhavam qualquer papel na economia de David Ricardo (1772-1823). Também não encontramos proletários ou banqueiros nos romances de Jane Austen, a crítica social mais sensível na Inglaterra da viragem do século XVIII. A sua sociedade (como se tem sublinhado muitas vezes) era totalmente "burguesa". Contudo, ainda era completamente pré-industrial, composta por cavaleiros, proprietários, eclesiásticos, oficiais de marinha, juristas, artesãos e comerciantes. Só na longínqua América, Alexander Hamilton viu, muito cedo, que a indústria com base nas máquinas se ia tornar rapidamente a actividade económica central. Mas mesmo entre os seus seguidores, e até muito tempo depois da sua morte (em 1804), poucos deram atenção ao seu "Report on Manufactures", de 1791.

Porém, por volta de 1830, Honoré de Balzac publicava romances de grande sucesso que descreviam uma França capitalista cuja sociedade era dominada pelos banqueiros e pelo mercado bolsista. Quinze anos mais tarde, o sistema fabril e a máquina ocupavam lugar de destaque nas obras de Charles Dickens, tal como acontecia com as novas classes – os capitalistas e os proletários. Em "A Casa Abandonada" (1852-53) a nova sociedade e as suas tensões formam o pano de fundo do contraste entre dois irmãos muito dotados, ambos filhos do mordomo de um nobre. Um transforma-se num grande industrial do Norte e planeia fazer eleger-se para o Parlamento, a fim de lutar contra os proprietários de terras e destruir o seu poder. O outro escolhe permanecer como leal servidor do gentleman falido, derrotado e ineficaz (mas pré-capitalista). "Tempos Difíceis" (1854), de Dickens, é o primeiro romance sobre a temática industrial, e de longe o mais poderoso. Conta a história de uma greve feroz numa fábrica de algodão e de uma luta de classes na sua máxima expressão.

A velocidade inédita com que a sociedade se transformava ia criar tensões sociais e conflitos de uma nova ordem. Agora sabemos que não existe qualquer verdade na crença de que, no início do século XIX, os operários fabris viviam pior e eram tratados mais duramente do que quando tinham sido trabalhadores agrícolas assalariados, no período pré-industrial. Viviam mal, sem dúvida, e eram explorados. Mas afluíam às fábricas em número elevadíssimo, precisamente porque aí se sentiam melhor do que quando pertenciam ao mais baixo estrato de uma sociedade rural estática, tirânica e faminta. Mesmo assim, disfrutavam de uma qualidade de vida muito superior. "O campo verde e agradável de Inglaterra" que William Blake

(1757-1827), no seu famoso poema "New Jerusalem", esperava libertar das "fábricas de Satanás" era na realidade um enorme bairro de lata rural.[5]

Ao mesmo tempo, a industrialização significava, desde o início, a melhoria material – ao contrário do famoso "empobrecimento" de que falava Marx – a velocidade da mudança era tão espantosa quanto profundamente traumática. Os "proletários", a nova classe, transformar-se-iam em "alienados", para usar o termo estabelecido por Marx. Esta alienação, previu ele, tornaria inevitável a sua exploração, porque, para subsistirem, ficavam totalmente dependentes do acesso aos "meios de produção" que os capitalistas detinham e controlavam. Ainda segundo Marx, isso provocaria a crescente concentração da propriedade num número cada vez menor de mãos e aumentaria o empobrecimento do proletariado sem poder – até ao dia em que o sistema entraria em colapso sob o seu próprio peso e em que os capitalistas que ainda restassem seriam esmagados pelos proletários, que "nada tinham a perder para além das suas algemas".

Sabemos agora que Marx foi um falso profeta – aconteceu exactamente o contrário daquilo que ele predissera. Mas isto é em retrospectiva. A maior parte dos seus contemporâneos partilhava da sua visão do capitalismo, mesmo que não acreditasse necessariamente nas suas previsões quanto ao resultado. Até os antimarxistas aceitavam a análise das "contradições inerentes do capitalismo". Alguns estavam convictos de que os militares manteriam o controlo da "populaça" proletária, nomeadamente o maior dos capitalistas do século XIX, o banqueiro americano J. P. Morgan (1837-1913). Também os liberais de todos os quadrantes estavam confiantes de que, de algum modo, iria acontecer uma reforma e de que se verificariam melhorias. Por tudo isto, nos finais do século XIX, quase todas as pessoas partilhavam com Marx a convicção de que a sociedade capitalista provocaria inevitáveis conflitos de classe – em 1910, a maior parte dos intelectuais, pelo menos na Europa (mas também no Japão), tinha aderido ao Socialismo. O maior dos conservadores do século

---

5. Deveríamos, aliás, ter concluído isso há muito tempo, pois na fábrica a taxa de mortalidade infantil decresceu imediatamente e a esperança de vida subiu, dando origem a um crescimento explosivo da população na Europa. Actualmente, ou seja, desde a Segunda Guerra Mundial, temos o exemplo dos países do Terceiro Mundo – brasileiros e peruanos afluíram às favelas e bairros do Rio de Janeiro e Lima, porque, embora dura, a vida aí é melhor do que no Nordeste pobre do Brasil ou no planalto do Peru. Os indianos costumam até dizer: "O pedinte mais pobre de Bombaim come melhor do que o trabalhador do campo na aldeia".

XIX, Benjamim Disraeli (1804-1881), via a sociedade capitalista como Marx. O mesmo se passava com o seu parceiro conservador no Continente, Otto von Bismarck (1815-1898), sendo precisamente isso que, pouco depois de 1880, o levou a decretar a legislação social que iria dar origem à Previdência do século XX. O crítico social conservador e romancista americano Henry James, cronista da sociedade americana e da aristocracia europeia, estava tão obcecado pela luta de classes, e receava-a tanto, que fez dela o tema do seu romance mais assombroso, "The Princess Casamassima", que foi escrito em 1883, precisamente o ano da morte de Marx.

A Revolução da Produtividade

Então o que derrotou Marx e o marxismo? Por volta de 1950, muitos de nós já sabíamos que o marxismo falhara tanto moral como economicamente (eu já o tinha dito em 1939, no meu livro "The End of Economic Man"). O marxismo continuava a ser a única ideologia coerente para a maioria do mundo, e a que parecia invencível. Existiam "antimarxistas" em abundância, mas, de facto, poucos "não marxistas", ou seja, pessoas que pensavam que o marxismo se tornara irrelevante. Mesmo os que se opunham ferozmente ao socialismo estavam convencidos de que este se encontrava na curva ascendente.[6]

O que aconteceu então às "contradições inevitáveis do capitalismo", à "alienação" e "empobrecimento" da classe laboral e consequentemente à noção de "proletariado"?

A resposta é a Revolução da Produtividade. Quando, há duzentos e cinquenta anos, o conhecimento mudou de significado, começou por ser aplicado às ferramentas, aos processos e aos produtos. Isto é ainda o que a "tecnologia" significa para muita gente e o que é ensinado nas escolas técnicas. Contudo, dois anos antes da morte de

---

[6]. O pai do neoconservadorismo ocidental, o economista anglo-austríaco Friederich von Hayek (1899-1992), argumenta no seu livro, de 1944, "The Road to Serfdom", que o socialismo significa inevitavelmente escravidão. Não existia, dizia nessa altura, aquilo a que chamam "socialismo democrático", mas apenas "socialismo totalitário". Contudo, em 1944, Hayek não concordava que o marxismo não poderia funcionar. Pelo contrário, tinha muito receio de que tal acontecesse na prática. Embora no seu último livro, "The Fatal Conceit" (University of Chicago Press, 1988), escrito quarenta anos mais tarde, afirme que nunca pode-ria ter funcionado (curiosamente, quando publicou esta obra quase toda a gente – especialmente quem vivia nos países comunistas – já tinha chegado à mesma conclusão).

Marx, a "Revolução da Produtividade" já tinha começado. Em 1881, um americano, Frederick Winslow Taylor (1856-1915), aplicou pela primeira vez o conhecimento ao estudo do *trabalho*, à sua análise e à sua técnica.

O trabalho tem a idade do homem. Todos os animais têm de trabalhar para viver. No Ocidente, a dignidade do trabalhador foi, durante muito tempo, uma expressão oca. O segundo texto grego mais antigo, surgido cerca de cem anos depois da epopeia de Homero, é um poema de Hesíodo (século VIII a.C.) intitulado "Os Trabalhos e os Dias", que canta o trabalho do camponês. Um dos mais belos poemas romanos são as "Geórgicas", de Virgílio (70-19 a.C.), um conjunto de canções sobre o mesmo tema. Embora na tradição literária do Oriente não exista semelhante preocupação com o trabalho, o imperador da China tocava no arado uma vez por ano, a fim de celebrar a plantação do arroz.

Todavia, ambos, tanto no Ocidente como no Oriente, eram gestos puramente simbólicos. Nem Hesíodo nem Virgílio estudaram o que o camponês *faz*. Nem ninguém, ao longo de toda a história escrita, se preocupou com isso.[7] O trabalho não merecia a atenção das pessoas bem formadas, das bem instaladas na vida, das que detinham a autoridade – era apenas aquilo que os escravos faziam. A única forma de um operário poder produzir mais era trabalhar mais horas, ou mais duramente. Marx partilhava desta opinião com todos os economistas e engenheiros do século XIX.

Foi por puro acaso que Frederick Winslow Taylor, um homem rico e culto, se tornou trabalhador. Problemas de visão forçaram-no a desistir de ir para Harvard e a entrar para uma fundição como operário. Como era extremamente dotado, passou a patrão muito rapidamente, e as suas invenções no domínio do trabalho do metal depressa fizeram dele um homem rico. Aquilo que levou Taylor a estudar a problemática laboral foi o choque que lhe provocou o mútuo ódio crescente entre capitalistas e proletários, que dominava os finais do século XIX. Por outras palavras, Taylor viu o mesmo que Marx, Disraeli, Bismarck e Henry James, mas sobretudo aquilo que os outros não tinham visto: que o conflito era desnecessário. Foi nes-

---

7. Continua a não existir uma história do trabalho. Apesar de toda a filosofia acerca do conhecimento, também não existe qualquer história do conhecimento. Ambas deverão tornar-se áreas de estudo importantes nas próximas décadas, ou, pelo menos, no próximo século.

se sentido que procurou tornar os trabalhadores produtivos, a fim de que eles próprios pudessem ganhar mais dinheiro.

O que motivava Taylor não era a eficiência. Não era a criação de lucro para os proprietários. Defendeu até morrer que o maior beneficiário dos frutos da produtividade era o operário, e não o proprietário. A sua principal motivação era criar uma sociedade na qual proprietários e trabalhadores, capitalistas e proletários, pudessem ter um interesse comum na produtividade e pudessem construir uma relação de harmonia a partir da aplicação do conhecimento ao trabalho. Quem melhor compreendeu isto foram os patrões e os sindicatos japoneses, após a Segunda Guerra Mundial.

Poucas figuras tiveram um impacto tão grande na história intelectual como Taylor, mas poucos têm sido tão intencionalmente mal compreendidos e tão assiduamente mal citados.[8] Por um lado, Taylor foi prejudicado porque a História provou que tinha razão, apesar de os intelectuais demonstrarem que estava errado. Por outro, foi ignorado porque existe ainda um certo menosprezo pelo trabalho, sobretudo entre esses mesmos intelectuais. Certamente que cavar a terra com uma pá (a análise de Taylor que é mais publicitada) não é algo que um "homem instruído" aprecie, e muito menos considere importante.

No entanto, em grande parte, a reputação de Taylor foi prejudicada precisamente porque aplicou o conhecimento ao estudo do trabalho, o que constituía um anátema para os sindicatos operários do seu tempo, que montaram contra ele uma das campanhas mais perversas de assassinato de uma personagem da história da América.

Aos olhos dos sindicatos, o crime de Taylor era a declaração de que não existia "trabalho qualificado". Nas operações manuais só existia "trabalho". Segundo o sistema de Taylor, de "gestão científica", todo o trabalho podia ser analisado de alguma forma. Qualquer operário que quisesse actuar de acordo com o que a análise indicava que devia ser feito era um "homem de primeira classe", e merecia um salário "de primeira classe" – ou seja, tanto ou mais do que aquele que o trabalhador qualificado conseguia com os seus longos anos de aprendizagem.

---

8. Na realidade, nenhuma biografia fiável do ponto de vista dos factos concretos fora publicada até 1991, data em que apareceu "Frederick W. Taylor: Myth and Reality", de Charles D. Wrege e Ronald J. Greenwood, Irwin (Homewood, Illinois).

Mas os sindicatos poderosos e respeitados da América de Taylor eram os dos arsenais e docas geridos pelo Governo, onde, antes da Primeira Guerra Mundial, toda a produção para a Defesa em tempo de paz tinha sido realizada. Ora, esses sindicatos eram monopólios de ofícios: a admissão era reservada aos filhos ou familiares dos membros e implicavam um tempo de experiência de cinco a sete anos. Mas não existia qualquer preparação sistemática ou estudo do trabalho. Não era permitido tirar notas sobre o que quer que fosse, não existiam esquemas ou desenhos do trabalho a ser feito. Os membros juravam segredo e não lhes era permitido discutir o seu trabalho com não membros. A ideia de Taylor de que as tarefas podiam ser analisadas, estudadas, divididas em séries de simples movimentos repetitivos – cada um dos quais executado de modo correcto, no momento exacto, com as ferramentas adequadas – constituía, sem dúvida, um ataque frontal aos sindicatos. E, por consequência, eles aviltaram-no e conseguiram que o Congresso banisse a análise de tarefas dos arsenais e docas estatais, interdição essa que prevaleceu até ao final da Segunda Guerra Mundial.

Ao ofender os patrões e os sindicatos, Taylor em nada melhorou as coisas, pois, ao mesmo tempo que dava pouca importância aos sindicatos, tinha um desdém hostil para com os patrões – o seu epíteto favorito em relação a eles era "os glutões". Além disso, insistia que deviam ser os trabalhadores, e não os patrões, a ficar com a parte de leão dos lucros produzidos pela "gestão científica do trabalho". Para acrescentar insulto à injúria, o seu "quarto princípio" exigia que a análise do trabalho fosse feita com recurso à consulta, senão mesmo à participação, do trabalhador.

Por fim, Taylor defendia que a autoridade na fábrica não deveria depender da propriedade. Só devia ser baseada no conhecimento superior. Por outras palavras, naquilo a que nós agora chamamos "a gestão profissional" – e isto era inaceitável, uma "heresia radical" para os capitalistas do século XIX. Por isso, atacaram-no duramente, acusando-o de ser um "agitador" e de ser "socialista" (de facto, alguns dos seus discípulos mais próximos, nomeadamente Karl Barth, o seu braço-direito, eram abertamente "esquerdistas" e fortemente anticapitalistas).

O axioma de Taylor de que todo o trabalho manual, qualificado ou não, podia ser analisado e organizado através da aplicação do conhecimento, aparecia como um absurdo aos olhos dos seus contemporâneos. O facto de existir uma mística ligada às técnicas dos ofícios e às suas aptidões foi ainda universalmente aceite durante muitos e muitos anos. Esta crença levou Hitler, em 1941, a declarar guerra aos Estados Unidos, porque, para colocarem efectivos consideráveis na Europa, os norte-americanos necessitavam de uma vasta frota de transporte de tropas. Nesse tempo quase não tinham marinha mercante, nem navios de guerra para a proteger, e os barcos que tinham eram obsoletos. A guerra moderna, diria também Hitler, exigia precisão óptica em grande quantidade, e não existiam trabalhadores qualificados nessa área nos Estados Unidos.

Hitler estava absolutamente certo. Os Estados Unidos não tinham marinha mercante e os seus contra-torpedeiros eram escassos e obsoletos. Não tinham qualquer indústria óptica. Mas através da aplicação da "gestão científica" de Taylor, a indústria norte-americana formou trabalhadores não qualificados, muitos deles camponeses, criados num ambiente pré-industrial, e converteu-os, em dois ou três meses, em soldadores ou serralheiros navais de primeira categoria. Os Estados Unidos formaram ainda o mesmo género de pessoas, em poucos meses, para produzirem instrumentos de precisão óptica de melhor qualidade do que aquela que os alemães alguma vez tinham tido e para trabalharem eficazmente numa linha de montagem.

O maior impacto de Taylor foi sem dúvida na formação. Adam Smith estava absolutamente convencido de que eram necessários cinquenta anos de experiência (e, mais provavelmente, um século inteiro) para uma região adquirir a aptidão necessária para fornecer produtos de alta qualidade – os seus exemplos eram a produção de instrumentos musicais, na Boémia e na Saxónia, e de tecidos de seda, na Escócia. Setenta anos mais tarde, por volta de 1840, um alemão, August Borsig (1804-1854) – um dos primeiros fora de Inglaterra a construir uma locomotiva a vapor –, inventou o sistema alemão de aprendizagem, que combinava a experiência prática na oficina, sob a supervisão de um mestre, com a teoria estudada na escola. Esta ainda é a fundação da produtividade industrial da Alemanha. Mesmo assim, a aprendizagem de Borsig durava entre três a cinco anos. Inicialmente, durante a Primeira Guerra Mundial, mas especialmente depois, durante a Segunda, os Estados Unidos aplicaram sistematicamente a abordagem de Taylor para preparar "homens de primeira categoria" em poucos meses. Isto, mais do que qualquer outro factor, explica como os Estados Unidos conseguiram derrotar tanto o Japão como a Alemanha.

Os primeiros poderes económicos da história moderna – o Reino

Unido, os Estados Unidos e a Alemanha – surgiram através da liderança nas novas tecnologias. Os poderes económicos do pós-Segunda Guerra Mundial – primeiro, o Japão, depois a Coreia do Sul, Taiwan, Hong Kong e Singapura –, ficaram todos a dever o seu progresso à formação profissional de Taylor. Esta possibilitou-lhes combinar, em pouquíssimo tempo, uma força de trabalho sobretudo pré-industrial e, por esse motivo, barata, com uma produtividade à escala mundial. Nas décadas do pós-guerra, a formação inspirada em Taylor tornou-se o motor verdadeiramente eficaz do desenvolvimento económico.

A aplicação do conhecimento ao trabalho aumentou, de modo explosivo, a produtividade.[9] Durante centenas de anos, não houve qualquer acréscimo na capacidade de os trabalhadores melhorarem os seus produtos. As máquinas vieram criar maior rendibilidade, mas os trabalhadores não eram mais produtivos do que tinham sido nas oficinas da Grécia Antiga, na construção das estradas da Roma imperial, ou na produção dos preciosos tecidos de lã que fizeram a riqueza da Florença renascentista.

Poucos anos depois de Taylor ter iniciado a aplicação do conhecimento ao trabalho, a produtividade começou a aumentar a uma taxa de 3,5 a 4 por cento ao ano – o que significa que duplicaria de dezoito em dezoito anos. Desde que Taylor deu início ao conceito de produtividade, esta aumentou 50 por cento em todos os países desenvolvidos. Nesta expansão sem precedentes estão radicados todos os progressos, tanto no nível de vida como na qualidade de vida dos países desenvolvidos.

Metade desta produtividade adicional traduziu-se num aumento do poder de compra; por outras palavras, num nível de vida mais elevado. Mas entre um terço e metade surge como aumento de tempo do lazer. Até 1910, os trabalhadores dos países desenvolvidos ainda trabalhavam o mesmo que até então, ou seja, três mil horas por ano. Hoje, os japoneses trabalham duas mil horas, os americanos cerca de mil e oitocentas e cinquenta, os alemães mil e seiscentas – e todos produzem cinquenta vezes mais do que produziam há oitenta anos atrás. Outros aspectos substanciais do aumento de produtivida-

---

9. O termo era desconhecido no tempo de Taylor. De facto, manteve-se desconhecido até à Segunda Guerra Mundial, altura em que começou a ser utilizado nos Estados Unidos. Em 1950, o melhor dicionário inglês, o Concise Oxford, ainda não incluía o termo "produtividade" com o seu significado actual.

de surgem sob a forma de cuidados de saúde, que cresceram do zero por cento do produto interno bruto para 8 a 12 por cento nos países desenvolvidos, e na educação, que aumentou de cerca de 2 por cento do PIB para 10 por cento.

A maior parte deste aumento – como Taylor predissera – foi para os trabalhadores, ou seja, para os proletários de Marx. Henry Ford (1863-1947) construiu o primeiro automóvel barato, o Modelo T, em 1907; se bem que só era "barato" em comparação com os outros existentes no mercado, porque, em termos de orçamentos médios, custava tanto como hoje um avião bimotor particular. Os 750 dólares do Modelo T de Henry Ford representavam aquilo que um operário, trabalhando a tempo inteiro, ganharia nos Estados Unidos em três ou quatro *anos* – nessa altura 80 cêntimos era considerado um bom salário diário e, evidentemente, não existiam "regalias" sociais. Mesmo um médico americano, nessa altura, raramente ganhava mais de 500 dólares por ano. Actualmente, nos Estados Unidos, Japão ou Alemanha, um trabalhador da indústria automóvel sindicalizado, trabalhando apenas 40 horas por semana, ganha 50 mil dólares de salário e regalias – 45 mil líquidos –, o que é, por alto, oito vezes o custo actual de um automóvel barato.

Em 1930, a gestão científica de Taylor – apesar da resistência dos sindicatos e dos intelectuais – tinha-se alargado a todo o mundo desenvolvido. Como resultado, os "proletários" de Marx transformaram-se em "burgueses". O trabalhador administrativo da indústria produtiva e o "proletariado", em vez do "capitalista", tornaram-se os verdadeiros beneficiários do Capitalismo e da Revolução Industrial. Isto explica o falhanço total do marxismo nos países desenvolvidos, para os quais Marx previra uma "revolução" em 1900. Explica também por que razão, depois de 1918, não houve "Revolução Proletária", nem sequer nos países derrotados da Europa central, nos quais proliferava a miséria, a fome e o desemprego. Explica por que a Grande Depressão não levou à revolução comunista que Lenine e Estaline – e praticamente todos os marxistas – esperavam confiantemente. Nessa altura, os proletários de Marx não se tinham ainda tornado abastados, mas apenas classe média. Tinham-se tornado produtivos.

"Darwin, Marx, Freud" formam a tríade muitas vezes citada como os "construtores do mundo moderno". Marx seria substituído por Taylor, se houvesse alguma justiça no mundo. Mas que este não tenha recebido o reconhecimento devido é um problema menor. O mais grave é poucas pessoas terem percebido que foi a aplicação do conhecimento ao trabalho que criou as economias desenvolvidas, dando assim início à explosão de produtividade dos últimos cem anos. Os tecnólogos valorizam as máquinas; os economistas, o investimento de capital. No entanto, tanto máquinas como capital existiram tanto nos primeiros cem anos da era capitalista, ou seja, antes de 1880, como a partir daí. No que toca à tecnologia e ao capital, os segundos cem anos diferem pouco dos primeiros. Mas não existiu qualquer aumento na produtividade do trabalhador nos primeiros cem anos – e, consequentemente, apenas um reduzido acréscimo dos rendimentos reais e diminuição nas horas de trabalho. Na realidade, o que tornou os segundos cem anos crucialmente diferentes só pode ser explicado como resultado da *aplicação do conhecimento ao trabalho*.

A produtividade das novas classes, as da sociedade pós-capitalista, *apenas* poderá aumentar com a aplicação do conhecimento ao trabalho. Nem as máquinas nem o capital são capazes de o fazer. Na realidade, se estiverem dissociados, é provável que, em vez de criarem produtividade, a inibam (como iremos ver no capítulo 4).

Quando Taylor começou a estudar o trabalho, nove em cada dez trabalhadores executavam tarefas manuais, *faziam ou distribuíam bens*; trabalhavam na produção, na agricultura, nas minas, nos transportes. A produtividade das pessoas ocupadas nessas actividades atingiu a taxa histórica de 3,5 a 4 por cento – e na agricultura americana e na francesa até é menor. Contudo, a Revolução da Produtividade já terminou. Há quarenta anos, por volta de 1950, as pessoas que se ocupavam em fazer ou movimentar coisas ainda eram a maioria em todos os países desenvolvidos. Em 1990, já haviam diminuído para um quinto da força de trabalho. Em 2010, não serão mais do que um décimo. Aumentar a produtividade dos trabalhadores manuais na indústria, na agricultura e nos transportes deixou de ser um factor de criação de riqueza só por si. A Revolução da Produtividade tornou-se uma vítima do seu próprio sucesso. A partir de agora, o que interessa é a produtividade dos trabalhadores não manuais. E para isso é preciso *aplicar conhecimento ao conhecimento*.

A Revolução da Gestão

Quando, em 1926, decidi não ir para a universidade e, em vez disso, terminar o ensino secundário e arranjar um emprego, o meu pai ficou muito aborrecido, porque sempre fomos uma família de advogados e médicos. Contudo, não me chamou "marginal" nem tentou fazer-me mudar de ideias, nem sequer vaticinou que eu nunca faria coisa que se visse – eu era um adulto responsável e queria trabalhar como tal.

Trinta anos mais tarde, quando o meu filho fez dezoito anos, eu forcei-o, praticamente, a ir para a universidade. Como o pai, ele queria ser um adulto entre adultos, sentia que durante os doze anos que estivera sentado nos bancos da escola aprendera pouco e que as probabilidades de aumentar os seus conhecimentos, passando mais quatro anos noutra escola, não eram especialmente elevadas. Tal como o pai na sua idade, estava mais empenhado na acção do que no ensino.

E, no entanto, em 1958, trinta e dois anos depois de eu ter deixado de ser um jovem com o ensino secundário completo para me transformar num estagiário numa empresa de exportações, a licenciatura tornara-se uma necessidade. Era o passaporte para praticamente todas as carreiras. Em 1958, não ir para a universidade significava, para um rapaz americano que crescera numa família abastada e que tivera boas notas na escola, "tornar-se um marginal". O meu pai não sentira a menor dificuldade em me arranjar um lugar de estagiário numa empresa comercial de boa reputação. Trinta anos mais tarde, uma empresa desse tipo não aceitaria como estagiário um jovem com o ensino secundário, e o director de pessoal teria dito: "Vá para a universidade durante quatro anos – e a seguir faça uma especialização".

Na geração do meu pai (nasceu em 1876), ir para a universidade era um privilégio dos filhos das pessoas abastadas e de um pequeníssimo número de jovens pobres mas excepcionalmente brilhantes (como ele o foi). De todos os homens de negócios de sucesso americanos do século XIX, apenas um frequentou a universidade: J. P. Morgan foi para Göttingen estudar Matemática, mas saiu no fim do primeiro ano. Quanto aos outros, apenas alguns concluíram o ensino secundário.[10]

No meu tempo, ir para a universidade já era algo desejável; conferia estatuto social. Mas não se revelava de modo algum imprescindível, nem constituía grande ajuda para a vida e carreira de um indivíduo. Quando fiz o primeiro estudo de uma grande empresa, a

---

10. Nos romances de Edith Wharton, cronista da sociedade americana entre 1910 e 1920, os filhos das famílias tradicionais e ricas de Nova Iorque iam para Harvard, para a Faculdade de Direito, mas, na prática, nenhum exerce advocacia. A educação superior era considerada um luxo, um ornamento e uma maneira agradável de passar os primeiros anos da idade adulta.

General Motors[11], o departamento de relações públicas da empresa fez todos os esforços para dissimular que um elevado número dos seus quadros superiores tinha cursos universitários. Nessa altura, o desejável era começar a carreira por baixo e subir até ao topo.[12] No anos 50 ou 60, o modo mais rápido de atingir o rendimento da classe média – nos Estados Unidos, Reino Unido e Alemanha (embora já não fosse assim no Japão) – não era ir para a universidade, mas sim começar a trabalhar, aos dezasseis anos, numa das grandes empresas industriais dominadas pelos sindicatos. Aí, um indivíduo atingia em poucos meses o citado rendimento – como resultado da explosão da produtividade. Hoje, estas oportunidades praticamente desapareceram. Hoje, não existe praticamente acesso a um rendimento de classe média sem um diploma formal que certifique a aquisição de conhecimento, o que só é possível de obter, por sistema, numa escola.

A mudança do significado do conhecimento, que começara há dois séculos e meio, transformou a sociedade e a economia. O conhecimento formal é visto simultaneamente como o recurso-chave tanto a nível pessoal como económico. De facto, o conhecimento é hoje o único recurso com significado. Os tradicionais "factores de produção" – a terra (ou seja, os recursos naturais), o trabalho e o capital – não desapareceram, mas tornaram-se secundários. Podem obter-se, e obtêm-se facilmente, desde que exista conhecimento. E conhecimento, com este novo significado, quer dizer conhecimento como utilidade pública, como um meio para obter resultados sociais e económicos.

Estes desenvolvimentos, desejáveis ou não, são as respostas a uma mudança irreversível: *o conhecimento está a ser aplicado ao conhecimento*. Esta é a terceira, e talvez a última, fase da sua transformação. Fornecer conhecimento para descobrir como o conhecimento existente pode ser aplicado de modo mais adequado para produzir resultados é o que significa a gestão. Mas o conhecimento está também, neste caso, a ser sistematicamente utilizado com o propósito de definir que novo conhecimento é necessário, se é funcional, e o que se deve fazer para o tornar eficaz. Está, por outras palavras, a ser utilizado na inovação sistemática.[13]

---

11. Publicada no meu livro "Concept of the Corporation", de 1946.
12. A história é contada, no capítulo "Alfred Sloan", no meu livro "Adventures of a Boystander", de 1980, reeditado em 1991.
13. Para saber mais sobre o assunto leia o meu livro "Innovation and Entrepreneurship" (1986).

A terceira alteração introduzida na dinâmica do conhecimento pode designar-se como a "Revolução da Gestão". Como as suas precedentes – o conhecimento aplicado às ferramentas, processos e produtos e ao trabalho humano –, esta revolução avassalou a Terra. Demorou cem anos, desde meados do século XVIII até metade do século XIX, para a Revolução Industrial se tornar dominante e universal. Foram precisos alguns setenta anos, de 1880 até finais da Segunda Guerra Mundial, para que sucedesse o mesmo à Revolução da Produtividade, e menos de cinquenta chegaram – de 1945 a 1990 – para a Revolução da Gestão se tornar dominante no mundo inteiro.

A maior parte das pessoas, quando ouve a palavra "gestão", ainda a interpreta como "gestão de negócios". A gestão emergiu, já na sua forma actual, na grande organização empresarial de negócios. Quando comecei a trabalhar em gestão, há cerca de cinquenta anos, também me concentrei apenas na gestão do negócio.[14] Mas rapidamente aprendi que ela é necessária em todas as organizações modernas, quer sejam ou não dessa área. Na verdade, apercebemo-nos rapidamente de que é mesmo ainda mais precisa nas organizações que não trabalham nos negócios, como, por exemplo, as sem fins lucrativos mas não estatais (o que proponho se designe por "sector social") ou as agências governamentais. Estas organizações necessitam muito de gestão, precisamente porque lhes falta a disciplina dos "resultados", e é à volta disso que os negócios giram. Que a gestão não se restringe apenas aos negócios foi pela primeira vez reconhecido nos Estados Unidos, mas agora está a tornar-se aceite em todos os países desenvolvidos.

Sabemos actualmente que a gestão é uma função genérica de todas as organizações, qualquer que seja a sua missão específica. É o órgão genérico da sociedade do conhecimento.

Já existe gestão há muito tempo. Têm-me perguntado muitas vezes quem é que eu considero como o maior ou o melhor dos executivos e a minha resposta é sempre a mesma: "O homem que concebeu e construiu a primeira pirâmide do Egipto, há mais de mil anos – e que ainda lá está". Contudo, só depois da Primeira Guerra

---

14. No meu livro "The Practice of Management", de 1954, no qual tratei a gestão como uma disciplina, no que fui pioneiro, a maior parte da análise tem a ver com a gestão de negócios e a maioria dos exemplos são retirados dessa área.

Mundial a gestão passou a ser considerada como um tipo de trabalho específico – e somente por um número muito reduzido de pessoas. Apenas surgiu, enquanto disciplina, depois da Segunda Guerra. Por volta de 1950, quando o Banco Mundial começou a emprestar capital para fomentar o desenvolvimento económico, a palavra "gestão" ainda não fazia parte do seu vocabulário. De facto, embora tenha sido inventada há milhares de anos, só foi descoberta nessa altura.

Uma das razões para isso foi a experiência adquirida na própria Segunda Guerra Mundial, especialmente no que respeita ao desempenho da indústria americana. No entanto, talvez tenha sido igualmente importante para a aceitação geral da gestão o desempenho do Japão desde 1950. O Japão não era um país "subdesenvolvido" depois da Segunda Guerra Mundial, mas a sua indústria e economia estavam quase totalmente destruídas e não tinha praticamente tecnologia nacional. O seu principal recurso era a vontade de adoptar e adaptar a gestão que os Estados Unidos haviam desenvolvido durante o conflito – especialmente a formação. No espaço de vinte anos – desde os anos 50, quando terminou a ocupação norte-americana, até aos anos 70 – o Japão tornou-se a segunda maior potência económica mundial e um líder na tecnologia. Quando a Guerra da Coreia terminou, no início dos anos 50, a Coreia do Sul estava destruída, mesmo mais do que o Japão sete anos antes; além de nunca ter passado de um país atrasado, principalmente porque os japoneses eliminaram as empresas e o ensino superior durante os trinta e cinco anos em que a ocuparam. Contudo, recorrendo às universidades e às escolas superiores dos Estados Unidos para educar os seus jovens mais dotados e importando e aplicando os conceitos de gestão, a Coreia tornou-se, em vinte e cinco anos, um país altamente desenvolvido.

Com esta poderosa expansão da gestão veio uma compreensão crescente do que de facto ela significa. Quando comecei a estudar pela primeira vez a gestão, durante e imediatamente após a Segunda Guerra Mundial, um gestor era definido como "alguém responsável pelo trabalho dos subordinados". Por outras palavras, era um patrão, e gestão significava hierarquia e poder, conceito que, provavelmente, muitas pessoas ainda têm quando falam de "gestores" e de "gestão".

No início dos anos 50, a definição tinha já mudado para: "um gestor é responsável pelo desempenho das pessoas". Hoje, também sabemos ser demasiado restrita. A correcta será: "um gestor é responsável pelo desempenho e aplicação do conhecimento."

Esta mudança significa que agora vemos o conhecimento como um recurso essencial. Terra, trabalho e capital são importantes, principalmente como restrições. Sem eles, o conhecimento não conseguiria produzir; sem eles, a gestão não teria qualquer desempenho. Mas onde existe gestão eficaz, o que significa aplicação de conhecimento ao conhecimento, é sempre possível encontrar os outros recursos.

O conhecimento tornou-se *o* recurso, em vez de *um* recurso, e é isso que faz a nossa sociedade ser "pós-capitalista". Este facto altera no essencial a estrutura da sociedade. Cria uma nova dinâmica social e económica. Cria novas políticas.

Do conhecimento aos conhecimentos

Subjacente às três fases da alteração do conhecimento – Revolução Industrial, Revolução da Produtividade e Revolução da Gestão – está a mudança fundamental do significado do conhecimento. Mudámos do conhecimento, no singular, para conhecimentos, no plural.

O conhecimento tradicional era geral. O que actualmente consideramos conhecimento é forçosamente muito especializado. Dantes nunca falávamos de homem (ou mulher) "de conhecimento", falávamos de "pessoas bem formadas". As pessoas cultas eram generalistas. Sabiam o suficiente para falar ou escrever sobre um elevado número de assuntos, para compreender um bom número de coisas. Mas não sabiam o suficiente para fazerem o que quer que fosse. Como diz um velho ditado: "É bom ter uma pessoa culta como convidado à mesa, mas não se ganha nada em tê-la por companhia numa ilha deserta, onde é preciso alguém que faça coisas". Porém, nas universidades de hoje, as tradicionais "pessoas cultas" não são de modo algum consideradas cultas. São desprezadas como diletantes.

Em "Um Yankee de Connecticut na Corte do Rei Artur", o herói do livro de Mark Twain de 1889 não era uma "pessoa culta".

Não sabia seguramente latim nem grego, nunca lera provavelmente Shakespeare e nem conhecia muito bem a Bíblia. Mas sabia fazer tudo o que se relacionava com mecânica, incluindo produzir electricidade e montar telefones.

Como disse antes, para Sócrates o objectivo do conhecimento, era o autoconhecimento e o autodesenvolvimento; os resultados eram interiores. Para o seu antagonista Protágoras, o resultado era a capacidade de saber o que dizer e dizê-lo bem. Era a "imagem", para usar o termo actual. Durante mais de duzentos anos, o conceito de Protágoras dominou a aprendizagem ocidental e definiu o conhecimento.

O *trivium* medieval, o sistema de ensino que desde essa data estava na base daquilo que se chama um "ensino liberal", foi constituído por Gramática, Lógica e Retórica – as ferramentas necessárias para decidir o que dizer e dizê-lo bem. Não eram ferramentas para decidir *o que fazer* e como fazer. Os conceitos Zen e confuciano do conhecimento – que dominaram a cultura e ensino orientais durante milhares de anos – eram muito semelhantes: o primeiro centrava-se no autoconhecimento, o segundo – à imagem do *trivium* medieval – nos equivalentes chineses da gramática, lógica e retórica.

O conhecimento, aquilo que actualmente consideramos conhecimento, demonstra-se a si próprio na acção. O que hoje chamamos de conhecimento é a informação eficaz, em acção, dirigida para resultados. Estes são *exteriores* ao indivíduo – estão na sociedade e na economia ou na evolução do próprio conhecimento.

Para realizar o que quer que seja, este conhecimento tem de ser altamente especializado. Esta foi a razão pela qual a tradição – a começar nos antigos, mas persistindo naquilo que se chama "ensino liberal" – o relegava para um estatuto de *techné* ou ofício. Não podia ser aprendido nem ensinado, nem implicava, onde quer que fosse, qualquer princípio geral. Era específico e especializado, mais experiência do que aprendizagem, mais treino do que escolarização. Hoje não falamos destes conhecimentos especializados como "ofícios", mas sim como "disciplinas". Esta é uma grande mudança na história intelectual, como nunca antes acontecera.

Uma disciplina converte um "ofício" em metodologia – como a engenharia, o método científico, o método quantitativo ou o diagnóstico diferencial do médico. Cada uma destas metodologias transforma a experiência *ad hoc* em sistema. Cada uma converte o episódico em informação. Cada uma converte a técnica em algo que pode ser ensinado e aprendido.

A mudança do conhecimento para conhecimentos deu ao conhecimento o poder para criar uma nova sociedade. Mas esta sociedade tem de estar estruturada assumindo o conhecimento como especialização e os trabalhadores do conhecimento como especialistas. É isso o que lhes dá o seu poder. Mas também levanta questões básicas – de valores, de visão, de crenças, ou seja, de todas as coisas que mantêm a sociedade unida e dão sentido à vida. Tal como o último capítulo deste livro irá debater, também levanta uma grande – e nova – questão: o que é a pessoa instruída na sociedade dos conhecimentos?

2. A Sociedade das Organizações

Uma organização é um grupo humano, composto por especialistas que trabalham numa tarefa comum. Contrariamente à sociedade, comunidade e família – os tradicionais agregados sociais – a organização tem um objectivo expresso, que não se radica na natureza psicológica dos seres vivos nem na necessidade biológica. Todavia, enquanto criação humana, espera-se que resista – talvez não para sempre, mas durante um período considerável de tempo.

Uma organização é sempre especializada. Define-se pelas suas tarefas. A comunidade e a sociedade, por contraste, são definidas por uma ligação que mantém juntos os seres humanos, independentemente da língua, cultura, história ou região. Uma organização só é eficaz se se concentrar numa tarefa. Uma orquestra sinfónica não tenta curar doentes; toca música. Um hospital cuida dos doentes, mas não procura tocar Beethoven. Um clube de alpinismo está preparado para subir aos Himalaias, mas não para cuidar dos sem-abrigo do Nepal, por mais lamentável que seja a sua condição. A escola concentra-se em ensinar e aprender; o negócio, em produzir e vender bens e serviços; a Igreja, em converter pecadores e salvar almas; os tribunais, em resolver conflitos; os militares, em lutar em guerras; e a American Heart Association, em investigar e prevenir as doenças circulatórias e as degenerações cardíacas.

A sociedade, a comunidade e a família *são*, as organizações *fazem*.

"Organização" tornou-se um termo de todos os dias. Acena-se com a cabeça quando alguém diz: "Na nossa organização tudo deve girar à volta do cliente", ou "O que importa na nossa organização é cumprir o orçamento", ou ainda "Nesta organização ninguém esquece um erro que se cometa". A sociedade, em todos os países desenvolvidos, tornou-se numa *sociedade de organizações*, na qual a maior parte, senão todas as tarefas sociais são feitas dentro e pela organização; o negócio empresarial e o sindicato; as forças armadas e os hospitais; as escolas e universidades; os serviços da comunidade – alguns deles da administração pública, muitos outros (especialmente nos Estados Unidos) sob a forma de instituições sem fins lucrativos do "sector social" (ver o capítulo 9). Mas há também orquestras sinfónicas – centenas nos Estados Unidos – museus e fundações, associações de comerciantes e de consumidores, igrejas e muitas outras.

Todavia, ninguém nos Estados Unidos – ou em qualquer outro sítio – falara de "organizações" antes do fim da Segunda Guerra Mundial. Por outro lado, nem o Concise Oxford, o dicionário inglês mais conceituado, incluía o termo, com o seu significado concreto, na edição de 1950. Os politólogos e sociólogos falam de "comunidade" e "negócio", da "sociedade", "tribo", "comunidade" e "família". Mas a "organização" ainda estava à espera de entrar no vocabulário sociológico da Política e da Economia. O que levanta três questões relacionadas entre si:

. Que funções desempenham as organizações? Por que são necessárias?

. O que explica que, durante tanto tempo, tenham sido ignoradas pela ciência política e económica?

. O que é, rigorosamente, uma "organização" e como funciona?

A função das organizações

A função das organizações é tornar os conhecimentos produtivos. As organizações tornaram-se centrais na sociedade em todos os países desenvolvidos como resultado da mudança do conhecimento para os conhecimentos.

Quanto mais especializados são os conhecimentos, mais eficazes são. Os melhores radiologistas não são os que sabem mais de Medicina, mas os mais capazes de obter boas imagens do interior do corpo através de raios X, ultra-sons ou ressonância magnética. Os melhores analistas do mercado não são os que sabem mais de negócios, mas os que sabem mais sobre investigação de mercado. Contudo, nem os radiologistas nem os analistas de mercado obtêm resultados por si próprios, o seu trabalho é somente *input*. Não se transforma em resultados se não for conjugado com o trabalho de outros especialistas.

Os conhecimentos, só por si, são estéreis. Tornam-se produtivos quando fundidos num conhecimento unificado e singular. Tornar isto possível é a função da organização, a razão da sua existência, a sua função.

É verdade que nos tempos que correm se exagera na especialização – e os piores são os académicos. Mas o antídoto não é tentar dar um "ensino liberal" aos especialistas para os tornar "generalistas" (como eu próprio defendi durante muito tempo). Isso não funciona, como já concluí. Os especialistas só são eficazes quando actuam como tal, e os trabalhadores do conhecimento têm ser eficazes. Os trabalhadores do conhecimento mais eficazes não querem ser especialistas limitados. Os neurocirurgiões são cada vez melhores quanto mais treinam as suas capacidades; os trompetistas não tocam violino nem devem fazê-lo. Os especialistas necessitam de estar abertos ao universo do conhecimento (como será demonstrado no capítulo 12). Mas têm de trabalhar como especialistas e concentrarem-se em ser especialistas. E para isto e para produzir resultados, a organização é indispensável.

A organização como uma espécie à parte

Por que levou tanto tempo até os eruditos reconhecerem a organização, se ela é uma realidade social predominante, há algumas décadas? A resposta pode dizer-nos muito sobre a organização.

Não surpreende que os advogados não se tenham preocupado com este novo fenómeno. "Organização" não é um termo legal maior do que "comunidade" ou "sociedade". Nem é um termo económico. Algumas organizações prosseguem objectivos concretos, influenciam a economia e são por sua vez influenciadas por ela (por exemplo, os negócios e os sindicatos). Muitas outras – as igrejas ou os escuteiros – não se situam na esfera de acção dos economistas. Por que motivo os politólogos e sociólogos ignoraram tão profundamente um fenómeno que afecta a política e a sociedade?

As organizações não são mencionadas nas obras do fundador da Sociologia, o francês Auguste Comte (1798-1857). Mas nessa altura elas ainda não existiam. Mas também não surge qualquer menção no livro "Gemeinschaft und Gesellschaft" (Comunidade e Sociedade), do crítico não marxista mais influente da sociedade moderna, o alemão Ferdinand Tönnies (1853-1936), bem como nas obras do patrono da Sociologia moderna, Max Weber (1864-1920), e do suíço italiano Vilfredo Pareto (1848-1923). Contudo, todos eles estavam extremamente conscientes e eram altamente críticos em relação à ascensão das grandes empresas e dos grandes sindicatos, só que se mostraram muito pouco atentos às organizações enquanto fenómeno novo. E este ainda continua a ser ignorado em livros de ciências sociais mais recentes.

As organizações são esquecidas precisamente *porque* afectam tanto a política como a sociedade. A organização é incompatível com aquilo que os politógos e sociólogos assumem ser a norma. Estes partem ainda do princípio de que uma sociedade normal é mais unitária do que pluralista. Mas a sociedade das organizações é profundamente pluralista. Se for referida por estes cientistas, a organização é tratada como uma anormalidade e, portanto, como uma doença perigosa. Um bom exemplo é o livro "The Legal Foundations of Capitalism" (1924) do economista trabalhista inglês John R. Commons (1862-1945).

Commons argumentava que a emergência da organização sob a forma de empresa de negócios era um veneno injectado no corpo político dos Estados Unidos por uma "conspiração" perpetrada pelo Supremo Tribunal de Justiça, nos finais do século XIX, que intencionalmente interpretou enviesadamente a XIV Emenda à Constituição. Isto é obviamente absurdo aos olhos de qualquer pessoa, pois todos os países desenvolvidos aceitaram as empresas sem o auxílio da XIV Emenda do Supremo Tribunal de Justiça – na realidade os Estados Unidos foram os últimos a fazê-lo (mesmo depois do Japão). No entanto, Commons fazia sentido para o leitor de 1924. As organizações eram uma tal aberração que só poderiam ser explicadas por alguma conspiração sinistra. Este livro transformou-se, anos mais tarde, num *best-seller* e numa das "bíblias" do empresário do New Deal.

O aparecimento da organização foi uma "mudança paradigmática" – para usar o termo criado pelo filósofo americano Thomas Kuhn, no seu livro "The Structure af Scientific Revolutions" (1962). Ele contradizia aquilo que os politógos e sociólogos sabiam ser a realidade. E por isso, como Kuhn sublinhou, foram necessários trinta a cinquenta anos, ou seja, chegar à geração seguinte – para que a nova realidade fosse percebida e finalmente aceite pela comunidade académica.

Existe ainda uma outra razão pela qual as organizações mereceram durante tanto tempo tão pouca atenção. As forças armadas, as igrejas, as universidades, os negócios e os sindicatos operários têm sido considerados, estudados e analisados desde há muito tempo pormenorizadamente, mas tratados como se cada um deles fosse uma organização única, *sui generis*. Mesmo agora, os meus entrevistadores ainda ficam surpreendidos quando lhes digo que a minha prática de consultor inclui, há mais de quarenta anos, todas essas instituições. Só muito recentemente se considerou que todas elas pertencem à mesma espécie: todas são "organizações". São feitas pelo homem, a "ecologia social" da sociedade pós-capitalista. Têm muito mais características comuns do que diferenças. Como disse antes, a maior parte das pessoas – e praticamente toda a gente fora dos Estados Unidos – ainda ouve "gestão do negócio" quando se diz "gestão", e não compreendem que a gestão é uma função *genérica* comum a todas as organizações semelhantes.[1] Só o aparecimento da gestão após a Segunda Guerra Mundial nos fez considerar que a organização é algo distinto e discreto. Não é uma "comunidade", uma "sociedade", uma "classe" ou uma "família" – os integradores sociais que os sociólogos compreendem. Mas também não se trata de um "clã", de uma "tribo", de um "grupo de parentesco" ou de qualquer outro integrador da sociedade tradicional conhecido e estudado por antropólogos, etnólogos e sociólogos. Organização é algo novo e distinto. *Mas o que é?*

As características das organizações

As organizações são instituições com um objectivo especial. São eficazes porque se concentram *numa tarefa*.

Se alguém chegar à American Lung Association e disser: "Noventa por cento dos americanos adultos (é sempre 90 por cento, por sinal) sofrem de unhas encravadas nos dedos dos pés; precisamos da

---

1. Como sublinhei no meu livro "As Organizações sem Fins Lucrativos" (Managing the Non Profit Organization, 1990), um bom número de pessoas do sector não lucrativo ainda considera as igrejas, os hospitais e os serviços à comunidade apenas como tal e não como pertencendo todos à mesma família – os não lucrativos – e à mesma espécie – as organizações.

vossa experiência em investigação, ensino da saúde, formação e prevenção para eliminar esta terrível praga", responder-lhe-ão com certeza: "Nós só estamos interessados naquilo que se aloja entre a anca e o ombro".

Isso explica por que a American Lung Association ou a American Heart Association, ou qualquer outra no domínio da saúde, obtêm resultados. A sociedade, a comunidade e a família têm de lidar com todo e qualquer problema que surja. Fazer isso numa organização é "diversificar". E numa organização, diversificar significa estilhaçar, destruir a capacidade de rendimento de uma organização, quer se trate de uma empresa, de um sindicato, de uma escola, de um hospital, de um serviço comunitário ou de uma igreja. A organização é uma ferramenta. Como qualquer ferramenta, quanto mais especializada numa determinada tarefa for maior é a sua capacidade de desempenho.

Porque a organização é composta por especialistas, cada um deles com a sua área de conhecimento restrita, a sua missão deve ser clara como cristal. A organização deve ter um só objectivo, porque senão os seus membros ficam confusos. Eles seguem a sua especialidade, em vez de a aplicar a uma tarefa comum. Cada um define "resultados" em termos da sua especialidade – e imporá os seus próprios valores à organização. Só uma missão comum, clara e convergente pode manter a organização unida, permitindo-lhe produzir resultados. Sem objectivos definidos, perde credibilidade.

Um bom exemplo é o que aconteceu com o protestantismo americano no período pós-Segunda Guerra Mundial. Poucas estratégias tiveram tanto êxito como a das igrejas protestantes quando, por volta de 1900, centraram os seus imensos recursos nas necessidades sociais de uma sociedade urbana que se estava a industrializar rapidamente. A doutrina do cristianismo social foi assim uma das razões principais por que as igrejas, nos Estados Unidos, não se tornaram marginais, como aconteceu com as da Europa. Todavia, a acção social não é missão de uma Igreja Cristã. A sua missão é salvar almas. Foi por o cristianismo social ter sido tão bem sucedido que as igrejas, especialmente a partir da Segunda Guerra Mundial, se dedicaram cada vez mais às "causas sociais". Recentemente, o protestantismo liberal utilizou os expedientes do cristianismo para desenvolver reformas sociais e promover uma verdadeira legislação social. As igrejas transformaram-se em agências sociais. Tornaram-se políticas e rapidamente perderam a coesão e a capacidade de atrair membros.

O protótipo da organização moderna é a orquestra sinfónica: cada um dos duzentos e cinquenta músicos de uma orquestra é um especialista, de elevado grau. No entanto, por si só, a tuba não faz a música, só a orquestra a pode fazer. A orquestra tem um bom desempenho porque os seus duzentos e cinquenta músicos têm a mesma partitura. Todos subordinam a sua especialidade a uma tarefa comum. E só tocam uma peça de música de cada vez.

Os resultados, numa organização, provêm sempre do exterior. A sociedade, comunidade e família são autocontidos e auto-suficientes, existem por si próprios. Mas qualquer organização existe para produzir resultados no exterior.

No interior de um negócio apenas existem custos. O termo "centro de lucros" (uma expressão que, perdoem-me, criei há muitos anos atrás) é uma designação errada. Num negócio existem apenas centros de *custos*. Só passa a haver lucro quando um cliente comprou o produto ou o serviço e pagou por ele. O resultado do hospital é um doente curado que pode ir para casa (e que deseja fervorosamente nunca mais ter de lá voltar). Os resultados de uma escola ou universidade são os licenciados que vão pôr em prática aquilo que aprenderam nas suas vidas e trabalho. Os resultados de um exército não são as manobras e promoções a general, mas a guerra que impediram ou ganharam. Os resultados da Igreja não se vêem sequer aqui na terra.

Tudo isto significa que os resultados, numa organização, estão sempre muito longe daquilo com que cada membro contribui. Isto é verdade mesmo no hospital, onde o trabalho individual – quer seja do enfermeiro ou do psicoterapeuta – está de perto relacionado com o resultado: curar um paciente. Muitos especialistas, mesmo num hospital, não conseguem identificar as suas contribuições para um resultado em particular. Qual é a parte que tem o técnico de raios X na cura ou reabilitação de um doente? Ou o técnico do laboratório clínico? Ou um nutricionista?

Na maior parte das instituições, a contribuição individual é totalmente absorvida pela tarefa comum e desaparece nela. Para que serve o melhor técnico do departamento de engenharia se a empresa a que pertence entrar em crise? Mas, por isso mesmo, é preciso que esse departamento seja de primeira qualidade, dedicado e empenhado, para a firma não abrir falência. Por outras palavras, cada membro da organização tem (pelo menos em teoria) uma contribuição vital, sem a qual não existiriam resultados. Mas nenhum deles, por si próprio, produz estes resultados.

Isto implica como requisito absoluto para o desempenho de uma organização que a tarefa e a missão sejam transparentes. Os resultados devem ser definidos de modo claro, sem ambiguidades e, se possível, de forma mensurável.

Isto também exige que a organização avalie e julgue por si própria o seu desempenho relativamente a objectivos e metas claros, conhecidos e impessoais. Nem a sociedade, nem a comunidade, nem a família estabelecem esses objectivos, nem podiam. O seu teste é a sobrevivência e não o desempenho.

Entrar numa organização implica sempre uma decisão. *De facto* até pode haver pouca escolha. Mas quando tornar-se membro é tudo menos obrigatório – como a adesão à Igreja cristã o era em todos os países da Europa, durante vários séculos, para judeus e ciganos – a ficção do cerimonial da entrada é cuidadosamente mantida. O padrinho, no baptizado da criança, por exemplo, garante que esta aceita *voluntariamente* aderir à Igreja.

Pode ser difícil deixar uma organização – a Máfia, por exemplo –, uma grande empresa japonesa ou a Companhia de Jesus. Mas é sempre possível. Quanto mais uma organização se torna a organização dos trabalhadores do conhecimento, mais fácil é abandoná-la e mudar para outra (como demonstraremos na secção sobre a "Sociedade dos Empregados", no final deste capítulo).

Contrariamente à sociedade, à comunidade e à família, uma organização está sempre em competição pelo seu recurso mais essencial: pessoas qualificadas, com conhecimentos e dedicadas.

Isto significa que as organizações têm de comercializar o facto de se ser membro tal como comercializam os seus produtos e serviços – e talvez ainda mais. Têm de atrair as pessoas, mantê-las, reconhecê-las, recompensá-las, motivá-las, servi-las e satisfazê-las.

Porque a organização moderna é uma organização de especialistas do conhecimento, ela tem de ser uma organização de iguais, de "colegas", de "associados". Nenhum está colocado mais acima do que um outro. A posição de cada um é determinada mais pela sua contribuição numa tarefa comum do que por qualquer outra superioridade ou inferioridade inerente. "A filosofia é a rainha das ciências", diz um antigo ditado. Mas para se extrair uma pedra do rim é necessário um urologista e não um lógico. A organização moderna não pode ser uma organização de "patrões" e "subordinados", tem antes de ser estruturada como uma equipa de "associados".

Uma organização é sempre *gerida*. A sociedade, a comunidade ou a família podem ter líderes – tal como as organizações. Mas as organizações, e só estas, podem ser geridas. A gestão pode ser superficial e intermitente – como o é, por exemplo, a Associação de Pais e Professores, numa escola suburbana dos Estados Unidos, onde os elementos eleitos passam apenas algumas horas por ano a tratar dos assuntos da organização. Ou pode ser também um emprego exigente e a tempo inteiro, como acontece com as forças armadas, empresas, sindicatos, universidades e em muitos outros sítios. Mas tem de haver quem tome decisões ou nada será feito. Tem de haver quem seja responsável pela missão da organização, o seu espírito, o seu desempenho e resultados. Tem de existir um "maestro" que controle o "resultado". Terão de ser pessoas que focalizem a organização na sua missão, desenhem a estratégia a cumprir e definam quais são os resultados. Esta gestão tem de ter uma autoridade considerável. No entanto, a sua função na organização do conhecimento não é comandar; é dirigir.

Por fim, a organização, para conseguir produzir, precisa de ser autónoma. Legalmente, pode ser um serviço da administração pública, como o são os caminhos-de-ferro na Europa, as universidades estatais dos Estados Unidos ou a rede de televisão e de rádio líder no Japão (NHK). No seu funcionamento actual, estas organizações têm de ser capazes "de fazer as suas coisas". Se forem utilizadas para realizar a "política governamental", param imediatamente a sua actuação.

Tudo isto, dir-se-á, é óbvio. No entanto, cada uma destas características é nova e, na realidade, única relativamente a este novo fenómeno social – a organização.

A organização como desestabilizador

A sociedade, a comunidade e a família são, todas, instituições conservadoras. Tentam manter a estabilidade e evitar, ou pelo menos diminuir, a mudança. Mas a organização da sociedade pós-capitalista é *desestabilizadora*. Porque a sua função é pôr o conhecimento a trabalhar – nas ferramentas, nos processos e produtos, no trabalho, no conhecimento em si – deve ser organizada para a mudança constante. Deve ser organizada para a inovação. E inovação, como o economista austríaco-americano Joseph Schumpeter (1883-1950) dizia, é "destruição criadora". Deve ser organizada para o abandono sistemático do estabelecido, do habitual e do confortável – quer sejam produtos, serviços e processos ou relações humanas e sociais, competências – ou das próprias organizações. Faz parte da natureza do conhecimento que ele se altere rapidamente e que as certezas de hoje se transformem em absurdos amanhã.

As técnicas, ao contrário do conhecimento, mudam devagar e com pouca frequência. Se Sócrates, o canteiro, ressuscitasse hoje, iria trabalhar para um marmorista, e a única mudança significativa seria a de que teria de gravar pedras tumulares com cruzes em vez de estelas com o símbolo de Hermes. As ferramentas são as mesmas, apesar de agora funcionarem a energia eléctrica.[2] Durante os quatrocentos anos que se seguiram a Gutenberg ter usado pela primeira vez os tipos móveis, não se verificou qualquer mudança na arte de imprimir – até que a máquina a vapor chegou, ou seja, até que a disciplina da engenharia foi aplicada à *techné*. Ao longo da história, os artesãos que aprenderam uma profissão assimilaram tudo o que necessitariam de saber durante a sua vida em seis anos de aprendizagem, aos dezassete ou dezoito anos. Na sociedade pós-capitalista, é seguro assumir que qualquer pessoa com qualquer conhecimento terá de adquirir *novo* conhecimento, de quatro em quatro ou cinco em cinco anos, caso contrário torna-se obsoleta.

As mudanças que afectam mais profundamente o conhecimento, por norma, não vêm da sua própria área, como exemplifica a imprensa. A indústria farmacêutica está a ser profundamente alterada pelos conhecimentos provenientes da genética e biologia, disciplinas de que, há quarenta anos atrás, poucas pessoas teriam ouvido falar num laboratório farmacêutico. O maior desafio dos caminhos-de-ferro não resultou das alterações nos comboios, mas sim do aparecimento do automóvel, do camião e do avião.

A inovação social tem tanta importância como a nova ciência ou a nova tecnologia quando se trata de criar novo conhecimento ou de tornar o antigo conhecimento obsoleto. De facto, a inovação social é muitas vezes mais importante. O que desencadeou a actual crise mundial de uma das mais poderosas instituições do século XX, a

---

2. Num pequeno museu da Costa Brava, em Espanha, perto da antiga cidade de Emporia, estão expostas ferramentas que os artesãos dos séculos I e II d.C. utilizavam. Nenhum artífice de hoje teria a mais pequena dificuldade em usá-las, nem daria conta de que têm dois mil anos.

banca comercial, não foi o computador ou qualquer outra mudança tecnológica. Foi perceber-se que um antigo e até então obscuro produto financeiro – o papel comercial (letras, por exemplo) – podia ser usado fora da banca para financiar empresas. Isto privou rapidamente os bancos do negócio do qual tinham o monopólio há duzentos anos e que lhes dava a maior fatia dos seus rendimentos: o empréstimo comercial. A maior das mudanças, provavelmente, é que, nos últimos quarenta anos, a inovação com um *objectivo* – tanto técnica como social – se tornou ela própria uma disciplina organizada, sendo simultaneamente matéria de ensino e de aprendizagem.[3]

Nem a mudança, rápida, baseada no conhecimento, se restringe aos negócios, como muita gente pensa. É claramente uma necessidade, se é que os sindicatos (uma das "histórias de sucesso" da sociedade capitalista) pretendem sobreviver. Nos cinquenta anos que se seguiram à Segunda Guerra Mundial, nenhuma organização se alterou tanto como a militar, embora os uniformes e os títulos hierárquicos tenham permanecido os mesmos. As armas mudaram completamente, como a Guerra do Golfo, em 1991, o demonstrou de forma dramática. Quanto aos conceitos e às doutrinas militares, mudaram ainda mais drasticamente. E o mesmo aconteceu às estruturas da organização, às estruturas de comando, às relações e às responsabilidades.

Uma consequência: qualquer organização de hoje tem de construir a sua própria estrutura de *gestão da mudança*.

Terá de fazê-lo a partir do abandono organizado de tudo o que pratica. Tem de aprender a interrogar-se regularmente sobre todos os processos, produtos, procedimentos e política: "Se já não fizéssemos isto, faríamos o mesmo, sabendo o que já sabemos?". Se a resposta é não, a organização precisa de saber: "O que fazemos agora?". Precisa de *fazer* alguma coisa, e não apenas um outro estudo. Cada vez mais as organizações têm de *planear* o abandono de uma política em vez de tentarem prolongar a vida de uma política bem sucedida: praticar ou produzir – algo que só algumas grandes empresas japonesas enfrentaram.[4]

A *capacidade para criar a novidade* deve ser construída na organização. Especificamente, cada organização deve introduzir na própria

---

[3]. Sobre este assunto ver o meu livro "Innovation and Entrepreneurship", Londres.
[4]. Sobre este assunto veja o capítulo 24, "The new japanese business strategies", no meu livro "Managing for the Future" (1992).

estrutura três práticas sistemáticas. Em primeiro lugar, cada organização precisa de melhorar continuamente tudo o que faz – o processo que os japoneses chamam de *Kaizen*. Cada artista, ao longo da história, praticou o *Kaizen*, o que significa auto-aperfeiçoamento contínuo e organizado. No entanto, só os japoneses, até agora (talvez devido à sua tradição Zen) o incorporaram no quotidiano e no trabalho das suas organizações de negócio – embora o não façam nas universidades, excepcionalmente resistentes à mudança. O objectivo final do *Kaizen* é aperfeiçoar cada produto ou serviço de modo a que este se transforme, dois ou três anos depois, num outro diferente.

Em segundo lugar, cada organização tem de aprender a *explorar*, ou seja, a desenvolver as novas aplicações a partir dos seus próprios êxitos. De novo as empresas japonesas foram, até agora, as melhores neste domínio, como é disso exemplo o modo como os industriais de artigos de electrónica desenvolveram sucessivamente novos produtos a partir da mesma invenção americana, o gravador. Contudo, construir com base nos próprios êxitos é também um dos pontos fortes das igrejas "pastorais" americanas, cujo rápido crescimento começou a equilibrar o declínio contínuo tanto do tradicional "cristianismo social", como das igrejas fundamentalistas tradicionais.

Em terceiro lugar, cada organização *tem de aprender a inovar* – e aprender que a inovação pode e deve ser organizada como um processo sistemático. Voltamos ao abandono e todo o processo começa de novo.

Se estas tarefas não forem sistematicamente realizadas, a organização pós-capitalista baseada no conhecimento ficará, a curto prazo, obsoleta. Em breve, perderá a sua capacidade de desempenho e o poder de atrair e manter os especialistas do conhecimento de quem depende.

Existe uma outra consequência: é que a sociedade pós-capitalista tem de ser *descentralizada*. As suas organizações têm de ser capazes de tomar decisões rápidas, apoiar-se na atenção prestada ao desempenho, ao mercado, à tecnologia e às mudanças verificadas na sociedade, no ambiente e na demografia, que devem ser encaradas e aproveitadas como oportunidades para inovar.

As organizações da sociedade pós-capitalista perturbam, desorganizam e desestabilizam a comunidade constantemente. Elas têm de alterar a procura de competências e conhecimentos. É precisamente quando a universidade aumenta o ensino em Física que aquilo de que precisamos é de geneticistas. Quando os bancos organizaram a análise de crédito, precisavam de técnicos de investimento. Empresas fecham fábricas nas comunidades locais que delas dependem em termos de emprego, ou substituem desenhadores grisalhos, que passaram anos a aprender o seu ofício, por "geniozinhos" de vinte e cinco anos que sabem simulação computadorizada. Os hospitais transferem os serviços de obstetrícia para "centros de nascimentos" permanentes quando o conhecimento básico e a tecnologia se altera. Devemos estar prontos a fechá-los quando as alterações verificadas nos conhecimentos, prática e tecnologia os tornem, caso tenham menos de duzentas camas, unidades não rentáveis e incapazes de prestar cuidados de primeira qualidade. Do mesmo modo, para que a escola, ou a universidade, possa desempenhar a sua função social, devemos ser capazes de as encerrar – por mais que estejam enraizadas e sejam apreciadas pela comunidade local – quando as alterações verificadas na demografia, na tecnologia ou no conhecimento introduzem nos requisitos de bom desempenho uma dimensão ou uma filosofia diferentes.

Contudo, cada uma destas mudanças perturba a comunidade, desmembra-a, priva-a de continuidade. Todas são encaradas como "injustas". Todas desestabilizam.

A organização moderna cria ainda uma outra tensão na comunidade. Tem de operar nela. Os seus membros vivem nessa comunidade, falam a sua língua, mandam os seus filhos às escolas locais, pagam aí os seus impostos. Por isso devem sentir-se em casa – os seus resultados acontecem na comunidade. A organização não pode subordinar-se ou afogar-se na comunidade. A sua "cultura" tem de a *transcender*.

Como o antropólogo americano Edward T. Hall sublinhava no seu livro de 1959, "The Silent Language", as comunicações mais importantes em cada sociedade não são as verbais, mas sim as culturais, que existem na postura das pessoas, no modo como se mexem e como actuam. Hall demonstrou-o com um médico alemão que utilizava sinais diferentes conforme se dirigia a um paciente alemão, inglês, americano ou japonês. Os funcionários administrativos americanos ficariam confundidos se, em Washington, lhes pedissem que participassem numa reunião do supermercado local para discutirem a publicidade de promoção para a semana seguinte. Mas compreenderiam facilmente aquilo que um colega chinês lhes dissesse sobre as intrigas burocráticas em Pequim. De facto, apesar de tudo quanto ouvimos acerca das diferenças de "estilo de gestão", uma grande empresa japonesa funciona de modo muito semelhante às suas similares americanas, alemãs ou britânicas.

É a natureza da tarefa, mais do que a comunidade na qual esta se realiza, que determina a cultura da organização. Cada sistema de valores de uma organização é determinado pela sua tarefa. Cada hospital, cada escola, cada empresa, em todo o mundo, tem de acreditar que o que faz é uma contribuição essencial para a comunidade e para a sociedade – da qual, em última análise, todos os outros, nessa mesma comunidade, dependem. Para desempenharem com sucesso a sua tarefa têm de ser organizada e gerida assim. Na sua cultura, a organização transcende sempre a comunidade. Se a cultura da organização colide com os valores da sua comunidade, a cultura da organização prevalece – senão a organização não terá a sua contribuição social.

"O conhecimento não tem fronteiras", diz um velho provérbio. Existem muito poucas organizações "transnacionais" e ainda menos "multinacionais". Mas qualquer organização do conhecimento é, necessariamente, não nacional e não comunitária. Mesmo quando está totalmente embutida na comunidade local, é uma "cosmopolita desenraizada", para utilizar uma das definições favoritas de Hitler e de Estaline.

A *sociedade dos empregados*

Há apenas cinquenta anos, a palavra "empregado" raramente era utilizada em inglês ou americano, excepto enquanto termo legal. Nesse tempo falava-se de "capital e trabalho", "gestão e trabalhador". O equivalente alemão *Mitarbeiter* era igualmente pouco comum, e, quando utilizado, queria apenas significar "funcionário administrativo de baixo nível" – o mesmo que o espanhol *employado* ou o alemão *Angestellter*. "Empregado" (*employee*) é uma palavra estranha; não tem um sentido claro, e todos os seus similares noutras línguas são também de uso recente e igualmente estranhos. O fenómeno em si próprio é novo – e por isso ainda não temos uma palavra adequada.

Um "empregado" é, por definição, alguém que é pago para trabalhar. Só que, nos Estados Unidos, o mais vasto grupo de "empregados" são pessoas que trabalham e não são pagas. Um em cada dois adultos americanos – noventa milhões de indivíduos no seu conjunto – trabalha, sem ser remunerado, para uma organização sem fins lucrativos, e a maior parte deles dá-lhe três horas por semana grátis (ver capítulo 9). São quase sempre quadros, e consideram-se a si próprios como tal. Além disso, são voluntários e não recebem qualquer pagamento.

Muitas das pessoas que, de facto, se consideram "empregados" não o são no sentido legal. São trabalhadores que se "auto-empregam". Há um século, quem estava empregado, ou seja, quem trabalhava para alguém, fazia-o com mais frequência para um "mestre" do que para uma organização ou um "patrão". Nessa época, havia trabalhadores nas fábricas e nos serviços domésticos – até à Primeira Guerra Mundial, os operários nos países desenvolvidos eram em número muito elevado. Existiam os assistentes de loja e os vendedores. Mas as pessoas que tinham estudado trabalhavam na sua maioria como independentes. O maior grupo singular de trabalho em qualquer país, em 1913 (com excepção da Inglaterra e da Bélgica), era constituído por camponeses trabalhando por sua conta em terra própria ou alugada.

Hoje, os camponeses são uma minoria em todos os países desenvolvidos, e os criados simplesmente desapareceram. No entanto, as pessoas que há sessenta ou setenta anos eram "independentes" (as tais instruídas e com conhecimentos) são agora empregadas ou "auto-empregam-se".

Precisamos de uma palavra para descrever estas pessoas e não a temos. Entretanto, podemos definir "empregado", na sociedade pós-capitalista, como aquele cuja capacidade para dar a sua contribuição depende de ter ou não acesso a uma organização. Se é ou não pago é secundário. Se estes indivíduos são auto-empregados, funcionam porque fornecem serviços para ou através de uma organização: os médicos no Serviço Nacional de Saúde britânico; os seus colegas americanos que trabalham para grupos de fornecedores independentes; contabilistas e auditores. Estas pessoas podem não receber "salário", mas sim "honorários". Mas a sua capacidade para funcionarem depende tanto do seu acesso a uma organização, como se estivessem incluídos na folha de pagamentos da empresa.

Quanto mais subimos em termos de rendimento, formação ou estatuto social, mais a capacidade de desempenho e de funcionamento depende do acesso à organização. À medida que a sociedade pós-capitalista se vai tornando a sociedade de organizações, também se torna numa sociedade de empregados. Só existem duas formas diferentes de descrever o mesmo fenómeno.

No que diz respeito a quem trabalha no sector dos serviços subalternos – o vigilante do supermercado, a senhora da limpeza no hospital, o motorista do camião de distribuição – a sua posição não é muito diferente do assalariado, o "trabalhador" do passado, de quem são descendentes directos. Como responsáveis por um quarto ou mais da força de trabalho, excedem já o número de operários. A sua posição, produtividade e dignidade são problemas sociais centrais da sociedade pós-capitalista (como se demonstrará no capítulo 4).

No entanto, a posição do grupo seguinte, os trabalhadores do conhecimento, é radicalmente diferente.

Os trabalhadores do conhecimento só podem trabalhar porque existe uma organização para eles trabalharem. Sob este aspecto são dependentes. Mas ao mesmo tempo detêm a propriedade dos "meios de produção", que é o seu conhecimento. Esses trabalhadores são responsáveis por um terço ou mais da totalidade da força laboral de um país desenvolvido (com os dos serviços a serem responsáveis por um outro terço).

Marx acreditava que a maior mudança na sociedade resultante da introdução do capitalismo seria a "alienação" dos trabalhadores. O trabalhador deixava de ter a propriedade dos instrumentos de produção. Só poderia produzir se alguém – os "capitalistas" – lhe fornecesse as ferramentas, principalmente a maquinaria fixa, dispendiosa.

O empregado do conhecimento ainda necessita de ferramentas. O investimento de capital que estas exigem é mais elevado do que aquele que alguma vez foi feito nas ferramentas do trabalhador industrial (e o investimento social, por exemplo a formação do referido empregado do conhecimento é, de facto, várias vezes mais dispendiosa do que a do trabalhador manual). Mas este investimento de capital será, no entanto, não produtivo se os empregados do conhecimento não desenvolverem depois os seus conhecimentos, algo que ninguém lhes pode tirar.

Os operários, numa fábrica, executavam apenas aquilo que lhes diziam. A máquina decidia não só o que fazer, mas como fazê-lo. O empregado do conhecimento pode necessitar também de uma máquina, seja um computador, um aparelho de ultra-sons ou um telescópio astronómico. Mas não é nem o computador, nem o aparelho de ultra-sons, nem o telescópio astronómico que dirão ao empregado do conhecimento o que fazer, nem como. Sem este conhecimento, que é propriedade do empregado, a máquina é improdutiva.

O trabalhador, no sistema capitalista, estava totalmente dependente da máquina. Na sociedade dos empregados, os empregados e as ferramentas de produção são interdependentes. Não podem funcionar um sem o outro. E enquanto as ferramentas de produção, por exemplo, o aparelho de ultra-sons, estão fixos, o técnico, que sabe como utilizá-los e como interpretar os dados que fornecem, tem mobilidade. A máquina depende do homem e não o inverso.

Os trabalhadores, ao longo da história, podiam ser "supervisionados". Dizia-se-lhes o que fazer, como fazer, a que ritmo, etc. Os empregados do conhecimento não podem, de facto, ser supervisionados. A menos que saibam mais do que qualquer outra pessoa na organização, são para todos os efeitos inúteis.

> O gestor de marketing pode dizer ao analista de mercado quais as informações de que a companhia necessita quanto à concepção de um novo produto e ao segmento de mercado em que deve inserir-se. Faz parte da função do analista dizer ao presidente da empresa que estudo de mercado é necessário e qual o significado dos resultados. Do mesmo modo, é o comandante de uma base aérea quem decide quantos aviões vai precisar para determinada missão. Mas é o chefe da manutenção, embora bastante abaixo na hierarquia (habitualmente nem sequer é um oficial), quem informa quantos aparelhos estão operacionais e que reparações são necessárias antes de serem enviados em missão. O comandante daria provas de insensatez se, por causa das diferenças hierárquicas, não recorresse ao seu chefe de manutenção – e não desempenharia por muito tempo o cargo.

Os empregados da sociedade de emprego necessitam de ter acesso a uma organização. Sem ela, não podem produzir nem funcionar. No entanto, detêm um trunfo crucial: a sua mobilidade. São eles que transportam os meios de produção – o seu conhecimento – consigo.

Entre 1980 e 1990, durante a reestruturação traumatizante das empresas americanas, milhares (se não dezenas de milhares) de empregados do conhecimento perderam os seus postos de trabalho. As empresas foram adquiridas, fundidas, desmembradas, liquidadas, etc. No entanto, nos poucos meses que se seguiram, a grande maioria encontrou novos empregos onde pôde aplicar o seu conhecimento ao trabalho. O período de transição foi penoso e, em cerca de metade dos casos, embora os novos empregos não fossem tão bem remunerados quanto os anteriores, nem tão gratificantes, os técnicos e os gestores despedidos perceberam que tinham o "capital" – o seu conhecimento – e que eram proprietários dos *meios* de produção. Alguém, a organização, tinha as *ferramentas* de produção. Os dois precisavam um do outro. Por outras palavras, nem um nem outro eram "dependentes" ou "independentes". Eram ambos interdependentes.

> O Japão ainda acredita no emprego para toda a vida, em especial os empregados do conhecimento, os profissionais, os gestores e os técnicos. Mas em 1989 ocorreu um grande escândalo, o "caso Recruit", no qual uma editora em expansão, a Recruit, subornou políticos, oferecendo-lhe acções. Qual era o encanto destas acções? Porque eram tão extraordinariamente lucrativas? A empresa publica revistas para técnicos, profissionais e gestores médios que procuram empregos melhores do que aqueles que têm e as revistas contêm apenas ofertas para este tipo de indivíduos. Quando viajam de metropolitano, os japoneses mais velhos lêem banda desenhada, mas os mais novos folheiam revistas com ofertas de empregos, apesar de terem trabalho. Mesmo no Japão, o detentor do conhecimento está a ganhar rapidamente mobilidade, pese embora toda a ênfase dada à "lealdade" e ao "comprometimento para toda a vida".

A partir de agora, a "lealdade" é proporcional ao pagamento; ganha-se, provando aos empregados do conhecimento que a organização onde trabalham lhes oferece oportunidades excepcionais para serem eficazes e realizarem os seus objectivos. Não há muito tempo falávamos de "trabalho"; agora dizemos cada vez com mais frequência "Recursos Humanos". Isto implica que é o empregado do conhecimento, individualmente, que decide em larga medida qual vai ser a sua contribuição e em que medida será produtivo.

Contudo, na sociedade do conhecimento, nem mesmo os trabalhadores não qualificados são "proletários". Colectivamente, os empregados detêm os meios de produção. Individualmente, poucos têm dinheiro. Ainda menos deles são ricos (embora um número elevado seja financeiramente independente – aquilo a que hoje chamamos "abastados"). Colectivamente, quer através dos seus fundos de pensões, quer por meio dos fundos de investimentos abertos, quer ainda por via dos seus planos de reforma, eles detêm os seus meios de produção. As pessoas que exercem o poder de voto dos empregados são, elas próprias, empregados. Por exemplo, os funcionários públicos gerem os fundos de pensões dos governos locais e federais nos Estados Unidos. Os gestores dos fundos de pensões são os únicos verdadeiros "capitalistas" nos Estados Unidos. Os "capitalistas" tornaram-se os empregados da sociedade pós-capitalista do conhecimento. São remunerados como empregados; pensam como empregado; vêem-se a si próprios como empregados. Mas actuam como capitalistas.

Em consequência disso, o capital serve agora o empregado, enquanto no sistema capitalista o empregado servia o capital. Uma segunda implicação é que se torna necessário redefinir o papel, o poder e a função do capital e da propriedade. Como teremos ocasião de ver no próximo capítulo, é preciso repensar *a governação das sociedades empresariais*.

3. O Trabalho, o Capital e o seu Futuro

Se o conhecimento é *o* recurso da sociedade pós-capitalista, qual virá a ser o papel e a função futura dos dois recursos-chave da sociedade capitalista (e socialista): o trabalho e o capital?

Socialmente, os novos desafios – que serão discutidos nos capítulos 4 e 5 e na última parte deste livro – dominarão. O sucesso da sociedade pós-capitalista dependerá largamente das nossas respostas a esses desafios. Mas, politicamente, o que está por resolver na sociedade capitalista tornar-se-á muito visível: o desaparecimento do trabalho como factor de produção e a redefinição do papel e da função do capital tradicional.

Já transitámos para uma "sociedade de empregados" onde o trabalho já não é um activo. Passámos igualmente a viver num "capitalismo" sem capitalistas – que desafia tudo o que ainda podia ser considerado uma verdade evidente em si própria, senão mesmo uma "lei da natureza", pelos juristas, economistas, jornalistas, dirigentes sindicais e líderes empresariais, em suma, por quase toda a gente, independentemente do seu alinhamento político. Por esta razão, estes assuntos estarão no centro das discussões *políticas* na próxima década. Para sermos capazes de enfrentar com sucesso os novos desafios deste período de transição, devemos, antes de mais, resolver dois pontos pendentes: o papel e a função futura do trabalho, o papel e a futura tarefa do capital-dinheiro.

O trabalho ainda é um valor?

A produção industrial americana permaneceu quase inalterada, em termos percentuais do Produto Nacional Bruto (PNB) nos anos de "declínio produtivo". Em 1975 cifrava-se em 22 por cento do PNB e em 1990, em 23 por cento. Durante esses vinte anos, o PNB cresceu duas vezes e meia. Por outras palavras, a produção industrial americana cresceu mais de duas vezes e meia nesses vinte anos.

Mas o emprego na indústria não cresceu de modo algum. Pelo contrário, decresceu entre 1960 e 1990, enquanto percentagem de força de trabalho e mesmo em números absolutos. Caiu quase para metade nesses trinta anos, de 25 por cento da força de trabalho total, em 1960, para 16 ou17 por cento, em 1990. Durante este tempo, a força de trabalho americana duplicou – o maior crescimento alguma vez registado em qualquer país em tempo de paz. Todo este aumento verificou-se em empregos fora da área da produção ou distribuição.

Estas tendências devem certamente manter-se. A não ser que se verifique uma depressão grave, a produção industrial na América continuará provavelmente nos 23 por cento do PNB, o que, nos próximos dez a quinze anos, significa uma outra quase duplicação. Durante o mesmo período, no entanto, o emprego na indústria descerá provavelmente para 12 por cento ou menos do total da força de trabalho. Isto significa uma futura diminuição profunda do total dos indivíduos empregados no sector produtivo.

O desenvolvimento no Japão foi praticamente idêntico. Também aí, o total da produção industrial aumentou duas vezes e meia em vinte anos, entre 1970 e 1990. Também aí, o total de trabalhadores no sector não cresceu. E também aí, a partir de agora, mesmo um aumento significativo da produção industrial não será suficiente para alterar a retracção do emprego nesta área. No Japão, no ano 2000, o total de emprego na produção industrial será substancialmente inferior ao que existia em 1990.

A resposta destes dois países a desenvolvimentos idênticos é, no entanto, completamente diferente. Nos Estados Unidos, há uma tristeza acerca do "declínio da indústria americana", se não mesmo pânico relativamente à "morte da indústria americana". Nos Estados Unidos, a indústria é vista como emprego operário. No Japão, a reacção tem sido a oposta. O importante para os japoneses é o aumento da *produção* industrial. O Japão vê as tendências dos últimos vinte anos como uma vitória; a América, como uma derrota. O Japão vê o copo "meio cheio"; os Estados Unidos vêem-no "meio vazio".

Como resultado destas diferenças de atitude, as políticas dos dois países também diferem radicalmente. Cada estado, região e cidade, nos Estados Unidos, tenta desesperadamente atrair indústrias que ofereçam empregos aos operários. Estados rurais pobres, como o Kentucky e o Tennessee, seduziram os construtores de automóveis japoneses com ofertas de benefícios fiscais e empréstimos com juros baixos. A cidade de Los Angeles, no início de 1992, atribuiu um prémio a um contrato *multimilionário* de equipamento de transporte rápido, desde que a empresa prometesse criar noventa e sete postos de trabalho; isto numa região com cerca de 15 milhões de habitantes!

Por contraste, as empresas japonesas estão a transferir do seu país, o mais rapidamente possível, o trabalho manual típico da indústria – levando-o para os Estados Unidos, para as fábricas na fronteira mexicana e para a Indonésia.

Nos Estados Unidos, os empregos na indústria são vistos como um activo inestimável. No Japão, são cada vez mais encarados como uma desvantagem.

As diferenças na estrutura social dos dois países explicam, em parte, estas diferentes reacções às mesmas tendências. A diminuição do trabalho manual para fazer e distribuir bens está fora de questão para a minoria americana mais visível – os negros. Nos últimos trinta anos, os seus maiores rendimentos resultaram de terem mudado para empregos bem pagos nas indústrias de produção em série sindicalizadas. Em todas as outras áreas da economia e sociedade, os ganhos dos negros têm sido muito mais modestos. A diminuição dos postos de trabalho nas indústrias de produção em série, sindicalizadas, tem sido um dos problemas mais sérios dos Estados Unidos – tão mais desanimador quanto é um problema tanto de consciência como social.

No Japão, praticamente todos os jovens têm o ensino secundário, e, por isso, são considerados sobrequalificados para o trabalho manual. Tornam-se empregados administrativos. Aqueles que seguem para a universidade – e a proporção dos jovens do sexo masculino que vão é semelhante à dos Estados Unidos – só aceitam empregos como gestores ou executivos. Se os japoneses não tivessem sido capazes de baixar o número de postos de trabalho manual na indústria iriam enfrentar uma extrema falta de mão-de-obra. Por outras palavras, a diminuição do número de postos de trabalho na indústria é a resposta japonesa para este problema.

Um país precisa de uma base industrial, diriam os americanos – e também a maioria dos europeus. Isto significa empregos na indústria. No entanto, os japoneses diriam – e são convincentes – que a oferta excedentária de jovens sem qualificação nos países em desenvolvimento é tão grande – e assim permanecerá nos próximos trinta anos – que preocupações com a "base industrial" não fazem sentido. Um país que tem trabalhadores do conhecimento capazes de conceber produtos e de os comercializar não terá dificuldade em conseguir fazer esses produtos a baixo preço e com alta qualidade. De facto, os japoneses defendem que encorajar o trabalho manual do operário, o de fazer e distribuir coisas, *enfraquece* uma economia desenvolvida. Numa economia desenvolvida, mesmo quem aprende pouco na escola representa um tremendo investimento educacional. Os trabalhadores da indústria produzem um retorno muito reduzido à economia e à sociedade, talvez não mais de 1 ou 2 por cento. No entanto, as pessoas nos países em vias de desenvolvimento que não têm qualquer grau de escolarização, depois de alguma formação como trabalhadores manuais, são tão produtivas como qualquer trabalhador manual de um país muito desenvolvido. Económica e socialmente será mais produtivo – dizem os japoneses – apoiar o ensino no país, de forma a assegurar que os jovens aprendam o suficiente para se tornarem qualificados para um trabalho de conhecimento, ou pelo menos para um trabalho de elevado nível no sector dos serviços, do que aplicar o capital na criação de postos de trabalho operário nos países desenvolvidos.

Que quantidade e que tipo de trabalho são necessários?

Um país desenvolvido também precisa de uma base industrial. Mas os factos apoiam a posição japonesa. Os Estados Unidos ainda têm a maior base agrícola do mundo, apesar de os agricultores representarem apenas 3 por cento da população activa (representavam 25 por cento no fim da Segunda Guerra Mundial). Os Estados Unidos devem, igualmente, manter-se como maior produtor industrial do mundo, com um número de trabalhadores na indústria que representa 10 por cento (ou menos) da força de trabalho.

Em 1980, a United States Steel, a maior empresa de siderurgia da América, empregava 120 mil pessoas na produção de aço. No espaço de dez anos, a produtividade do trabalhador manual no sector da siderurgia aumentara sete vezes. Uma parte importante deste acréscimo resultou do encerramento de fábricas antigas e desactualizadas. Outra parte também importante teve origem no investimento em equipamento novo. Mas a parte de leão deste salto da produtividade deriva dos resultados da reengenharia do fluxo de trabalho e das tarefas.

Em resultado disso, as melhores unidades *integradas* da United States Steel são, neste momento, as mais produtivas do mundo. Todavia, tal como todas as siderurgias integradas do mundo, têm ainda uma sobrecarga de pessoal. E as unidades integradas nos Estados Unidos ainda continuam a perder dinheiro. As chamadas mini-siderurgias (em 1991, quase um terço de aço produzido nos Estados Unidos tinha origem nelas) – são três a quatro vezes mais produtivas do que as siderurgias integradas mais produtivas. As melhores mini-siderurgias americanas poderiam, provavelmente, produzir tanto aço como a United States Steel, com apenas pouco mais de um sexto da força de trabalho desta empresa. Cada vez mais, essas pequenas unidades podem produzir o mesmo que as siderurgias integradas e com a mesma qualidade. Uma mini-siderurgia consegue estes resultados porque não realiza as operações de trabalho intensivo de uma siderurgia integrada. Não funde minério de ferro para obter ferro, nem o converte em aço. Começa com a limalha de aço. E, num futuro previsível, o mundo terá abundantes fornecimentos de limalha de aço.

Não é o processo que faz a principal diferença entre a siderurgia integrada e a mini-siderurgia. Os trabalhadores da mini-siderurgia não são operários que fazem e distribuem coisas; são trabalhadores do conhecimento. A pequena fábrica altera o fabrico do aço, passando da utilização dos músculos para o uso de técnicas para a aplicação do conhecimento ao trabalho: conhecimento do processo, da química, da metalurgia, das operações por computador. Não vale a pena os trabalhadores despedidos da United States Steel candidatarem-se à mini-siderurgia.

Este é, sem dúvida, um exemplo extremo, mas aponta a direcção geral.

Haverá sempre quem queira trabalhadores que só tragam músculos para o trabalho. Com o presente conhecimento e formação, podem tornar-se rapidamente produtivos em trabalhos tradicionais. Cada vez serão necessárias mais pessoas que só podem trazer aptidões manuais para o trabalho. Mas a grande necessidade, nas próximas décadas, será a de "técnicos".

Os técnicos não só necessitam de ter um elevado nível de competência, como também um alto nível de conhecimento formal e, acima de tudo, uma grande capacidade para aprender e adquirir conhecimentos adicionais. Os técnicos não são os sucessores dos operários de ontem, são basicamente os herdeiros dos trabalhadores altamente qualificados do passado; ou seja, empregados especializados que também dispõem de uma quantidade substancial de conhecimento formal, educação formal e capacidade de aprendizagem contínua.

Há uma questão que está a dar que falar no meio académico e entre quem faz política: será suficiente os países desenvolvidos terem uma "base industrial" para as suas empresas desenvolverem a tecnologia, o design e o marketing dos produtos industriais, ou também terão de os produzir? A questão é discutível. Se um país tem o conhecimento básico, também produz. Mas este trabalho industrial não será competitivo se for conduzido pelos tradicionais operários que obedecem à máquina. Na indústria competitiva, as tarefas têm de ser feitas por trabalhadores do conhecimento que se servem da máquina – tal como os 97 técnicos de uma mini-siderurgia de aço usam terminais de computadores e sistemas informatizados.

Isto criará problemas graves para os países *em desenvolvimento*, que não podem esperar conseguir um elevado número de postos de trabalho na indústria, formando indivíduos a quem vão pagar salários baixos. O trabalho manual, por mais barato que seja, não conseguirá competir com o trabalho do conhecimento, por mais caro que este seja. Mas isto também origina enormes problemas para países – os Estados Unidos são o primeiro exemplo – onde existem grandes grupos de "minorias", indivíduos "em desenvolvimento", mais do que "desenvolvidos", nas suas qualificações educacionais. Também o Reino Unido, no seu velho enclave da Escócia, e principalmente ao longo do Clyde e na Irlanda do Norte, enfrenta um problema semelhante: uma classe trabalhadora, que, de facto, tem mais a cultura de um país em desenvolvimento do que a de um país desenvolvido. Da mesma forma, no continente europeu, apesar de um sistema educativo de acesso relativamente aberto, a tendência para o trabalho se transformar mais numa responsabilidade do que num valor criará, durante um período de transição razoavelmente longo, problemas sociais sérios e conflitos políticos.

Por todo o lado, esta tendência levantará dificuldades e questões muito emotivas sobre o papel, a função e o futuro da organização mais bem sucedida deste século, o sindicato.

Manter e fortalecer a base industrial de um país e assegurar que se mantém competitiva merece uma alta prioridade. Mas isso significa aceitar que o trabalho manual do fazer e distribuir coisas está rapidamente a tornar-se uma responsabilidade mais do que um valor. O conhecimento tornou-se um recurso-chave de todo o trabalho. Criar empregos tradicionais na indústria – como os americanos, os britânicos e os europeus ainda andam a fazer – é, na melhor das hipóteses, uma conveniência de curta duração. Poderá, de facto, piorar as coisas. A única política promissora a longo prazo é os países desenvolvidos *transformarem uma indústria que tem por base o trabalho numa que tem por base o conhecimento.*

Capitalismo sem capitalistas

Nunca tinham existido até hoje fundos de capital tão grandes como os que são detidos pelos investidores institucionais nos países desenvolvidos e, em primeiro lugar, pelos fundos de pensões. Nos Estados Unidos, onde o seu desenvolvimento teve início e foi mais longe, o maior fundo de pensões detém activos no valor de 80 mil milhões de dólares, e mesmo um pequeno fundo pode ter algo como mil milhões de dólares investidos na economia. Estes fundos de capital tornam insignificante tudo o que os maiores "capitalistas" dos tempos passados detinham. A estrutura etária de uma sociedade desenvolvida praticamente garante que os fundos de pensões se venham a tornar cada vez mais importantes em todos os países desenvolvidos.

Trata-se de um acontecimento sem precedentes, que só se iniciou nos anos 50.[1] É tão novo que a gestão e a regulamentação dos fundos de pensões ainda estão por definir.

Como proteger dos saqueadores estas grandes somas de capital é um grande problema. Nos Estados Unidos, os fundos de pensões dos negócios privados têm alguma protecção: não teria sido fácil desviá-los como fez Robert Maxwell, o último magnata da imprensa britânica, que saqueou os fundos de pensões dos seus jornais britânicos

---

1. Foi pela primeira vez visto e analisado no meu livro "The Unseen Revolution" (1976) que irá ser reeditado pela Transaction Publishers, Nova Brunswick, N.J., com o título "The Pension Fund Revolution".

em 1990 e 1991. Contudo, mesmo nos Estados Unidos, as defesas são, infelizmente, inadequadas. Não existe qualquer protecção contra o perigo mais grave: o saque, por razões políticas, dos fundos de pensões dos funcionários do Governo. De facto, nos Estados Unidos, os fundos de pensões dos funcionários públicos – seja na cidade de Nova Iorque, seja no estado homónimo, seja ainda em Filadélfia ou na Califórnia – têm sido regularmente, e indevidamente, utilizados para tapar buracos dos orçamentos dos estados e das cidades.

Também preocupante é o perigo de grupos com interesses especiais, como por exemplo os sindicatos, utilizarem o seu poder político para desviar o capital dos fundos de pensões a fim de se subsidiarem a si próprios – normalmente com o falso pretexto de esse dinheiro servir "propósitos socialmente construtivos". Os fundos de pensões são as poupanças dos trabalhadores de hoje. Não podem servir tudo e todos, só podem servir para assegurar o futuro financeiro dos presentes empregados. Este é o maior "propósito social" que podem alguma vez ter.

Os fundos de pensões e os seus proprietários

Integrar os verdadeiros proprietários dos fundos de pensões, os actuais empregados e futuros pensionistas, na gestão dos fundos de pensões é um desafio ainda por enfrentar em todos os países. Até à data, a única relação que estes proprietários têm com o fundo é a expectativa de um cheque no futuro. No entanto, para a maior parte das pessoas com mais de 45 anos, nos países desenvolvidos, o prémio do fundo de pensão é o seu activo singular maior. Durante o século XIX, a maior necessidade financeira para as pessoas comuns era fazer um seguro de vida para proteger a família no caso de morte prematura. Com a esperança de vida quase a duplicar, essa necessidade passou a ser a protecção contra a ameaça de viver tempo demais. O "seguro de vida" do século XIX era na realidade, um "seguro de morte". O fundo de pensões é um "seguro de velhice". É uma instituição essencial numa sociedade em que a maior parte das pessoas espera ultrapassar em muitos anos a sua vida activa.

A regulamentação dos fundos de pensões, e a sua protecção contra o saqueamento, deverá manter-se como um desafio para os que fazem política e leis nos próximos anos. É muito provável que o desafio só seja enfrentado depois de terem acontecido alguns escândalos sórdidos. Do mesmo modo, a integração dos proprietários reais na estrutura dos fundos de pensão requererá anos de debate, de experimentação e de "escândalos".

A correcta gestão dos fundos de pensões e a sua integridade será um dos maiores problemas públicos – e merece sê-lo. Mas este assunto não é a preocupação deste livro. Preocupamo-nos sim com o *papel e função do capital*, agora que os investidores institucionais, e especialmente os fundos de pensões, estão a tornar-se rapidamente uma das maiores fontes de capital nos países desenvolvidos. Nos Estados Unidos, nos finais de 1992, os investidores institucionais detinham, pelo menos, 50 por cento das acções das grandes empresas. Também detinham uma quase idêntica proporção da dívida interna, mesmo dos negócios de dimensão média, tanto públicos como privados. E os cem maiores fundos de pensões detinham qualquer coisa como um terço de todos os valores desses fundos no final de 1992.

Nunca antes existira uma concentração de controle financeiro nos Estados Unidos; na realidade, esta jamais havia sido permitida.

Historicamente, os Estados Unidos sempre tiveram a mais baixa concentração de poder financeiro. Na Alemanha, pelo menos durante um século, um reduzido número de bancos controlou (directamente ou através das acções dos seus clientes) algo como 3/5 do poder de voto nas grandes, e até mesmo médias, empresas. No Japão, os *keiretsu* (grupos formados à volta de bancos ou de empresas comerciais, tais como a Mitsubishi, a Mitsui ou a Sumitomo) dominaram tradicionalmente a grande parte dos maiores negócios do país. A Itália tem, igualmente, uma elevada concentração, na qual o poder financeiro e o controle são partilhados – em parte pela competição e em parte pela cooperação – entre um número muito reduzido de grupos privados muito concentrados e por um igualmente reduzido grupo de consórcios governamentais controlados por partidos políticos.

Nos Estados Unidos, contudo, a concentração do capital nas mãos dos investidores institucionais nunca aconteceu. No entanto, é provável que o desenvolvimento nos Estados Unidos venha a ser o modelo. A forma tradicional como o poder financeiro se concentrava no Japão e na Europa não sobreviverá à ascensão dos fundos de pensões. E as instituições tradicionais em que o poder financeiro tem sido concentrado dificilmente conseguirão estender o controle aos fundos de pensão. Diferentes países estruturarão a economia dos fundos de pensões à sua maneira, tal como estruturaram o "capitalismo financeiro", que emergiu nos anos finais do século XIX. Mas o capitalismo dos fundos de pensões tornar-se-á no modo universal de propriedade nos países desenvolvidos; a estrutura etária dos países desenvolvidos só por si torna isso praticamente inevitável.

O capitalismo dos fundos de pensões é fundamentalmente tão diferente de qualquer forma anterior de capitalismo como daquilo que qualquer socialista alguma vez tenha imaginado como economia socialista.

Os fundos de pensões são um fenómeno curioso e também paradoxal. Eles são "investidores" que controlam enormes fundos de capital e o seu investimento. Porém, nem os gestores que os gerem nem os seus proprietários são "capitalistas". O capitalismo dos fundos de pensões é um capitalismo *sem* capitalistas.

Legalmente, os fundos de pensões são "proprietários"; mas só legalmente. Em primeiro lugar, os fundos de pensões são "administradores". Os proprietários, os futuros pensionistas, são os últimos beneficiários. E os fundos de pensões em si são geridos por empregados, como analistas financeiros, gestores de conta, especialistas em seguros. Profissionais bem pagos, mas que, por norma, não são ricos. Na realidade, o maior dos fundos de pensões americano, o dos funcionários públicos do Governo federal, dos estados e das cidades – é gerido por funcionários públicos pagos para isso.

O capitalismo dos fundos de pensões é também o capitalismo sem "capital". O capital dos fundos de pensões e dos seus congéneres – os fundos mutualistas – não se encaixa em qualquer definição conhecida de capital; e tal não se deve a uma simples questão de semântica. Na verdade, os fundos dos fundos de pensões são salários diferidos. São acumulados para permitir às pessoas que deixaram de trabalhar o equivalente do rendimento salarial .

De acordo com Marx – segundo a definição de capital aceite por um vastíssimo número de pessoas no século XIX e no início do século XX –, todo o capital é acumulado através da expropriação do assalariado. "A propriedade é um roubo", proclamava um socialista clássico. Ora, como é óbvio, tal definição não se adapta ao capital dos fundos de pensões, pois os assalariados permanecem proprietários do dinheiro.

Mas o capital dos fundos de pensões também não se encaixa em qualquer definição não marxista de capital. No capitalismo dos fundos de pensões, o assalariado financia o seu emprego por diferir parte do seu salário. O assalariado é o principal beneficiário dos ganhos e dos lucros do capital. Não temos qualquer teoria social, política ou económica onde se encaixe o que já se tornou realidade.

A governação das sociedades empresariais

A questão mais importante levantada pelo aparecimento dos fundos de pensões (e dos outros investidores institucionais), enquanto principais fornecedores de capital e accionistas maioritários de grandes negócios, é o seu papel e a sua função na economia.

O seu aparecimento torna obsoletos os modos tradicionais de gestão e de controle dos grandes negócios. Leva-nos a repensar e a redefinir a *governação das sociedades empresariais* (*governance of corporations*).

Um dos livros americanos mais influentes deste século, "The Modern Corporation and Private Property", de Adolph A. Berle e Gardner Means, foi publicado em 1933 e realçava que nas grandes sociedades, os proprietários legais, os accionistas, ou não eram capazes disso, ou não as queriam administrar. A gestão profissional controlava, sem estar em jogo a propriedade. Não existia outra forma, como sublinhavam Berle e Means, de financiar as grandes sociedades, pois estas haviam crescido de tal modo que excediam a possibilidade de serem "alimentadas" apenas por um proprietário ou grupo de proprietários. Em vez disso, exigiam investimentos de um vasto número de pessoas, nenhuma das quais com a participação suficiente para controlar a empresa ou mesmo para se preocupar com a sua gestão. A "propriedade", como diziam Berle e Means, tinha-se transformado em "investimento". "Quem é, por isso, responsável pela gestão?", perguntavam aqueles autores. E para quê?

Nos Estados Unidos, vinte anos mais tarde, procurou-se responder a essas perguntas, e essa tentativa de resposta, desenvolvida por volta de 1950 (analisada criticamente pela primeira vez no meu livro "The Practice of Management", de 1954), dizia que a gestão era feita por um conselho de administração que não respondia perante ninguém nem nenhum grupo.

"A gestão" da grande empresa cotada em bolsa devia actuar tendo em conta o melhor "equilíbrio de interesses" de um vasto número de participantes: accionistas, empregadores, fornecedores e comunidades fabris, entre outros – ou seja, aquilo a que hoje chamamos as "partes interessadas" (*stakeholders*). A gestão devia descartar os seus deveres como um déspota benevolente. Como em todos os despotismos benevolentes, ninguém tentou definir o que era esse "equilíbrio de interesses" ou o que deveria ser, nem se preocupava em orientar ou avaliar a actuação dessa "administração". Ainda pior, não houve qualquer tentativa de tornar a gestão responsável perante alguém. Pelo contrário, os conselhos de administração – legalmente, o órgão regulamentar da empresa – tornaram-se cada vez mais impotentes e assumiram cada vez mais o papel de figuras decorativas face à gestão de topo de uma empresa.

Qualquer órgão de governação, quer seja de uma empresa quer de uma nação, degenera em mediocridade e mau desempenho se não é claramente responsável pelos seus resultados perante alguém. Foi isso que aconteceu com as grandes sociedades americanas durante trinta anos, entre 1950 e 1980.

Este desenvolvimento tornou possíveis as manipulações financeiras frenéticas dos anos 70 e 80: as aquisições hostis, os *leveraged buyouts*, as aquisições e os desinvestimentos. Tornou possível a década da ganância e da "bolha económica", que, como era fácil de prever, entrou em colapso com uma série de escândalos financeiros. Tudo isto aconteceu porque entretanto surgiram investidores institucionais que eram detentores da maioria das acções das grandes sociedades. Eram os investidores institucionais que financiavam os promotores de aquisições hostis para conquistar o capital das empresas. Enquanto administradores, esses investidores institucionais eram legalmente obrigados a apoiar estes promotores, se eles oferecessem – e parecia que ofereciam – um pouco mais pelas acções que os fundos de pensões detinham do que o preço de mercado das acções.

O que resultou desta época frenética foi a redefinição dos propósitos e da filosofia das grandes sociedades e da função de Gestão. Em vez de serem geridas "tendo em conta o melhor equilíbrio dos interesses das partes interessadas", as sociedades passaram a ser geridas exclusivamente para "maximizar os valores dos accionistas".

Isto também não vai funcionar, porque força as sociedades a serem geridas para o curto prazo, o que significa prejudicar, se não mesmo destruir a capacidade de produção de riqueza do negócio. Significa declínio, um rápido declínio. Os resultados de longo prazo não se conseguem melhorando sucessivamente resultados a curto prazo. Devem ser alcançados através do equilíbrio entre as necessidades de longo e de curto prazo, com objectivos. Além disso, gerir um negócio exclusivamente para os accionistas aliena as pessoas de cuja motivação e dedicação depende a empresa moderna – os trabalhadores do conhecimento. Um engenheiro não se sentirá motivado para trabalhar para tornar um especulador rico.

Os "gestores profissionais" dos anos 30 tinham razão quando afirmavam que um negócio necessita de ser gerido equilibrando os resultados de curto e de longo prazo e através do equilíbrio de interesses dos diferentes participantes, cada um com uma aposta genuína no negócio. Sabemos agora, mas não sabíamos há quarenta anos atrás, como fazer isso. De facto, sabemos em que áreas estabelecer metas e como integrá-las na prossecução de objectivos em diferentes áreas através de uma estratégia focalizada. Sabemos como integrar os resultados do negócio e os financeiros. Sabemos ainda que, numa economia moderna, numa economia de mudança e de inovação, não existe aquilo a que se chama "lucro"; apenas existem custos: os custos do passado (aquilo que o contabilista regista) e os custos de um futuro incerto. E sabemos que o retorno financeiro mínimo das operações do passado adequado aos custos do futuro é o custo do capital. Se utilizarmos este tipo de medida, verificamos que a esmagadora maioria das empresas americanas conseguiu cobrir os seus custos nos últimos trinta anos.

Responsabilizar a gestão

Por outras palavras, sabemos agora *pelo que* é que a gestão deve ser responsável. Mas quem é que deve ser responsável? A resposta típica é, claro, os "proprietários", o que quer dizer os investidores institucionais, especialmente os fundos de pensões.

No entanto, como já vimos, os fundos de pensões não podem actuar como "proprietários". Não podem sequer gerir um negócio. No entanto, também não se podem continuar a considerá-los como "investidores". Um investidor pode sempre transaccionar os seus investimentos. Mas os dos grandes fundos de pensões – mesmo os de média dimensão – são tão grandes que simplesmente não podem ser vendidos. Por outras palavras, os fundos de pensões não podem nem gerir um negócio nem abandoná-lo. *Têm de fazer com que o negócio esteja a ser gerido.*

Podemos assim predizer com um elevado grau de probabilidade que, nos próximos vinte anos, vamos desenvolver aquilo a que tenho vindo a chamar a "auditoria do negócio". Esta seguirá o desempenho da empresa e da sua gestão face ao plano estratégico e a objectivos específicos, demonstrando, durante um período de vários anos, se o negócio está ou não a ter um bom desempenho. Os primeiros passos na direcção do desenvolvimento de auditorias do negócio e instituições para a administrar já estão a ser dados. Os modelos são os dos contabilistas, que em todos os países desenvolvidos, rotineiramente, inspeccionam e auditam o desempenho financeiro do negócio. Uma tal auditoria ao negócio dará à gestão a autonomia de que ela necessita para produzir. Também estabelece responsabilização pelo desempenho, *reforçando-a*. Coloca a gestão sob a disciplina dos requisitos formalizados de desempenho, conhecidos e públicos. Ao mesmo tempo, a auditoria do negócio possibilita aos administradores do capital, aos investidores institucionais, agirem como proprietários responsáveis, cujo dever é cuidar da propriedade sob a sua alçada, das empresas cujos donos legais representam: os futuros beneficiários dos fundos de pensões. Os interesses destes são, claro, de longo em vez de curto prazo, e centram-se no crescimento da economia em vez de nos preços das acções a curto prazo.

Este papel e função são completamente diferentes, tanto na teoria como na prática, dos que o capital tinha no "capitalismo". A função do capital será, cada vez mais, tornar o conhecimento *eficaz no desempenho*. Cada vez mais servirá o desempenho da gestão, em vez de o dominar.

E como designaremos esta nova estrutura social? Quando a analisei pela primeira vez, em meados dos anos '70, chamei-lhe "socialismo dos fundos de pensões". Mas não será "capitalismo do empregado" um termo mais adequado?

4. A Produtividade das Novas Forças de Trabalho

O novo desafio que a sociedade pós-capitalista enfrenta é a produtividade dos trabalhadores do conhecimento e dos trabalhadores de serviços. Para aumentar a produtividade dos trabalhadores do conhecimento, serão necessárias mudanças drásticas na estrutura das organizações da sociedade pós-capitalista e na própria estrutura da sociedade.

Há quarenta anos atrás, as pessoas que faziam trabalho na área do conhecimento e dos serviços representavam menos de um terço da força do trabalho. Hoje, representam 3/4 senão 4/5 da força de trabalho de todos os países desenvolvidos, e esta percentagem continua a subir. A sua produtividade, e não a de quem faz e distribui coisas, é *a* produtividade de uma economia desenvolvida. É abissalmente baixa. A produtividade de quem trabalha na área do conhecimento e dos serviços está a diminuir em vez de aumentar. Um terço do capital investido nos países desenvolvidos, nos últimos trinta anos, foi para o equipamento destinado a manusear dados e informação, computadores, máquinas de fax, correio electrónico, circuitos fechados de televisão. No entanto, o número de pessoas a fazer trabalho administrativo, ou seja, daquelas a quem se destina a maior parte deste equipamento, aumentou a uma velocidade muito maior do que o resultado total ou Produto Nacional Bruto (PNB).

Os trabalhadores administrativos, em vez de se terem tornado mais produtivos, tornaram-se menos produtivos. O mesmo aconteceu com os engenheiros e os técnicos de vendas. E ninguém, penso poder afirmá-lo, dirá que o professor de 1990 é mais produtivo que o de 1900 ou o de 1930.

Os níveis mais baixos de produtividade acontecem na administração pública. No entanto, por todo o mundo, as administrações públicas são o maior empregador no sector de serviços. Nos Estados Unidos, por exemplo, 1/5 de toda a força laboral trabalha para o Governo federal e para os governos estaduais e locais, predominantemente em tarefas administrativas de rotina. No Reino Unido, a proporção é, grosso modo, de 1/3. Em todos os países desenvolvidos, os funcionários públicos são responsáveis por percentagens semelhantes do total da força de trabalho.

A não ser que aprendamos a aumentar rapidamente a produtividade do trabalhador do conhecimento e dos serviços, esses países enfrentarão a estagnação económica e uma grave tensão social. As pessoas só podem ser pagas de acordo com a sua produtividade, a produtividade que cria um fundo de riqueza de onde são pagos os salários e os vencimentos. Se a produtividade não sobe, antes pelo contrário, diminui, não se podem pagar vencimentos *reais* mais elevados.

Os trabalhadores do conhecimento conseguem um bom rendimento, independentemente da sua produtividade ou da produtividade da economia. Mas eles são uma minoria e têm mobilidade. Contudo, mesmo os trabalhadores do conhecimento vão, a longo prazo, sofrer uma diminuição do seu rendimento, a não ser que a sua produtividade aumente. Um vasto número de trabalhadores de serviços realiza trabalhos que exigem baixas competências e um baixo nível de instrução. Se, numa economia onde a produtividade desses trabalhadores é baixa, se tenta pagar-lhes vencimentos consideravelmente acima daquilo que produzem, a inflação poderá corroer os rendimentos reais de toda a gente. A longo prazo, a inflação também criará graves tensões sociais. Se, no entanto, os trabalhadores dos serviços forem pagos apenas de acordo com a sua produtividade, o fosso entre os seus rendimentos e o dos "privilegiados", ou seja, dos trabalhadores do conhecimento, pode alargar-se continuamente, criando igualmente graves tensões sociais.

Uma boa parte das tarefas na área dos serviços não difere muito do trabalho de fazer e distribuir coisas. Isto inclui trabalho administrativo: processamento de dados, facturação, responder aos pedidos dos clientes e às reclamações, seguros, concessão de licenças – na realidade, trata-se de cerca de 2/3 de todo o trabalho realizado em departamentos estatais e cerca de 1/3, ou mais, de todo o trabalho administrativo e de serviços que é feito nos negócios, nas universidades, nos hospitais, e outros. Este "trabalho produção" é, de facto, diferente do que é executado numa fábrica pelo simples facto de ser executado num escritório. Mas mesmo este trabalho necessita, antes de mais, de ser "reconstruído" antes de se tornar produtivo. Precisa de ser estudado e reestruturado para alcançar uma contribuição e resultados óptimos. Em todo o outro tipo de trabalho realizado pelas novas forças laborais, os trabalhadores do conhecimento e os dos serviços, aumentar a produtividade requererá novos conceitos e novas abordagens.

Na produtividade do trabalho de fazer e distribuir produtos, a tarefa é dada e determinada. Quando Frederick W. Taylor começou a estudar o cavar da terra, assumia que a terra tinha de ser cavada. Numa grande parte do trabalho de fazer e distribuir, a tarefa é "ao ritmo da máquina": o trabalhador individual serve a máquina.

No trabalho do conhecimento, e praticamente em todos os trabalhos de serviços, a máquina serve o trabalhador. A tarefa não é dada; tem de ser determinada. A questão "Quais são os resultados esperados com este trabalho?" nunca é levantada no estudo tradicional do trabalho e na gestão científica. Mas é a questão-chave para tornar produtivos os trabalhadores do conhecimento e os dos serviços. É uma questão que exige decisões arriscadas. Não existe normalmente uma resposta acertada; existem escolhas em vez disso. E os resultados têm de ser claramente especificados, se o objectivo é alcançar a produtividade.

Que tipo de equipa?

Existe uma segunda grande diferença entre a produtividade dos que fazem e distribuem coisas e a produtividade do trabalho do conhecimento e dos serviços. Em relação aos últimos é necessário decidir como deve ser organizado o trabalho. Que tipo de equipa é apropriado para este tipo de trabalho e seu fluxo?

A maior parte do trabalho humano é realizado em equipa – os eremitas são muito raros. Mesmo os artistas mais solitários, os escritores, os pintores, dependem de outros para o seu trabalho ser eficaz – o escritor precisa de um editor, de um impressor, de um livreiro; o pintor, de uma galeria para vender os seus quadros, etc. A maior parte de nós mantém uma relação estreita com os nossos companheiros de equipa.

Fala-se muito, actualmente, em "criar trabalho de equipa", o que normalmente é sempre mal compreendido. Parte-se do princípio de que a organização existente não é uma organização de equipa, o que é completamente falso. Além do mais, pressupõe também que existe apenas um tipo de equipa; mas, na realidade, existem três tipos de equipas de trabalho humano. Para o trabalho ser produtivo tem de ser organizado em equipas que são apropriadas ao trabalho e ao seu fluxo.[1]

O primeiro tipo pode ser exemplificado por uma equipa de basebol ou de críquete; e também pelo grupo de médicos que opera um doente num hospital. Nesta equipa todos os jogadores jogam *na* equipa mas não jogam *como* uma equipa.

> Numa equipa de basebol ou de críquete cada jogador tem uma posição fixa que nunca abandona. No basebol, os outfielders não prestam assistência uns aos outros; mantêm-se nas respectivas posições. "Quando se tem o bastão nas mãos, está-se completamente só" é um velho ditado deste jogo. Do mesmo modo, o anestesista não vai auxiliar a enfermeira ou o cirurgião, e vice-versa.

Este tipo de equipa não é actualmente muito bem visto, pois, quando se fala de "construir equipas", tal significa, normalmente que se deseja afastar este tipo de equipas. Contudo, as equipas de basebol ou de críquete têm pontos fortes que não devem ser negligenciados. Como os jogadores ocupam posições fixas, podem ser-lhes atribuídas tarefas específicas, pode ser medida a performance em pontos de cada tarefa e podem ser formados para cada tarefa. Não é por acaso que há décadas que, tanto no basebol como no críquete, existem estatísticas sobre os jogadores. O mesmo se passa com uma equipa cirúrgica, num hospital.

Para tarefas repetitivas e para trabalhos cujas regras são bem conhecidas, o exemplo da equipa de basebol é ideal. E foi a este modelo de organização da moderna produção em série – o trabalho de

---

1. Sobre os vários tipos de equipa – e principalmente sobre a analogia entre as equipas nas empresas e nos desportos – ver "Game Plans", de Robert W. Keidel (E. P. Dutton, Nova Iorque, 1985).

fazer e distribuir coisas – que se ficou a dever grande parte da sua capacidade de desempenho.

O segundo tipo de equipa é a de futebol. Este também é o conceito de equipa segundo o qual está organizada a orquestra sinfónica e o modelo da equipa do hospital que se reúne à volta de um doente que sofreu uma paragem cardíaca às duas da manhã.

> Nestas equipas todos os jogadores têm, igualmente, posições fixas. Os músicos que tocam tuba na orquestra não se preocupam com a partitura destinada aos contrabaixos; limitam-se às suas tubas. Na crise do hospital, no grupo que assiste à crise, o técnico de respiração não irá fazer uma incisão no peito do doente para lhe massajar o coração. Mas os seus membros trabalham *como* equipa. Cada um coordena a sua parte com as dos outros elementos.

Esta equipa precisa de um maestro, ou de um treinador. A palavra do maestro ou do treinador é lei. Também necessita de uma "pontuação". E precisa de muitos ensaios ou treinos para funcionar bem. Mas, contrariamente à equipa de basebol, tem grande flexibilidade se a pontuação for clara e se as equipas forem bem lideradas. E pode movimentar-se rapidamente.

Finalmente, há as equipas de pares, no ténis, e também os conjuntos de jazz e os grupos de quatro ou cinco executivos seniores que, no seu conjunto, formam o "gabinete do presidente" nas grandes empresas americanas, ou o *Vorstand* (conselho de gestão) na empresa alemã.[2]

> Esta última equipa deve ser pequena – no máximo sete a nove pessoas – e os seus "jogadores" ocupam uma posição mais "de preferência" do que "fixa", "cobrindo-se" uns aos outros. Ajustam-se mutuamente aos pontos fracos e fortes de cada um. No caso do ténis de pares, o jogador em posição mais recuada no court adapta-se à força ou à fraqueza do que joga à rede, e a equipa só funciona quando o ajustamento entre as qualidades e defeitos dos parceiros se torna um reflexo condicionado, ou seja, quando o jogador mais atrasado corre para "cobrir" a má devolução do colega no momento em que a bola, no campo oposto, deixa a raquete do adversário.

---

2. Sobre este assunto, ver a análise da função da gestão de topo no meu livro "Management, Tasks, Responsabilities, Practices", de 1973.

As equipas deste tipo, bem treinadas, são as mais fortes de todas. O seu desempenho total é maior do que a soma dos desempenhos individuais dos seus membros, porque esta equipa utiliza a força de cada membro e minimiza as suas fraquezas. No entanto, exige uma enorme autodisciplina. Os membros têm de trabalhar juntos durante um longo período antes de, na realidade, funcionarem como uma "equipa".

Estes três tipos de equipa não podem ser mistos. Não se pode jogar simultaneamente basebol e futebol com a mesma equipa e no mesmo campo. Tal como a orquestra sinfónica não consegue tocar a mesma peça que o conjunto de jazz. As três equipas têm de ser "puras"; não podem ser híbridas. E mudar de uma para a outra é extremamente difícil e doloroso. Estas alterações cortam com relações humanas antigas, estabelecidas e muito queridas. Contudo, qualquer alteração importante na natureza do trabalho, nas suas ferramentas, fluxos e produto final, pode exigir que a equipa seja alterada.

Isto é especialmente verdade no que toca às mudanças verificadas no *fluxo da informação*.

> Os jogadores da equipa de basebol obtêm essa informação a partir da situação que enfrentam. Cada um retira a que é útil à sua tarefa, independentemente da que os colegas possam conseguir. Na orquestra sinfónica ou na equipa de futebol, a informação vem, em grande parte, do maestro ou do treinador. São eles quem controla a "pontuação". Nos jogos de pares (como no ténis), os jogadores recebem a informação um do outro. Isto explica o motivo por que as alterações introduzidas na tecnologia da informação e a mudança para aquilo a que chamei de "organização com base na informação" obrigam a uma necessária "reengenharia" maciça (ver "The New Realities").

A nova tecnologia de informação está na origem dos esforços vigorosos das grandes sociedades empresariais americanas, nos últimos dez anos, para fazer uma "reengenharia". Tradicionalmente, a maior parte do trabalho nas grandes empresas americanas estava organizado segundo o modelo da equipa de basebol. A gestão de topo era feita por um presidente executivo (CEO-*Chief Executive Officer*), a quem os executivos funcionais seniores, cada um deles com uma função específica – a área da produção, a das vendas, a financeira, etc. – "reportavam". O "gabinete do presidente" constituiu uma tentativa para transformar a gestão de topo numa equipa tipo dupla de ténis – tornada necessária, ou, pelo menos, possível, pelo advento da informação.

Tradicionalmente, o trabalho em novos produtos era feito com base numa equipa do tipo da de basebol, na qual cada função (design, engenharia, produção e marketing) fazia o seu trabalho e a seguir o passava para a seguinte. Algumas das maiores indústrias americanas, por exemplo, as farmacêuticas ou as químicas, há muito tempo que mudaram para o tipo orquestra sinfónica ou equipa de futebol. Mas a indústria americana de automóveis manteve o tipo basebol no domínio da concepção e introdução de novos modelos. Por volta de 1970, os japoneses começaram a usar a informação para passarem o trabalho para uma equipa tipo futebol. Como resultado, Detroit ficou para trás, tanto na velocidade do ritmo de introdução de novos modelos no mercado como no que respeita à sua flexibilidade. Assim, desde 1980, Detroit tenta desesperadamente apanhar os japoneses usando equipas tipo futebol na concepção e comercialização de novos automóveis. Na fábrica, a disponibilidade de informação – que torna possível e, de facto, obrigatória a viragem para a "Gestão da Qualidade Total" – forçou Detroit a mudar os seus processos de trabalho (as linhas de montagem estavam tradicionalmente organizadas como equipas de basebol) para equipas como as de pares no ténis, que é o conceito que está por detrás da "produção flexível".

Só quando tiver sido escolhido e estabelecido o tipo de equipa apropriado é que a produtividade do trabalho dos empregados do conhecimento e dos serviços se tornará realmente eficaz. A equipa certa, só por si, não garante produtividade. Mas a equipa errada destrói a produtividade.

A *necessidade de concentração*

A concentração no trabalho, e numa tarefa, é o requisito principal para a produtividade do trabalho do conhecimento e dos serviços. No trabalho de fazer e distribuir coisas, a tarefa é claramente definida. Os trabalhadores que cavam a terra, estudados por Taylor há um século atrás, não tinham por incumbência transportá-la; isso competia a outros. Tal como o agricultor que lavra a terra não larga o tractor para ir a uma reunião. No trabalho ao ritmo da máquina, esta concentra o trabalhador; o trabalhador é um criado da máquina. Pelo contrário, no trabalho do conhecimento, e na maior parte dos serviços, a máquina (se existe) é um criado do trabalhador, a produtividade deste exige a eliminação de todas as actividades que não contribuam para o seu desempenho, pois servem apenas para lhe desviar a atenção e distraí-lo. Assim, eliminá-las pode constituir o maior passo para uma maior produtividade nos trabalhos do conhecimento e dos serviços.

> Cuidar dos doentes é a tarefa dos enfermeiros nos hospitais. No entanto, todos os estudos demonstram que eles passam três quartos do seu tempo a fazer coisas que não contribuem para a melhoria dos pacientes, como, por exemplo, a preencher formulários. Onde quer que analisemos a actuação de uma equipa de vendas da área comercial, concluímos que ela passa mais de metade do seu tempo ocupada com tarefas que não contribuem para os seus objectivos, ou seja, a satisfação do cliente. Por exemplo, a preencher impressos que servem mais o computador do que o comprador. Quando analisamos os engenheiros, verificamos que também metade do seu tempo é gasto em reuniões ou na elaboração de relatórios que têm muito pouco a ver (se é que têm alguma coisa) com a própria tarefa. Ora, tudo isto não destrói apenas a produtividade; destrói também a motivação e o orgulho.

Quando um hospital concentra a burocracia e a dirige a um funcionário administrativo que só se ocupa disso, a produtividade dos enfermeiros duplica, tal como a sua satisfação. Subitamente, passam a ter tempo para as tarefas para as quais foram formados e contratados: tratar dos doentes. Do mesmo modo, a produtividade e a satisfação dos técnicos de vendas nas lojas sobe em flecha, da noite para o dia, quando lhes tiram a papelada e a passam a um administrativo. O mesmo se passa quando os engenheiros são libertos de "tarefas de rotina" – esboços, relatórios, memorandos e reuniões.

Deve perguntar-se sempre aos trabalhadores do conhecimento e dos serviços: "Esta tarefa é necessária para a sua principal função? Contribui para o seu desempenho? Ajuda-o a fazer o seu trabalho?". Se a resposta for negativa, é porque a operação ou procedimento em causa devem ser considerados uma "tarefa de rotina" em vez de "trabalho" que lhe compete fazer, devem ser abandonados ou devem ser definidos como um trabalho em si.

Definir desempenho, determinar o fluxo apropriado de trabalho, estabelecer a equipa certa e concentrar o trabalho e o empenho na produtividade no trabalho do conhecimento e dos serviços – só quando estes requisitos estiverem satisfeitos é que poderemos dedicar-nos a tornar produtivos os trabalhos e as tarefas individuais.

Frederick Winslow Taylor é normalmente criticado por não ter perguntado aos trabalhadores como faziam o seu trabalho. Disse-lhes como o fazer. O mesmo aconteceu com George Elton Mayo (1880-1949), um psicólogo australiano de Harvard que, nos anos 20 e 30, tentou substituir a "gestão científica do trabalho" de Taylor pelas "relações humanas". Lenine e Estaline também não consultaram as "massas"; disseram-lhes como era. Freud nunca perguntou aos seus doentes o que pensavam que podia ser o seu problema. Só no fim da Segunda Guerra Mundial, o Alto Comando se lembrou de consultar os seus utentes – soldados em campanha – antes de introduzir uma arma nova. No século XIX, acreditou-se que eram os especialistas que sabiam as respostas.

Mas hoje sabemos que quem faz um trabalho sabe mais sobre ele do que qualquer outra pessoa. Pode não saber como interpretar o seu conhecimento, mas sabe o que funciona e o que não funciona. Nos últimos quarenta anos, aprendemos que o trabalho para melhorar qualquer posto de trabalho ou tarefa começa pelas pessoas que o fazem. Devemos perguntar-lhes: "O que podemos aprender consigo? O que pode dizer-nos acerca do seu trabalho e de como pode ser feito? Quais são as ferramentas de que necessita? Qual é a informação de que precisa?". Os trabalhadores devem assumir responsabilidade pela sua produtividade, e *exercer controle* sobre a mesma.

Esta foi a primeira lição que aprendemos com a produção americana na Segunda Guerra Mundial.[3] Mas, como é sabido, os japoneses foram os primeiros a aplicar a ideia (apenas porque alguns americanos, especialmente Edward Deming e Joseph Juran, lha ensinaram).

Após a Segunda Guerra Mundial, os Estados Unidos, a Grã-Bretanha e o continente europeu voltaram à abordagem tradicional da

---

3. Os meus livros "The Future of Industrial Man", de 1942, e "The New Society", de 1949, foram os primeiros a retirar esta conclusão da experiência da Segunda Guerra Mundial. Nestas obras defendi que "o trabalhador responsável" devia assumir "a gestão da responsabilidade". Como consequência das suas experiências do tempo de guerra, Edwards Deming e Joseph Juran desenvolveram aquilo a que chamamos "círculos de quali-dade" e "gestão da qualidade total". Por fim, a ideia foi energicamente defendida por Douglas McGregor no seu bem conhecido livro "The Human Side of Enterprise" (Nova Iorque, McGraw-Hill, 1960) com as suas "Teoria X "e "Teoria Y".

"produtividade comandada" – devido principalmente à oposição por parte dos sindicatos a tudo o que desse aos trabalhadores uma "atitude de gestão", já para não falar da "responsabilidade de gestão". Só nos últimos dez anos a gestão americana redescobriu a lição do seu desempenho na Segunda Guerra Mundial.

Relativamente a fazer e distribuir coisas, a parceria com um trabalhador responsável é o melhor caminho. Mas Taylor, quando lhes disse como deviam fazer, também agiu bem. No trabalho do conhecimento e dos serviços, a parceria com um trabalhador responsável é a *única* forma de aumentar a produtividade. Nada mais funciona.

A produtividade no trabalho do conhecimento e serviços exige uma aprendizagem contínua aplicada ao trabalho e à organização. O conhecimento exige aprendizagem contínua porque está constantemente a mudar. Porém, o trabalho nos serviços, mesmo os puramente administrativos, também exige um contínuo auto-aperfeiçoamento e uma aprendizagem contínua. A melhor forma de as pessoas aprenderem a ser mais produtivas é ensinando-as. Para obter melhorias na produtividade, de que depende a sociedade capitalista, a organização tem de se tornar uma organização de aprendizagem e de ensino.

A reestruturação das organizações

Melhorar a produtividade dos trabalhadores do conhecimento e dos serviços exige mudanças fundamentais na estrutura das organizações. Pode até requerer *organizações totalmente novas.*

Fazer uma reengenharia da equipa, para que o trabalho possa fluir adequadamente, conduzirá à eliminação da maior parte das "camadas de gestão". Na orquestra sinfónica, por exemplo, várias centenas de músicos altamente competentes tocam em conjunto; mas há apenas um "executivo", o maestro, sem níveis intermédios entre ele (ou ela) e os elementos da orquestra. Este será o modelo para a nova organização baseada na informação. Assistiremos a uma viragem radical da tradição, em que o desempenho era recompensado, em primeiro lugar, pela promoção para posições de comando, isto é, lugares de gestão. As organizações terão muito poucas destas posições de comando. Deste modo, as organizações actuarão cada vez mais como os conjuntos de jazz, em que a liderança no interior da equipa muda com a atribuição de tarefas específicas e é independente do "estatuto" de cada membro. A palavra "estatuto" devia desaparecer totalmente do vocabulário do trabalhador do conhecimento e do trabalhador de serviços. Deve ser substituída por "nomeação".

Esta viragem levantará tremendos problemas de motivação, de recompensa e de reconhecimento.

A subcontratação

Ainda mais drásticos, senão mesmo revolucionários, são os requisitos para obter produtividade dos trabalhadores dos serviços. Os serviços, em muitos casos, serão subcontratados fora da organização que precisa deles. Isto aplica-se particularmente às tarefas de apoio, como a manutenção, e, em grande medida, ao trabalho administrativo. A subcontratação (*outsourcing*), aliás, será cada vez mais comum, desde projectos para arquitectos a centros técnicos de documentação. De facto, as firmas americanas de advogados já subcontratam bases de dados informatizadas que antes eram feitas nos seus próprios escritórios.

Uma das principais motivações para recorrer à subcontratação é a necessidade de tornar os trabalhadores de serviços produtivos. A maior necessidade de aumentar a produtividade encontra-se nas actividades que não conduzem a qualquer promoção na gestão sénior na organização. Ninguém numa posição sénior parece muito interessado nesse tipo de trabalho, nem sabe o suficiente sobre ele, ou se preocupa o suficiente para o considerar importante – independentemente do capital que esteja em jogo. Este tipo de trabalho não se enquadra no sistema de valores da organização.

Num hospital, por exemplo, o sistema de valores é o dos médicos e enfermeiros. Eles estão preocupados em cuidar dos pacientes. Ninguém dá muita atenção às tarefas de manutenção, de apoio e administrativas – embora estas sejam responsáveis por metade das despesas de um hospital. Ninguém das áreas de apoio pode esperar atingir uma posição sénior no hospital.

> Passados quinze anos, a maior parte das mulheres que faz as limpezas ou as camas num hospital continua ainda a executar as mesmas tarefas, em contraste com o que sucedeu à vice-presidente da divisão hos-

pitalar da maior empresa de manutenção americana, que começou, era ainda uma mexicana analfabeta, a trabalhar com um balde e uma vassoura. Só que se tratava de um hospital onde a manutenção era feita por uma empresa exterior e por isso ela teve oportunidade de progredir. A produtividade nos hospitais a que esta empresa dá assistência triplicou nos últimos quinze anos – fazer uma cama, por exemplo, passou a demorar um terço do tempo.

Uma empresa deste tipo tem interesse financeiro em aumentar a produtividade dos postos de trabalho não qualificados. Ter pessoas em posições executivas que conheçam bem o que é necessário para fazer a manutenção de um hospital. No caso que citámos, a empresa trabalhou durante anos na concepção de todas as ferramentas necessárias, inclusive os lençóis para as camas. Estava disposta a investir capital significativo nos novos métodos, algo que nenhum hospital faria. Assim, para tornar produtiva a manutenção do hospital é importante recorrer à subcontratação.

A maior necessidade de subcontratação – quer seja de trabalho manual, de manutenção, ou administrativo, como a facturação – faz-se sentir na administração pública (ver o capítulo 8). Aqui, a produtividade é das mais baixas e é onde a maior parte das pessoas se ocupa de funções de apoio.

Mas as grandes empresas não são muito diferentes. Também eles necessitam de fazer contratações sistemáticas a empresas especializadas na execução de tipos específicos de trabalho. Estas organizações contratadas oferecem oportunidades de carreira a quem faça este tipo de trabalho. Os seus executivos levam a sério este tipo de funções e por isso investem tempo e dinheiro a redesenhar o trabalho e as suas ferramentas. Estão dispostos a trabalhar arduamente para aumentar a produtividade. Acima de tudo, levam a sério as pessoas que executam este tipo de tarefas e desafiam-nas a assumir a liderança e a aperfeiçoarem o seu trabalho e produtividade.

A subcontratação não é só necessária por causa da evolução económica. É necessária porque oferece oportunidades, rendimento e dignidade aos trabalhadores dos serviços.

Devemos, por isso, esperar, dentro de um curto período de tempo, encontrar este tipo de tarefas contratadas a organizações independentes, que competirão entre si e que serão pagas pela sua eficácia em tornar este tipo de trabalho mais produtivo.

Isto significa uma mudança radical na estrutura das organizações de amanhã. Significa que o grande negócio, as organizações governamentais, os grandes hospitais e as grandes universidades não serão quem emprega mais gente. *Serão* quem tem rendimentos substanciais e resultados substanciais – conseguidos, em grande parte, porque só fazem trabalho que se concentra na sua missão; um trabalho que está directamente relacionado com os resultados; um trabalho que é reconhecido, valorizado e recompensado apropriadamente. O resto é subcontratado.

Impedir um novo conflito de classes

O rápido aumento da produtividade dos trabalhadores que fazem e distribuem coisas tornou-se no pesadelo do "conflito de classes" do século XIX. Agora, é preciso um aumento rápido da produtividade dos trabalhadores dos serviços para evitar o perigo de um novo "conflito de classes" entre os dois novos grupos dominantes da sociedade pós-capitalista: os trabalhadores do conhecimento e os trabalhadores dos serviços. Tornar os serviços produtivos é, por isso, a primeira prioridade social da sociedade pós-capitalista, para além de ser uma prioridade económica.

Os trabalhadores do conhecimento e dos serviços não são "classes" no sentido tradicional. A linha de separação entre os dois é porosa. Na mesma família existem trabalhadores dos serviços e trabalhadores do conhecimento que têm formação superior. Mas existe o perigo de a sociedade pós-capitalista se tornar uma sociedade de classes se os trabalhadores dos serviços não alcançarem o rendimento e a dignidade adequados. Isto exige produtividade. Mas também exige oportunidades de evolução e reconhecimento.

A estrutura da sociedade pós-capitalista será diferente, quer da inicial sociedade capitalista, quer da socialista. Nestes casos, as organizações tentavam abranger o máximo de actividades. Pelo contrário, as organizações da sociedade pós-capitalista irão concentrar-se nas tarefas essenciais. Nas restantes tarefas trabalharão com outras organizações, numa desconcertante variedade de alianças e parcerias. Quer a sociedade capitalista quer a sociedade socialista eram, para usar uma metáfora científica, "cristalinas" na sua estrutura. A sociedade pós-capitalista assemelhar-se-á mais a um líquido.

5. A Organização Baseada na Responsabilização

Desde Platão e Aristóteles que a teoria política e social se centra no poder. Mas a responsabilização deve ser o princípio que informa e organiza a sociedade pós-capitalista. A sociedade das organizações, a sociedade do conhecimento, exige uma organização *com base na responsabilização*.

As organizações devem responsabilizar-se pelo limite do seu poder, ou seja, o ponto a partir do qual o exercício das suas funções deixa de ser legítimo.

As organizações devem assumir "responsabilidade social". Não há mais ninguém na sociedade das organizações para se ocupar da própria sociedade. Devem fazê-lo de modo responsável, isto é, dentro dos limites da sua competência e sem prejudicar a sua capacidade de desempenho.

As organizações, para funcionarem, devem ter um poder considerável. Mas o que legitima este poder? Quais são os seus limites? Quais deveriam ser esses limites?

Finalmente, as próprias organizações devem edificar-se mais sobre a *responsabilização vinda de dentro* do que sobre o poder, o comando ou controle.

Quando o certo se torna errado

Por volta de 1930, John L. Lewis (1880-1969) foi considerado o segundo homem mais poderoso da América, depois do presidente Franklin D. Roosevelt. De facto, Roosevelt ganhara as eleições devido, em grande parte, a Lewis, que tinha sido toda a sua vida republicano, mas que levou o seu sindicato, o dos mineiros de carvão da América (UMW-United Mine Workers of America), e com ele todo o movimento operário, para o campo democrático, na Convenção de 1932. Foi ele quem então liderou a força sindical dos anos do New Deal e que se tornou o cérebro da nova e poderosa organização do trabalho, o Congresso das Organizações Industriais.

Mas em 1943, Lewis rebelou-se contra o congelamento de salários imposto durante a Segunda Guerra Mundial e levou os seus mineiros para a greve. O Presidente Roosevelt pediu-lhe que tomasse em consideração o interesse nacional e que desconvocasse a greve, mas Lewis recusou, afirmando: "O presidente dos Estados Unidos é pago para cuidar do interesse nacional. Eu sou pago para cuidar dos interesses dos mineiros."

O esforço de guerra estava precisamente a começar. Os soldados americanos já combatiam na Europa e no Pacífico, mas, lamentavelmente, faltavam equipamentos e munições, o que provocava um número elevado de baixas. Todo o esforço de guerra era alimentado a carvão e o país não se podia dar ao luxo de perder sequer um dia de produção. Para além disso, os mineiros eram os trabalhadores mais bem pagos da América; comparando com o que os homens de uniforme ganhavam, eram uns plutocratas.

Mas Lewis ganhou a greve.

Lewis perdeu imediatamente todo o poder, influência e respeito – mesmo no seio do movimento operário e no seu sindicato. O UMW começou a diminuir o seu poder – em força, em influência e em associados. Dez anos mais tarde, as greves dos mineiros eram irrelevantes. Na realidade, a vitória de Lewis Pyrrhic, em 1943, marcou o início do declínio do sindicalismo nos Estados Unidos.

Lewis viveu tempo mais que suficiente para se aperceber das consequências da sua "vitória". Mas até ao fim dos seus dias defendeu que tivera razão em convocar a greve, que era esse o seu dever, afirmando repetidamente: "O que é bom para o trabalho é, em última análise, bom para o país. E uma guerra é a única altura em que o trabalho é essencial, a única altura em que tem poder real e em que as suas reivindicações legítimas por um pagamento decente podem ser apoiadas com sucesso". Lewis nunca, segundo é documentado, conseguiu entender por que razão a opinião pública americana não concordou.

Este é, claro, um caso extremo. Mas também é revelador. Lewis *sabia* que tinha razão. Mas até que ponto o que está certo para uma organização se transforma num erro? Até que ponto a sua função deixa de ser legítima?
Actualmente, nos Estados Unidos, existe uma grande preocupação sobre a "ética dos negócios". No entanto, a maior parte desta discussão – e dos cursos sobre este tema ensinados nas escolas de gestão – tem a ver com aquilo que se faz de errado: os subornos, a cobertura dada a produtos defeituosos ou prejudiciais. Os transgressores, em lugares altamente colocados, invocam que a sua fidelidade a "um bem superior" não é nada de novo. E tudo que há a dizer sobre este assunto já o foi dito, há trezentos e cinquenta anos, pelo filósofo e matemático francês Blaise Pascal nas suas "Lettres à un Provincial" (1656-57) que, de uma vez por todas, demoliram a ética jesuítica da casuística, ou seja, a submissão a éticas especiais de poder.
Contudo, a história de Lewis não tem a ver com "o errado contra o errado". Tem a ver com "o certo contra o certo". Embora não totalmente sem precedentes, este é um problema novo. Também pode ser considerado o problema central da responsabilização dentro da sociedade das organizações.

Para poder actuar eficazmente, uma organização e as suas pessoas têm de acreditar – como fez John L. Lewis – que a sua tarefa especializada é a mais importante na sociedade. Como vimos antes, os hospitais devem acreditar que nada interessa mais do que curar doentes. Os negócios têm de acreditar que nada interessa tanto como satisfazer os desejos materiais e as necessidades da comunidade; e, em particular, que nenhum produto ou serviço é tão vital para a economia e para a comunidade como o que "o nosso negócio" faz e distribui. Os sindicatos têm de acreditar que só os direitos dos trabalhadores interessam. As igrejas têm de acreditar que nada interessa mais do que a fé. As escolas têm de acreditar que a educação é o único bem absoluto. E por aí fora.
Estas organizações têm de ser autocentradas. Colectivamente,

desempenham várias tarefas na sociedade; mas cada uma desempenha uma só tarefa, vê só uma tarefa.

De facto, esperamos naturalmente que os líderes destas organizações acreditem, como Lewis acreditou, que a sua organização é *a* organização e que esta *é* a sociedade.

> Durante toda a sua vida, Charles E. Wilson (1890-1961) foi uma personalidade notável na cena americana, primeiro como presidente e CEO da General Motors, a maior e mais bem sucedida indústria desse tempo, e, de 1953 a 1957, como secretário da Defesa do Governo de Eisenhower. Ainda hoje é recordado por algo que *não* disse – que "aquilo que é bom para a General Motors é bom para os Estados Unidos". O que ele afirmou, em 1953, ao tomar posse do seu cargo governamental, foi outra coisa: "O que é bom para os Estados Unidos é bom para a General Motors" e, embora tentasse nos anos seguintes corrigir o erro da citação deturpada, ninguém lhe deu ouvidos.
> Toda a gente argumentava: "Se Wilson o não disse, era, no entanto, nisso que acreditava efectivamente – na verdade, era nisso que devia acreditar".

Onde estão, portanto, os limites? Numa situação de emergência, como uma guerra ou uma grande catástrofe natural, a resposta é muito simples: a sobrevivência da sociedade sobrepõe-se à de qualquer um dos seus órgãos. Mas fora dessas crises, não existem respostas duras nem rápidas. A única forma de abordar o problema é a responsabilização conjunta dos líderes das nossas organizações.

A abordagem mais próxima é provavelmente a dos negócios japoneses no período pós-Segunda Guerra Mundial. Nessa altura, no seu planeamento, os líderes de negócio lançavam a seguinte pergunta: "O que é melhor para o Japão, para a sua sociedade e a sua economia?" Em seguir perguntavam: "Como poderemos transformar isso em oportunidades para o negócio em geral e para o negócio em particular?" Eles não eram "altruístas" nem "desinteressados"; pelo contrário, estavam extremamente conscientes do lucro. Não "assumiam a liderança", antes aceitavam a responsabilidade. Todavia, mesmo no Japão, o negócio e os seus líderes tornaram-se autocentrados outra vez, logo que o seu país emergiu completamente da fase de reconstrução do pós-guerra e assumiu a liderança da economia mundial.

O que é a responsabilidade social?

As organizações da sociedade das organizações são órgãos com objectivos especiais. Cada uma delas é boa apenas numa tarefa; e é esta especialização que lhes dá capacidade de desempenho.

As organizações só se prejudicam a si próprias e à sociedade se exercerem tarefas para além da sua competência, dos seus valores especializados e da sua função especializada. O hospital americano prejudicou-se a si próprio e não contribuiu grandemente para a comunidade, na sua tentativa de se preocupar com os problemas sociais da cidade, através da criação de "clínicas dentro da cidade". A escola americana falhou totalmente ao tentar produzir a integração racial. Em ambos os casos, as causas eram indubitavelmente boas: pediam acção. Mas a acção necessária – ou pelo menos a escolhida por estas várias organizações – estava para além do objectivo e da função da organização e ultrapassava inteiramente a sua competência.

E, no entanto, quem melhor pode cuidar da sociedade e dos seus problemas? Estas, colectivamente, *formam* a sociedade. É fútil argumentar, como fez o economista americano e Prémio Nobel Milton Friedman (n. 1912), que um negócio tem apenas uma responsabilidade: desempenho económico. O desempenho económico é a *primeira* responsabilidade de um negócio. Um negócio que não tem um lucro pelo menos igual ao seu custo de capital é socialmente irresponsável. Está a desperdiçar recursos da sociedade. O desempenho económico é a base; sem ele, um negócio não pode assumir quaisquer outros encargos, nem desempenhar qualquer outro tipo de responsabilidades: não pode ser um bom empregador, um bom cidadão ou um bom vizinho.

Mas o desempenho económico não é a única responsabilidade de um negócio, tal como o desempenho educacional não é a única responsabilidade de uma escola, ou os cuidados de saúde, a única responsabilidade de um hospital. O poder deve ser sempre equilibrado com responsabilização; de outro modo, torna-se tirania. Sem responsabilização, o poder degenera em resultados negativos. E as organizações *têm* poder, ainda que apenas um poder social.

A exigência de responsabilidade social das organizações não irá desaparecer. Até agora, temos falado sobretudo da responsabilidade social do negócio – por uma razão simples: os negócios foram a primeira das novas organizações a emergir. Cada vez mais iremos preocupar-nos com a responsabilidade de outras organizações e, acima de tudo, com a que tem a universidade, que hoje detém um monopólio social, um poder que nenhuma instituição antes teve.

Sabemos perfeitamente, mesmo que só em traços largos, qual tem de ser a solução para o problema da responsabilidade social. Uma organização tem responsabilidade total pelo seu impacto na comunidade e na sociedade, por exemplo, pelas descargas no rio local, ou pelos engarrafamentos de tráfego que os seus horários laborais provocam nas ruas da cidade. Todavia, é irresponsabilidade de uma organização aceitar, ou, pelo menos, prosseguir com responsabilidades que diminuam seriamente a capacidade de realizar a sua tarefa e a sua missão. Onde não existe competência, não há responsabilização.

Mas – e este é um enorme "mas" – as organizações têm a obrigação de encontrar uma abordagem para os problemas sociais básicos que se adaptem à sua competência e possam de facto transformar os problemas sociais em oportunidades para a organização.

Poder e organizações

Há uma outra limitação à acção social das organizações na sociedade das organizações: elas são instituições sociais. Não têm nem legitimidade nem competência em política.

As organizações da sociedade pós-capitalista querem obter benesses do poder político, ou seja, do Governo. Mas querem coisas que lhes tragam benefícios, que lhes permitam (pelo menos, na sua opinião) melhorar o seu trabalho, integrarem-se no seu sistema de valores ou encherem as algibeiras. Não estão nem deveriam estar preocupadas em deter o poder político. Estão preocupadas com a sua *função*.

Há aqui um forte contraste com as anteriores sociedades pluralistas. Estas eram pluralismos de centros de poder em competição. O pluralismo da sociedade das organizações é um pluralismo de organizações discretas, que operam em conjunto e não em concorrência. O negócio da empresa não compete com o hospital em matéria de tratar doentes nem na formação de médicos; e o hospital, por sua vez, não tenta vender computadores em competição com a IBM. Cada um é o fornecedor e o cliente do outro. Pelo contrário, os barões, condes, duques e bispos da Europa medieval – os dáimios do Japão medieval – lutavam constantemente entre si. As organizações modernas fazem *lobby*.

De facto, nada prejudica mais uma organização do que um assalto ao poder político, pois este acaba sempre em desastre. Na Argentina, no Brasil, no Peru, o exército era a instituição mais altamente respeitada, até se apoderar do poder durante os anos 60 e 70. Em todos os casos, os militares passaram à acção só porque o país estava à beira do colapso total. Em todos os casos, assumiram o poder suportados por um apoio popular significativo, por vezes mesmo esmagador. Contudo, também em qualquer dos casos, quando renunciaram ao poder, tornaram-se corruptos, ficaram desacreditados, desmoralizados e quase destruídos.

Uma figura popular da demonologia do século XX é o executivo dos negócios, sinistro, que conspira nos meandros do poder político. Mas nenhum dos executivos de negócios bem sucedidos esteve alguma vez interessado no poder; eles estavam interessados nos produtos, mercados e receitas.

Não é raro que homens de negócios poderosos entrem na política depois de uma carreira brilhante – embora raramente tenham êxito. Mas só conheço dois, ambos alemães – Hugo Stinnes (1870-1924) e Alfred Hugenberg (1865-1951) –, que tentaram utilizar as suas posições nos negócios para dominar o Governo e a política: Stinnes, no início dos anos 20, Hugenberg, alguns anos mais tarde. Ambos prejudicaram muitíssimo a República de Weimar e foram largamente responsáveis pelo eventual triunfo de Hitler. Mas ambos falharam politicamente; e a tentativa do poder político acabou por destruir os seus negócios e os homens em si.

Até os líderes do trabalho se autodestruíram e aos seus sindicatos quando alcançaram o poder político.

> No início dos anos 70, o líder do Sindicato dos Mineiros britânicos, Arthur Scargill, parecia o homem mais poderoso de Inglaterra. Depois, em 1974, convocou uma greve para se opor ao Partido Conservador, então no poder, e para se lançar a ele próprio na política. Precisamente como J. Lewis fizera trinta anos antes no Estados Unidos, ganhou a greve, e o Governo, de facto, caiu. Mas Scargill foi liquidado e também o sindicato. Dez anos mais tarde convocou de novo uma greve para restabelecer o seu poder e para derrotar outro primeiro-ministro conservador. Margareth Thatcher enfrentou a greve com o apoio esmagador da população, incluindo mesmo um bom número de mineiros. Tudo o que Scargill conseguiu foi fazer com que fosse publicada legislação que reduzia drasticamente o poder dos sindicatos e dos líderes sindicais.

No entanto, o sindicato mantém-se a mais política de todas as grandes instituições da sociedade das organizações. E tem de o ser. Não existe, nem muito menos prospera, se o Governo não o apoiar. Nos países desenvolvidos, muito poucos, se é que alguns ganhos sindicais foram obtidos apenas à custa da acção sindical; a maior parte foi conseguida através de legislação. Mas mesmo os sindicatos só são bem sucedidos se usarem a sua força para favorecer a "causa dos trabalhadores", ou seja, para levar a cabo a sua *função genuína*.

Habitualmente, a organização tem poder social e em boa quantidade. Precisa dele para tomar decisões sobre as pessoas – quem deseja admitir, despedir e promover. Precisa de poder para fixar as regras e a disciplina necessárias à obtenção de resultados – isto é, a distribuição das funções e das tarefas pelos indivíduos e o estabelecimento dos horários de trabalho. Precisa de poder para decidir que fábricas construir e onde, e que fábricas fechar. Precisa de poder para fixar preços.

As organizações sem fins lucrativos exercem, hoje em dia, um grande poder social. Poucas organizações na história conseguiram o poder que as universidades hoje têm. Recusar admitir ou conceder um diploma é decisivo para impedir o acesso a uma carreira e a oportunidades de sucesso. Do mesmo modo, o poder que um hospital americano tem de negar regalias hospitalares a um médico impede-o, na verdade, de exercer medicina. O poder de um sindicato para negar a aprendizagem ou usar o controle do acesso a um emprego, onde só os seus membros podem ser admitidos, dá ao sindicato um poder social tremendo.

Este poder pode ser regulado, limitado e restringido pelas forças políticas, sujeito a processo judicial e revisto pelos tribunais. Mas o poder social das organizações não pode ser exercido pelas autoridades políticas. Deve ser exercido pela organização individual.

A primeira resposta a este problema é que nenhuma organização deve ter poder a não ser que seja absolutamente necessário para o desempenho da sua função. Tudo o que vá para além disso é usurpação.

Uma segunda resposta é que o exercício do poder legítimo da organização deve ser salvaguardado contra o abuso de poder. Têm de existir regras claras e públicas para este exercício, que devem ser revistas, e deve recorrer-se a um tribunal imparcial que não faça parte do problema, aquilo a que os advogados chamam um "processo legal".

O bispo tem muito mais poder sobre os padres da sua diocese católica do que a maior parte dos presidentes executivos (CEOs) de outras organizações, mas não pode retirar o padre da sua paróquia nem despedi-lo. Isto só pode ser feito pelo Tribunal da diocese, e só "pela causa". Embora o bispo nomeie os membros do Tribunal, não os pode transferir ou deslocar durante o período fixado para o seu exercício.

A resposta mais importante ao problema do poder da organização é a conversão de uma organização com base no poder numa que tenha como base a responsabilização. É a única resposta, além do mais, que se adequa à organização do conhecimento.

Quando surgiram, há cento e trinta anos atrás, as organizações modernas seguiram o modelo da que obtivera maior êxito até à data e a que fora mais bem sucedida: o exército, na sua versão reestruturada pela Prússia, entre 1855 e 1865. Este exército era, por necessidade, baseado no comando e controle. Um grupo pequeno de pessoas altamente treinadas comandava um vastíssimo número de indivíduos não especializados que tinham sido treinados nalguns gestos repetitivos. O exército prussiano, que obteve vitórias fáceis contra a Áustria e a França – ambas com maior número de soldados e a segunda ainda mais bem armada –, era, com efeito, uma "linha de montagem" altamente eficiente. O conhecimento que isso exigia era fornecido por "equipas" especiais (o conhecido Estado-Maior prussiano), que estavam separadas da "linha", ou seja, os executores.

Esta estrutura organizacional atingiu o seu ponto culminante nos finais da década de 20. Estes anos assistiram ao seu alargamento a todos os tipos de trabalho não militar, bem como ao desenvolvimento de equipas especiais cada vez mais especializados.

A Segunda Guerra Mundial foi decidida pela capacidade dos Estados Unidos, que projectaram uma organização de comando e de controle na esfera económica, na produção industrial e na logística. Na Segunda Guerra Mundial, também ficou claro que organização de comando e controle se estava rapidamente a desactualizar e deixaria de estar adaptada às necessidades do futuro. Ficou claro ainda que a tentativa, muito popular nessa altura, de modificar o modelo de comando e controle, dando ao trabalhador um "sentido" de responsabilidade – a essência da escola das "Relações Humanas" de Harvard –, não iria ter êxito, porque era necessário mais do que manipulação psicológica.

Nessa altura, fui o primeiro a falar do "trabalhador responsabilizado", que deveria ter "uma atitude de gestor" e assumir "responsabilidades de gestão". Mas só no Japão a indústria lhes deu atenção e, mesmo aí, num número limitado de empresas. Na realidade, foi no exército que primeiro se iniciou a transformação da organização. Até essa altura, o exército, especialmente nos Estados Unidos, foi mais longe, alterando a estrutura da sua organização de uma base de comando e controle para responsabilização.

Do comando à informação

Em 1970, a informação começou a transformar as organizações. Percebemos rapidamente que a introdução da organização da informação como elemento estrutural e orgânico significava a eliminação de muitos (se não da maior parte) dos níveis de gestão. Na organização tradicional, a maior parte dos chamados "gestores", na realidade, não gerem; encaminham apenas as ordens para baixo e a informação para cima. Quando a informação se torna acessível, estes tornam-se redundantes.

Hoje, porém, temos de ultrapassar a organização baseada na informação, avançar para a organização baseada na responsabilização. No trabalho do conhecimento, como vimos, a organização é cada vez mais composta por especialistas, e cada um sabe mais sobre a sua especialidade do que qualquer pessoa na organização. A organização à moda antiga assumia que o superior sabia o que o subordinado fazia – porque ele próprio o tinha feito alguns anos antes. A organização baseada no conhecimento, em contraste, tem de assumir que os superiores não conhecem o trabalho dos seus subordinados – nunca tiveram de o fazer.

Os maestros podem não saber como se toca oboé, mas conhecem qual deve ser o seu contributo. Do mesmo modo que o cirurgião não ignora qual a função do anestesista, embora não lhe possa dizer o que tem de fazer. Ambos, tanto o maestro como o cirurgião, avaliam, pelos resultados, a actuação dos colegas. Contudo, nas organizações baseadas no conhecimento não existe, frequentemente, ninguém que conheça o suficiente do trabalho do especialista para classificar o seu contributo. Por exemplo, as pessoas do marketing não têm conhecimentos para avaliar o desempenho dos analistas de mercado, nem sequer compreendem a sua linguagem nem as suas técnicas estatísticas.

É pouco provável que gestores de vendas façam previsões de vendas ou preços; não sabem o suficiente para instruir quem faz previsões de vendas e preços. Do mesmo modo que os administradores do hospital não podem dizer ao patologista do laboratório médico o que é um bom teste ou como deve ser feito. Igualmente, nas forças armadas, o comandante de uma esquadrilha aérea não consegue dizer ao chefe de pessoal o que significa boa manutenção, quanto mais fazê-la. Mesmo na área de produção da fábrica, em especial nas altamente automatizadas, cada vez mais os trabalhadores conhecem o seu trabalho melhor do que os seus superiores.

Da informação à responsabilização

A organização baseada no conhecimento exige, consequentemente, que cada indivíduo se responsabilize pelos objectivos da organização, pela sua contribuição e também, como é evidente, pelo seu comportamento.

Isto implica que todos os membros da organização reflictam profundamente sobre os seus objectivos e as suas contribuições e assumam responsabilidade por ambos. Implica que não há "subordinados"; só existem "associados". E, mais ainda na organização baseada no conhecimento, todos os elementos têm de ser capazes de controlar o seu próprio trabalho, avaliando-o mediante o *feedback* dos seus resultados e dos seus objectivos (o que há quarente anos, no meu livro "The Practice of Management" (1954) eu chamava "gestão por objectivos e autocontrole"). Todos os membros devem perguntar a si próprios: "Qual é a *maior* contribuição que eu posso dar a esta organização e à sua missão neste momento?" Requer, por outras palavras, que todos os elementos actuem como decisores esclarecidos. Todos os membros se devem considerar "executivos".

Faz também parte da responsabilidade de todos os membros comunicarem os seus objectivos, as suas prioridades e os seus contributos aos colegas – para cima, para baixo e para os lados. É da responsabilidade de todos os membros assegurar que os seus próprios objectivos se ajustam aos objectivos do grupo.

Esta responsabilidade de pensarem profundamente em qual deve ser o seu contributo, isto é, na sua própria responsabilidade enquanto trabalhadores do conhecimento, é algo de muito individual. Na organização do conhecimento, é responsabilidade de todos, independentemente do seu trabalho em particular.

Os 97 técnicos da mini-siderurgia são, legalmente, "trabalhadores", mas controlam máquinas que produzem tanto aço como uma siderurgia convencional com um milhar de operários. Cada um destes técnicos toma constantemente decisões importantes no seu posto de trabalho informatizado. Devem ser formados para isso – e necessitam de o ser. Só não podem ser comandados. Cada um toma decisões a toda a hora que têm um impacto muito maior nas mini-siderurgias do que as resoluções dos gestores médios na siderurgia convencional. Assim, é preciso que se pergunte a cada um deles: "Que responsabilidade lhe devemos atribuir?" E também: "De que informação necessita?". Mas, em contrapartida, é igualmente necessário colocar a questão: "Que informação deve aos outros?". Tudo isto significa, então, que cada trabalhador tem de ser um participante nas decisões sobre o equipamento necessário, na forma como o trabalho deve ser programado e, naturalmente, na estratégia negocial seguida pela empresa. Na mini-siderurgia, todo o grupo é uma equipa, na qual cada membro é responsável pelo desempenho da organização.

Acrescente-se ainda que mesmo as organizações que, numa primeira análise, só fazem trabalho pouco qualificado (senão mesmo não qualificado) precisam de ser reestruturadas para organizações baseadas na responsabilização. Um pequeno número de empresas – uma na Dinamarca, outra nos Estados Unidos e outra ainda no Japão – tem tido sucesso a aumentar a produtividade dos indivíduos que executam tarefas simples (naturalmente subalternas), como a manutenção em hospitais, fábricas e escritórios. E conseguiram estes aumentos, atribuindo responsabilidades até ao mais baixo grau na escala hierárquica dos seus empregados – o indivíduo que começa com um balde e uma vassoura a esfregar o chão, ou o que limpa os escritórios depois das horas de expediente – pelos objectivos, pela contribuição, pelo desempenho de toda a equipa. Estas pessoas sabem mais sobre o seu trabalho do que qualquer outra. Quando são responsabilizadas, actuam em conformidade.

Fazer de todos colaboradores

Actualmente fala-se muito de dar "direitos" e "poderes", termos que traduzem a abdicação da organização baseada no comando e no controle. Mas estes são os mesmos termos de poder e posicionamento hierárquico antigos. Em vez deles, deveríamos falar de responsabilização e de contribuição, porque poder sem responsabilização não é poder: é apenas irresponsabilidade.

O nosso objectivo deve ser tornar as pessoas mais responsáveis. Aquilo que lhes temos de perguntar não é: "Que direitos deve ter?" mas sim "Pelo que deve ser responsabilizado?". A tarefa da gestão na organização com base no conhecimento não é fazer de cada um patrão, mas sim tornar todos *colaboradores*.

PARTE II
Política

6. Do Estado-nação ao Mega-Estado

Na sociedade pós-capitalista, as mudanças na estrutura política e na polity (para usar o termo antigo, mas perfeito para designar sociedade e sistema políticos) são tão grandes e totais como as mudanças na sociedade e estrutura social. São mundiais e são factos consumados.

A ordem mundial de ontem está a desaparecer a uma velocidade acelerada, enquanto que a ordem mundial de amanhã ainda está para emergir. Não estamos, de facto, a enfrentar "uma nova ordem mundial", como os políticos de hoje invocam constantemente. Em vez disso, estamos a enfrentar *uma nova desordem mundial* – e ninguém sabe quanto tempo vai durar.

Na estrutura política, e também na social, estamos a transitar para uma "pós-era", a do pós-Estado soberano. Já conhecemos as novas forças – e são muito diferentes das que governaram a estrutura política e a polity nos últimos quatrocentos anos. Conhecemos as novas exigências e podemos delinear algumas delas – talvez a maior parte. Mas não sabemos as respostas, as soluções e as novas integrações. Mesmo mais do que na sociedade e na estrutura social, os actores em palco – políticos, diplomatas, funcionários públicos, cientistas e escritores políticos – falam e escrevem recorrendo a termos de ontem. De um modo geral actuam – e têm de actuar – com base nas certezas de ontem e têm de se basear nas realidades de ontem.

O paradoxo do Estado-nação

Toda a gente sabe, e todos os livros de História o ensinam, que os últimos quatro séculos de história mundial foram os séculos do Estado-nação ocidental. E, desta vez, o que toda a gente sabe é verdade – mas é uma verdade paradoxal.

Os maiores empurrões políticos nestes últimos quatro séculos foram tentativas de transcender o Estado-nação e substituí-lo por um sistema político transnacional, quer fosse um império colonial, quer se tratasse de um super-Estado europeu (ou asiático). Estes foram os séculos em que os grandes impérios coloniais se ergueram e caíram: o espanhol e o português surgiram no século XVI e desmoronaram-se no princípio do XIX; o inglês, o holandês, o francês e o russo têm início no século XVII e vão até ao XX. Assim que surgia no palco da história mundial um actor mais importante, imediatamente se dimensionava para transcender o Estado-nação e transformar-se num império – a Alemanha e a Itália, ainda mal acabadas de se unificar, entraram em expansão colonial entre 1880 e a Primeira Guerra Mundial, com a Itália a fazer uma nova tentativa posterior, nos finais dos anos 30. Mesmo os Estados Unidos se tornaram um poder colonial no início do século XX. Tal como o Japão – o único país não ocidental a tornar-se um Estado-nação.

Na própria Europa, a origem do Estado-nação, estes quatro séculos foram dominados por sucessivas tentativas para estabelecer um super-Estado transnacional. Seis vezes neste período, um Estado-nação europeu tentou tornar-se o legislador da Europa e transformar o continente europeu num super-Estado-nação sob o seu controle e domínio. A primeira destas tentativas, em meados do século XVI, foi feita pela Espanha, quando acabava de surgir como nação unificada a partir de um amontoado quezilento de reinos, ducados, condados e cidades francas, precariamente unidas sob a pessoa de um príncipe. Espanha não desistiu do sonho de dominar a Europa até cem anos depois, quando se arruinou económica e militarmente. Quase imediatamente a seguir, a França, primeiro com Richelieu e depois com Luís XIV, começou onde a Espanha acabara – para desistir de novo, setenta e cinco anos depois, financeira e espiritualmente exausta. Mas a lição não desencorajou um outro governante francês, Napoleão, que, apenas setenta e cinco anos mais tarde, tentou de novo submeter toda a Europa – foram vinte anos de guerra e de perturbação – e tornar-se o seu imperador, construindo um super-Estado dominado pela França. Em seguida, e no nosso século, sucederam-se as duas guerras alemãs, para dominar a Europa; e depois da derrota de Hitler, a tentativa de Estaline de criar, pela força das armas e pela subversão, uma Europa dominada pela União Soviética. Do mesmo modo, o Japão, logo que se tornou uma nação, procurou construir, já neste século, um império colonial ao estilo ocidental: tentou criar um super-Estado japonês asiático.

Na realidade, não foi o Estado-nação que gerou os impérios. O Estado-nação surgiu apenas como uma resposta aos impulsos transnacionais. O império espanhol nas Américas produziu tanto ouro e prata que Espanha, sob Filipe II, filho e sucessor de Carlos V, pôde financiar o primeiro exército regular desde as legiões romanas, a infantaria espanhola – eventualmente a primeira organização "moderna". Assim equipada, a Espanha lançou a primeira campanha para dominar a Europa, a primeira tentativa para a unificar sob a sua tutela. Opor-se a essa ameaça constituiu a motivação e o objectivo declarados do inventor do Estado-nação, o jurista e político francês Jean Bodin, no seu "Six Livres de la Republique" (1576). Era a ameaça da Espanha que fazia do Estado-nação de Bodin a causa "progressista" de toda a Europa. Foi só por essa ameaça ser tão grande e real que as recomendações de Bodin foram aceites. No final do século XVI, o modelo de Estado-nação de Bodin parecia pura fantasia. O que Bodin sugeria era uma administração pública, controlada centralmente, que apenas prestava contas ao soberano; o controle total dos militares e um exército regular, constituído por soldados profissionais, responsável perante um Governo central; o controle centralizado de cunhagem de moeda, de impostos e de alfândegas; e um poder judicial nomeado centralmente, em vez de tribunais constituídos por figuras locais importantes. Todas estas recomendações eram o oposto do que existira durante mil anos, ou seja, desde o colapso do Império Romano. Todas elas ameaçavam "interesses especiais" poderosamente instalados: uma Igreja autónoma e bispados e abadias isentos de impostos; senhores locais muito ou pouco poderosos, cada um deles com o seu exército privado, que apenas a eles devia lealdade, e cada um com o seu sistema de leis e poderes fiscais; cidades francas e guildas de comerciantes autónomos; e muitos outros ainda. As tentativas de domínio da Europa por parte da Espanha não deixavam alternativa: a escolha era a sujeição ao soberano nacional ou a conquista por um soberano estrangeiro. A partir daqui, praticamente todas as alterações da estrutura política do Estado-nação europeu foram provocadas – ou pelo menos desencadeadas – por tentativas semelhantes de conseguir o domínio da Europa e de substituir esse Estado-nação por um super-Estado, dominado, à vez, pela França, a Alemanha e a Rússia.

Seria de esperar que, a partir daí, os politólogos tivessem estudado o império colonial e desenvolvido uma nova teoria política sobre este tema. Mas nada disso fizeram. Em vez disso, centraram-se apenas na teoria política e nas instituições do Estado-nação. Podíamos esperar que os historiadores analisassem os super-Estados europeus. Porém, em todas as universidades, as prestigiosas cadeiras de História abordam só a história *nacional*. Os livros de História famosos abordam todos o Estado-nação – seja a Inglaterra, a França, os Estados Unidos, a Espanha, a Alemanha, a Itália ou a Rússia. Até mesmo no Reino Unido, senhor do maior e, durante muitos anos, mais bem sucedido império colonial, o estudo e ensino da História ainda se centra no Estado-nação.[1]

Todavia, existe uma razão para esta negligência face ao império e ao super-Estado – nenhum deles desenvolveu instituições. A Câmara dos Lordes, em Londres, era o órgão judicial de última instância relativamente às possessões britânicas, mas isso decorria de ser o órgão judicial de última instância das ilhas britânicas. O mesmo acontecia com o Parlamento inglês, que teoricamente era o corpo legislativo para todas as colónias britânicas. Mas todos os seus membros eram eleitos no Reino Unido, ou seja, apenas nas ilhas britânicas. Só em tempos de crise este se ocupava de algo para além dos assuntos do Reino Unido. O rei ou rainha reinava sobre todo o império britânico; todavia, nenhum monarca britânico pisou uma colónia até ao dia em que estas deixaram de o ser, ou seja, depois de o império ter desaparecido

---

1. Os Estados Unidos são, na prática, os únicos a terem sido berço de um historiador mais preocupado com o império do que com o Estado-nação: William H. Prescott (1796-1859), na sua história da conquista do México e do Peru pela Espanha. Depois, um historiador francês de primeiro calibre, Fernand Braudel (1902-1985), não se confinou ao estudo do Estado-nação. A sua visão abrangia toda a Europa – e, naturalmente, o mundo inteiro. Porém, ele era mais um analista económico e social do que um historiador político. Os maiores historiadores alemães do século XIX – aqueles que, mais do que quaisquer outros, fizeram da história uma "ciência", Leopold von Ranke e Theodor Mommsen – não se limitam a escrever sobre a história alemã. Por exemplo, uma das obras mais importantes de Ranke era sobre os Papas e a maior de Mommsen foi sobre a história de Roma. Contudo, mesmo eles ignoraram o impulso para o império por parte da política moderna e trataram as tentativas de domínio da Europa como parte da história nacional e não como acontecimentos que transcendiam o Estado-nação e como tentativas para o substituir por uma estrutura política transnacional.

(quando a actual rainha, Isabel II, começou a visitar os países que tinham pertencido ao império). Contudo, os britânicos estiveram mais perto do que qualquer outro país de construírem um império.

Os "impérios" coloniais não eram ficção, mas também não eram "impérios". Eram Estados-nações com colónias. Basta compará-los com a estrutura política onde foram buscar o nome: o império dos romanos. A era dos impérios coloniais durou quase tanto como o Império Romano – quatrocentos anos – tempo mais que suficiente para a integração política, social e económica do país-mãe e do império. Mas esta tarefa nunca foi sequer tentada.

> Os três maiores imperadores romanos depois de Augusto – Trajano (reinou entre 98-117 d.C.), Adriano (entre 117-138 d.C.) e Diocleciano (entre 284-305 d.C.) – vieram das "colónias". Os dois primeiros nasceram e cresceram em Espanha, o último, na antiga Jugoslávia, e nenhum tinha origem latina – Trajano e Adriano seriam provavelmente berberes e Diocleciano, ilírio ou eslavo. Em contrapartida, será que podemos imaginar o americano George Washington, o sul-africano Jan Smuts ou o indiano Nawaharlal Nehru como primeiros-ministros britânicos? No entanto, estes foram seguramente os mais capazes e destacados líderes políticos de cultura e expressão inglesa do seu tempo, ou seja, respectivamente, no fim do século XVIII, após a Primeira Guerra Mundial e depois da derrota de Churchill nas eleições que se seguiram à Segunda Guerra Mundial.
>
> O legado mais durável do Império Romano – que serve ainda hoje de sustento e apoio à lei e jurisprudência europeias – foi a codificação das leis em latim (o *Codex juris civilis*), mas foi compilado na Constantinopla de expressão grega e por ordem do imperador Justiniano (483-565 d.C.), ele próprio de origem também grega, por académicos – nenhum dos quais romano – e numa época em que a parte ocidental do império, a de expressão latina, já sucumbira aos Bárbaros.
>
> Centenas de anos depois da queda de Roma, todas as pessoas cultas do antigo império, mesmo os cristãos mais devotos, consideravam-se romanas, cultivavam-se no latim de Cícero e ansiavam voltar à "glória de Roma", a de Augusto, Trajano e Adriano.

Havia um bom número de colonizadores das treze colónias americanas que se consideravam mais ingleses do que americanos durante a Guerra da Independência, a primeira ruptura de um dos impérios modernos. Mas estes americanos "lealistas" foram a excepção. Poucos "colonialistas" no México, na Colômbia ou no Brasil lamentaram o fim dos impérios espanhol e português. E ainda menos foram os que choraram o desaparecimento dos impérios do século XX: o britânico, o francês, o holandês e o japonês. A soberania britânica na Índia foi berço de uma classe privilegiada vasta e distinta de pessoas verdadeiramente biculturais, educadas nas melhores universidades inglesas e conhecendo bem a poesia, o Direito, a História e a Filosofia inglesas. Mas ninguém defendeu o império ou a relação imperial, nem tentou encontrar uma solução constitucional para preservar a comunidade cultural do império enquanto se criava a autonomia política indiana. Em vez disso, tornaram-se os mais dedicados e determinados agitadores na defesa de uma Índia independente e da criação do Estado nacional indiano.

No entanto, mais espantosa ainda é a falta de integração no império russo. Ucranianos, bielorrussos, arménios, georgianos, alemães – gente das mais diversas proveniências europeias (com excepção dos judeus e católicos polacos) – foram durante séculos tratados como iguais, tanto na Rússia czarista como na URSS dos comunistas. Tudo o que tinham de fazer era aprender russo. Grande número de generais e ministros czaristas era de origem alemã, como, por exemplo, o conde de Witte, o primeiro-ministro reformista do último czar; Estaline era georgiano; o último chefe do Estado-Maior do Exército Vermelho era ucraniano. No momento em que o Império Soviético se dissolveu não surgiu praticamente qualquer sentimento, partido, ou movimento pró-imperial. A resistência tem sido feita em nome do nacionalismo e não do império. Os russos étnicos que viviam no que se estava a transformar em novos Estados nacionais, por exemplo, a Moldávia ou a Letónia, protestaram contra serem considerados moldavos ou lituanos e exigiram a sua própria independência.

Esta incapacidade de os impérios coloniais se tornarem mais do que abstracções administrativas, ou seja, a sua inabilidade em se transformarem em sociedades políticas, é o que há de mais paradoxal, uma vez que poderiam consegui-lo facilmente – seríamos até tentados a dizer "naturalmente". Enquanto o Império Romano se formou à custa de sucessivas guerras sangrentas, os impérios coloniais modernos constituíram-se com um mínimo de lutas. É verdade que os britânicos combateram na Índia, mas acima de tudo contra os franceses e não contra os líderes hindus. Travaram uma guerra amarga contra os boéres na África do Sul. Para além destes casos, o Império Britânico foi erguido com pouca violência, à excepção de escaramuças locais, que não envolviam mais do que um milhar de soldados ingleses. O motim indiano de 1857 foi o maior levantamento contra o domínio britânico nos cento e cinquenta anos que mediaram entre a independência da América e a secessão da Irlanda, depois da Primeira Guerra Mundial.

Do mesmo modo, a única resistência prolongada que os russos encontraram aquando da expansão do seu império foi no Cáucaso, e não na Ucrânia, nem nos Estados bálticos (anexados no século XVIII), nem na Ásia central. As batalhas que os franceses tiveram de travar para implantar o seu império no Sudoeste Asiático e em África foram igualmente simples escaramuças, envolvendo menos soldados do que a França – ou qualquer país europeu – necessitava para os triviais e insignificantes conflitos nas suas fronteiras.

No entanto, no momento em que qualquer potência europeia mostrou algum sinal de fraqueza, o seu império entrou em colapso; e desfez-se em Estados-nações. O mesmo aconteceu com o Japão. Mesmo os chamados "domínios brancos" do Império Britânico – Austrália, Canadá, Nova Zelândia – por mais orgulhosos que sejam da sua tradição cultural e herança inglesas, tornaram-se Estados-nações no momento em que deixaram de ser "colónias". Não existia outra forma de integração política.

Ao império moderno faltava o poder integrador. O Estado-nação sozinho podia integrar, podia formar uma política – a sociedade política – e podia integrar cidadãos.

Na Europa também nenhum dos candidatos a conquistadores conseguiu integrar o super-Estado numa estrutura política. Tudo o que fizeram – desde Filipe II a Estaline – foi subjugar pela força bruta. Todavia, três das tentativas para criar um super-Estado europeu foram acompanhadas por ideologias com forte poder de atracção: a tentativa de Napoleão, com o slogan *Liberté, Fraternité, Egalité*, a ideologia da Revolução Francesa; a tentativa de Hitler com a ideologia do ódio, inveja e anti-semitismo (que era muito mais atraente do que se gosta de admitir, o que, em larga escala, explica por que motivo provocou mais aceitação do que resistência em todos os países do continente até serem conquistados); e Estaline, com o socialismo marxista, que, desde o cristianismo, exerceu durante quase um século uma das mais fortes atracções sobre as massas populares. Até mesmo a tentativa japonesa de criar o super-Estado pan-asiático assentava numa ideologia poderosa, anti-ocidental e anticolonialista.

Todas estas tentativas se debateram com a incapacidade de converter os territórios conquistados numa estrutura política, com a impossibilidade de construir instituições políticas e com o fracasso de criar algo, mesmo que só remotamente comparável à reivindicação de São Paulo, *"civis romanus sum"* (sou um cidadão romano). Paulo era judeu de religião e raça, e grego pela cultura e língua; mas esta frase que proferiu foi historicamente importante; era ao mesmo tempo um apelo a uma justiça melhor e a afirmação de uma identidade política que suplantava a geografia, a raça e a língua.

Todos os impérios modernos e todos os super-Estados naufragaram por causa da sua incapacidade de transcenderem o Estado-nação ou mesmo de lhe suceder.

No entanto, embora o Estado-nação tenha sido a única realidade política em séculos de impérios e super-Estados, nos últimos cem anos transformou-se profundamente. *Deu-se a mutação para o mega-Estado.*

As dimensões do mega-Estado

Por volta de 1870, o Estado-nação triunfara por toda a parte; até mesmo a Áustria se transformara no Império Austro-Húngaro, uma federação de dois Estados-nação. E todos os Estados-nação de 1870 pareciam e actuavam como a nação soberana inventada por Bodin trezentos anos antes.

Mas o Estado-nação de 1970, um século mais tarde, tinha poucas semelhanças com o Estado de Bodin ou, naturalmente, com o de 1870. Já se tinha transformado no mega-Estado – a mesma espécie que o seu antecessor de 1870, mas tão diferente quanto uma pantera o é de um gato doméstico.[2]

O Estado nacional foi concebido para ser o guardião da sociedade civil. Mas o mega-Estado tornou-se o seu dono. E na sua forma extrema, totalitária, substituiu completamente a sociedade civil. No totalitarismo, toda a sociedade se tornou sociedade política.

O Estado nacional foi concebido para proteger tanto a vida do cidadão como a sua liberdade e a sua propriedade contra os actos arbitrários de soberania. O mega-Estado, mesmo na sua forma menos extrema, a anglo-americana, considera a propriedade dos cidadãos

---

2. A primeira pessoa a perceber isso não foi um politólogo ou um político, mas um romancista. Franz Kafka (1853-1924), nos seus dois romances – "O Processo" e "O Castelo", ambos publicados após a sua morte, em 1926 – faz as mais acutilantes, uma vez que foram as primeiras, análises do mega-Estado.

sujeita à colecta de impostos. Como Joseph Schumpeter primeiro sublinhou no seu ensaio *Der Steuerstaat* (*"O Estado Fiscal"*, 1918), o mega-Estado declara, explícita ou implicitamente, que os cidadãos possuem apenas aquilo que este lhes concede.

O Estado nacional de Bodin tinha como primeira função a manutenção da sociedade civil, especialmente em tempos de guerra. Isto é, na verdade, o que "defesa" quer dizer. O mega-Estado tem tornado cada vez menos nítida a distinção entre tempo de paz e tempo de guerra. Em vez da paz, existe a "Guerra Fria".

O Estado-ama

A mudança do Estado nacional para mega-Estado começou nas últimas décadas do século XIX. O primeiro pequeno passo na direcção do mega-Estado foi a invenção de Bismarck, em 1880, do Estado-providência. O objectivo de Bismarck era combater a subida da maré socialista. Era uma resposta à ameaça da luta de classes. Até essa altura, o Governo tinha sido exclusivamente visto como um órgão político. Bismarck transformou o Governo num órgão social. As suas medidas de assistência social – o seguro de saúde, o seguro contra acidentes de trabalho, as pensões de velhice (seguidas, trinta anos mais tarde, depois da Primeira Guerra Mundial, pelo seguro de desemprego britânico) – eram bastante modestas. Mas o princípio era radical, e este princípio teve um maior efeito do que as acções individuais realizadas em seu nome.

No sistema de seguro de saúde alemão, todos os empregados e as suas famílias estavam protegidos contra a doença, mas tinham o direito de escolher livremente a companhia (a maior parte delas não eram estatais). O seguro de desemprego tal como os britânicos o instituíram ficava a cargo do Estado; mas, mais uma vez, este agia puramente como agente fiscalizador. A segurança social, que trouxe o Estado-providência aos EUA, por volta de 1936, estava organizada segundo o mesmo princípio. Tal como, em traços gerais, as outras medidas sociais do New Deal, por exemplo, os subsídios à agricultura ou aos pagamentos devidos pela colocação da terra em pousio, assegurando quer a redução dos excedentes de produção dos cultivos agrícolas quer os pagamentos da segurança social aos agricultores.

Entre 1920 e 1930, os comunistas, os fascistas e os nazis tomaram conta das instituições sociais. Mas, nas democracias, o Governo apenas criava seguros ou, no máximo, dava subsídios. De um modo geral, ainda não fazia trabalho social nem forçava os cidadãos a assumirem um comportamento social adequado.

Esta situação alterou-se rapidamente depois da Segunda Guerra Mundial. De fornecedor, o Estado passou a *gestor*. Uma das últimas medidas tomadas pelo tradicional Estado-providência – e, sem dúvida, a mais bem sucedida – foi a Carta de Direitos do Militar (GI Bill of Rights), promulgada logo a seguir à Segunda Guerra Mundial. Esta dava a cada soldado americano regressado da guerra os meios para frequentar a universidade e conseguir um grau do ensino superior. O Governo não estipulava qual era a universidade que deveria frequentar. Nem tentava sequer gerir o ensino superior. Oferecia dinheiro ao soldado se este quisesse ir para a universidade; este decidia para onde ir e o que estudar. Nenhuma universidade era obrigada a aceitar as candidaturas.

Um outro programa social importante do período imediatamente a seguir ao pós-guerra foi o Serviço Nacional de Saúde britânico, o primeiro (fora dos países totalitaristas) a levar o Governo a ser, em parte, mais do que um segurador ou um fornecedor. Mas só em parte. Para os cuidados médicos primários no Serviço Nacional de Saúde, o Governo funcionava como uma companhia de seguros: reembolsava o médico que tratava do doente. Mas o médico não se tornava um funcionário público, nem o doente ficava de modo algum limitado na sua escolha de médicos. No entanto, é o Estado que toma conta dos hospitais e os gere, e as pessoas que lá trabalham são funcionários públicos. Este foi o primeiro passo na mudança de funções do Governo na esfera social. O Governo deixou de ser o regulamentador, o facilitador, o segurador, o agente de subsídios, e assumiu o papel de agente e de gestor.

Por volta de 1960, era doutrina aceite em todos os países ocidentais desenvolvidos que o Governo era o agente adequado para atender a *todos* os problemas sociais e a *todas* as tarefas sociais. De facto, a actividade privada não governamental na esfera social tornou-se suspeita; e os chamados liberais consideravam-na "reaccionária" ou "discriminatória". Nos Estados Unidos, o Governo tornou-se o principal agente na esfera social, especialmente na tentativa de mudar o comportamento humano – numa sociedade multirracial – através da sua acção e das suas ordens. Até à época, os Estados Unidos eram o único país (fora dos países totalitaristas) onde o Governo tinha tentado assumir o comando das mudanças dos valores sociais e do comportamento individual, de forma a esmagar a discriminação por raça, idade ou sexo.

O mega-Estado como mestre da economia

Nos finais do século XIX, o Estado-nação transformara-se num agente económico. Os primeiros passos foram dados nos Estados Unidos, onde se inventou a legislação governamental para as empresas e se definiu a participação estatal nos novos negócios da economia capitalista. A partir de 1870, nos Estados Unidos, regulamentou-se gradualmente a actividade de sectores como a banca, os caminhos-de-ferro, a distribuição de energia eléctrica e os telefones. Esta regulamentação governamental – uma das mais originais invenções políticas do século XIX e inicialmente muito bem sucedida – foi claramente considerada desde o início como "a terceira via" entre o capitalismo "selvagem" e o "socialismo", e uma resposta às tensões e problemas criados pela rápida expansão do capitalismo e da tecnologia.

Alguns anos mais tarde, os Estados Unidos começaram a colocar os negócios na propriedade do Governo – primeiro em 1880, no Estado do Nebrasca, sob a liderança de William Jennings Bryan. Alguns anos mais tarde, entre 1897 e 1900, Karl Lueger (1844-1910), presidente da Câmara de Viena, expropriou e colocou sob tutela municipal as empresas de transportes públicos e as companhias de gás e electricidade da capital austríaca. Tal como Bismarck, que agiu para combater o socialismo, nem Bryan nem Lueger eram socialistas; ambos eram aquilo a que os Estados Unidos chamam de "populistas". Ambos encaravam a tutela do Governo, antes de mais, como um meio de suavizar a rápida escalada da luta de classes entre o "capital" e o "trabalho".

Poucas pessoas no século XIX – e ainda muito poucas antes de 1929 – acreditavam que o Governo devesse ou pudesse gerir a economia e, muito menos ainda, controlar as recessões e as depressões. A maior parte dos economistas pensava que uma economia de mercado era "auto-reguladora". Mesmo os socialistas acreditavam que a economia se regulamentava por si própria a partir do momento em que a propriedade privada fosse abolida. A função do Estado-nação e do seu Governo era vista como a defesa de um "clima" propício ao crescimento económico e à prosperidade – através da manutenção de uma moeda estável, de impostos baixos e do encorajamento às poupanças. O "tempo" económico, isto é, as flutuações económicas, estava para lá do controle de quem quer que fosse, até porque os acontecimentos que provocavam estas flutuações pareciam resultar mais do mercado mundial do que serem inerentes ao próprio Estado-nação.

A Grande Depressão aumentou a crença de que o Governo nacional controla – e deve controlar – o tempo económico. O economista inglês John Maynard Keynes (1883-1946) foi quem afirmou pela primeira vez que a economia nacional de um país está isolada da economia mundial, pelo menos em países de grande e média dimensão. Depois defendeu que este tipo de economia é totalmente determinado pela política governamental, isto é, pelos gastos do Governo. Por muito que os economistas de hoje discordem de Keynes, os fanáticos de Friedman, defensores da óptica da oferta, e outros pós-keynesianos seguem Keynes nestes dois princípios. Todos consideram o Estado-nação e o seu Governo o mestre da economia nacional e o controlador do tempo económico.

O Estado fiscal

As duas guerras mundiais deste século transformaram o Estado-nação num "Estado fiscal".

Até à primeira Guerra Mundial, nenhum Governo na história fora capaz – nem mesmo em tempo de guerra – de conseguir dos seus cidadãos mais do que uma muito pequena fracção do Orçamento nacional de um país, talvez 5 ou 6 por cento. Contudo, durante a Primeira Guerra Mundial, todos os países intervenientes, mesmo os mais pobres, descobriram que não existiam praticamente limites àquilo que o Governo podia extorquir da população. Perto do início da Primeira Guerra Mundial, as economias de todos os países beligerantes estavam bem monetarizadas. Em resultado disso, duas das nações mais pobres – a Áustria-Hungria e a Rússia – conseguiram, durante alguns anos de guerra, aplicar impostos e pedir emprestado mais do que o total do rendimento anual da sua respectiva população. Conseguiram gerir a liquidação do capital acumulado durante longas décadas e transformá-lo em material de guerra.

Joseph Schumpeter, que nessa altura ainda vivia na Áustria, percebeu imediatamente o que tinha acontecido. Mas a maior parte dos economistas e a maioria dos governos precisavam de uma segunda lição: a Segunda Guerra Mundial. A partir daí todos os países desenvolvidos e muitos países em vias de desenvolvimento se tornaram

"Estados fiscais". Todos acabaram por acreditar que não existiam limites *económicos* para os impostos que o Governo pode cobrar ou para aquilo que pode pedir emprestado e que, por conseguinte, não existem limites económicos para o que o Governo pode gastar.

Aquilo que Schumpeter sublinhou foi que, desde que havia governos, a elaboração do Orçamento começava com a avaliação das receitas disponíveis. As despesas teriam de se adequar a essas receitas. Uma vez que a oferta de "boas causas" é inesgotável e, consequentemente, os gastos possíveis infinitos, a elaboração do Orçamento consiste, em grande parte, em decidir quando é preciso dizer não. Enquanto as receitas foram consideradas limitadas, os governos, quer fossem democracias quer monarquias absolutas, como a Rússia czarista, actuaram dentro de restrições extremas. Estas impossibilitavam que o Governo agisse como um agente social ou económico.

Desde a Primeira Guerra Mundial – e muito mais depois da Segunda – a elaboração do Orçamento passou a significar dizer que sim a tudo.

Tradicionalmente, o Governo, ou seja, a sociedade política, só disponibilizava os meios que a sociedade civil garantia, e isso apenas dentro dos limites muito restritos de uma pequena percentagem do rendimento nacional, aquilo que podia ser transformado em moeda. Apenas este montante podia ser convertido em impostos e empréstimos e, consequentemente, em receitas governamentais. Mas de acordo com esta nova distribuição, que pressupunha não existirem limites económicos às receitas que o Governo podia obter, este tornava-se no mestre da sociedade civil, capaz de lhe dar forma e de a moldar. Utilizando sobretudo impostos e despesa pública, o Governo podia redistribuir o rendimento da sociedade. Com os cofres públicos podia moldar a sociedade à imagem do político.

Ainda de acordo com a nova distribuição, é extremamente fácil perceber que o Orçamento nacional passa a pertencer ao Governo, e que os indivíduos apenas têm direito àquilo que este entender atribuir-lhes. Antes de 1914 – na realidade, antes de 1946 – ninguém falava de "fuga aos impostos". Dantes partia-se do princípio de que tudo pertencia ao indivíduo, à excepção do que os representantes políticos dos contribuintes decidiam atribuir ao Governo, quer em governos absolutos quer em parlamentares.

A expressão "fuga ao imposto" implica, todavia, que tudo pertence ao Governo a não ser aquilo que é especificamente designado para ser retido pelos contribuintes. E o que os contribuintes retêm, só o fazem porque o Governo, na sua generosidade e sabedoria, o permite.

Claro que isto só se tornou explícito nos países comunistas. Mesmo nos Estados Unidos, especialmente durante a era Kennedy, era ponto assente, em Washington e principalmente entre os seus burocratas, que todo o rendimento pertence ao Governo, excepto a parte que este expressa e explicitamente permite que o contribuinte guarde.

O Estado-Guerra Fria

O Estado-providência, o Governo como mestre da economia e o Estado fiscal desenvolveram-se a partir de problemas económicos e sociais e de teorias sociais e económicas. A última das mutações que criou o mega-Estado, o Estado-Guerra Fria, foi uma resposta à tecnologia.

Esta teve origem na decisão alemã de construir, em 1890, em tempo de paz, um meio de dissuasão naval maciço, o que motivou uma corrida aos armamentos. Os alemães sabiam que estavam a assumir um risco político enorme; na realidade, a maior parte dos seus políticos opôs-se à decisão. Mas os almirantes estavam convencidos de que a tecnologia não lhes deixava escolha. Uma armada moderna significava navios revestidos a aço, e esse tipo de barcos tinha de ser construído em tempo de paz. Esperar pelo eclodir de uma guerra, como teria ditado a política tradicional, significava aguardar demasiado tempo.

Desde 1500, mais ou menos, altura em que o cavaleiro se tornou obsoleto, o negócio da guerra passou a exigir armas produzidas durante o tempo de paz, com um prazo de adaptação mínimo. Para a Guerra Civil americana os canhões ainda foram feitos à pressa em oficinas e fábricas adaptadas, já depois de se terem iniciado as hostilidades. A indústria têxtil alterou a produção, praticamente de um dia para o outro, da roupa civil para a militar. De facto, as duas maiores guerras travadas durante a segunda metade do século XIX, a Guerra Civil americana (1861-65) e a Guerra Franco-Prussiana (1870-1871), ainda foram combatidas por civis que envergaram os seus uniformes apenas algumas semanas antes de começarem os combates.

A tecnologia moderna – afirmavam os almirantes alemães de 1890 – mudara tudo isto. A economia de tempo de guerra não poderia continuar a ser uma adaptação da economia do tempo de paz. As duas tinham de ser separadas. Tanto as armas como os soldados tinham de estar disponíveis, e em grandes quantidades, *antes* de rebentarem as hostilidades. Para os obter era necessário um longo tempo de preparação.

A defesa, estava implícito no argumento alemão, deixara de significar que o negócio da guerra podia manter-se afastado da sociedade e da economia civil. Segundo as condições da tecnologia moderna, a defesa significava uma sociedade e uma economia adaptadas a um estado de guerra permanente, ou seja, o "Estado-Guerra Fria".

Um dos observadores políticos mais astuto da viragem do século, o socialista francês Jean Jaurès (1859-1914), compreendeu isto ainda antes da Primeira Guerra Mundial. O presidente americano Woodrow Wilson (1856-1924) apercebeu-se desta nova realidade no decorrer dessa mesma guerra; subjacente à sua proposta de constituição da Liga das Nações, está uma organização permanente de controle dos armamentos. A primeira tentativa de utilizar as instituições militares para esse fim foi a abortada Conferência de Armamento Naval de Washington, em 1923.

Mas mesmo depois da Segunda Guerra Mundial, os Estados Unidos tentaram, durante alguns breves anos, regressar a um estado "normal" de estado de paz. Tentaram desarmar-se tão depressa e tão completamente quanto possível, mas o início da Guerra Fria, na era Truman e Eisenhower, alterou tudo isso. Desde então, o Estado-Guerra Fria tem sido a organização dominante da política internacional.

Por volta de 1960, o mega-Estado tinha-se tornado, em todos os seus aspectos, uma realidade política nos países desenvolvidos; como agente social, como mestre da economia, como Estado fiscal e, na maior parte dos países, como Estado-Guerra Fria.

A *excepção japonesa*

A única excepção foi o Japão. Qualquer que seja a verdade sobre o "Japan Inc." – e pouca verdade existirá quanto àquilo que o Ocidente entende por esse termo –, os japoneses, após a Segunda Guerra Mundial, não optaram pelo Estado-Guerra Fria. O Governo não tentou ser o mestre da economia, nem ser o mestre da sociedade. Em vez disso, depois da esmagadora derrota sofrida, o país foi reconstruído de acordo com as linhas tradicionais do século XIX. Do ponto de vista militar, o Japão não tinha outra escolha. Mas o Japão também quase não criou programas sociais. A única excepção foi o seguro nacional de saúde, imposto pelos americanos vitoriosos durante a ocupação. De facto, o Japão foi o único país desenvolvido – até Margareth Thatcher começar a privatizar a indústria nos anos 80 – onde as empresas previamente nacionalizadas (por exemplo, a siderurgia) voltaram ao domínio privado.

Visto através das lentes da teoria política tradicional do século XVIII e inícios do XIX, o Japão era claramente um país "estadista", mas da mesma forma que a Alemanha e a França o eram em 1880 ou 1890, por oposição ao Reino Unido ou aos Estados Unidos. Na verdade, tinha uma administração pública vastíssima (embora, proporcionalmente, não mais do que a administração pública dos países de língua inglesa). Os serviços governamentais gozavam de imenso prestígio e respeito, como acontecia, em 1890, na Alemanha, no Império Austro-Húngaro ou em França. No Japão, o Governo trabalhou em sintonia com as grandes empresas – tal como os governos do continente europeu trabalharam com interesses económicos nos finais do século XIX e, na realidade, de maneira não muito diferente da usada pelo Governo americano em relação aos negócios ou interesses agrícolas, por volta da viragem do século.

Se tomarmos o mega-Estado como norma – se tomarmos a realidade em vez da teoria como base para avaliar os sistemas políticos –, desde a Segunda Guerra Mundial que o Japão tem sido o país onde o Governo tem tido um papel mais sóbrio e mais reservado. É extremamente poderoso nos termos tradicionais do século XIX. Mostra-se pouco proeminente nas esferas em que se passaram a movimentar os governos do século XX no resto do mundo. No Japão, o Governo ainda funciona em primeiro lugar como um guardião.[3]

---

3. Em 1915, o brilhante sociólogo americano Thorstein Veblen tentou, num livro chamado "Imperial Germany and the Industrial Revolution", explicar a ascensão económica da Alemanha. Dois terços de século mais tarde, um economista americano, Chalmers Johnson, um dos principais especialistas em política económica japonesa, tentou igualmente justificar a ascensão do Japão ao estatuto de grande potência económica num livro intitulado "Miti and Japanese Miracle" (Stanford University Press, 1982). Johnson claramente acredita que as políticas económicas japonesas do período pós-Segunda Guerra Mundial foram uma invenção japonesa e tiveram origem nesse país. Na verdade, as descritas por Veblen como causas do crescimento económico explosivo da Alemanha nos quarenta anos que antecederam a Primeira Guerra Mundial apresentam uma inquietante semelhança com as que Johnson apresenta.

Com excepção do Japão, o mundo inteiro avançou para o mega-Estado. O movimento nessa direcção foi universal, e os países em vias de desenvolvimento seguiram-no rapidamente. Assim que se formava, a partir da dissolução de um império, o novo Estado-nação adoptava de imediato a nova política militar, ou seja, iniciava a implementação, em tempo de paz, de um sistema militar adaptado ao estado de guerra e começava a produzir, ou, pelo menos, a procurar, as armas mais avançadas, necessárias em caso de conflito. Por outro lado, tentava controlar imediatamente a sociedade e usar o mecanismo dos impostos para redistribuir os rendimentos, e por fim, quase sem excepção, tornava-se o gestor e, em grande parte, o dono da economia.

No que diz respeito à liberdade política, intelectual e religiosa, os países totalitários (especialmente os estalinistas) e as democracias (que durante muitos bons anos se limitariam aos países de língua inglesa) eram antíteses totais. Mas, em termos de teoria subjacente de Governo, estes sistemas, na prática, diferiam mais em grau do que em espécie. As democracias diferenciavam-se pelo modo como faziam as coisas, mas não em relação *ao que* devia ser feito. Todos consideravam o Governo como o mestre da sociedade e o mestre da economia. E todos definiam a paz como igual a "Guerra Fria".

O mega-Estado funcionou?

O mega-Estado funcionou? Nas suas manifestações mais extremas, o totalitarismo, em ambas as variantes, quer nazi quer comunista, foi, seguramente, um falhanço total, sem um único aspecto positivo. Pode argumentar-se que o Estado-Guerra Fria funcionou militarmente para a União Soviética – durante quarenta anos foi uma superpotência militar. Mas o peso económico e social do aparelho bélico era tão elevado que se tornou insuportável, o que terá decerto contribuído grandemente para o colapso do comunismo e de todo o Império Soviético.

Mas, teria o mega-Estado funcionado na sua forma muito mais moderada? Será que funcionou nos países desenvolvidos da Europa ocidental e nos Estados Unidos? A resposta é: não muito melhor. De modo geral, foi um fiasco igual ao da Alemanha de Hitler ou da URSS de Estaline.

O mega-Estado teve pouco êxito enquanto Estado fiscal. Em parte alguma foi bem sucedido em conseguir uma redistribuição significativa dos rendimentos. De facto, os últimos quarenta anos confirmaram amplamente a Lei Pareto, segundo a qual a distribuição dos rendimentos entre as principais classes da sociedade é determinada por dois, e apenas dois, factores: a cultura da sociedade e o nível de produtividade da economia. Quanto mais produtiva for uma economia, maior será a igualdade de rendimentos; quanto menos produtiva, maior a desigualdade dos rendimentos. Os impostos, segundo a Lei Pareto, não conseguem alterar isto. Contudo, os defensores do Estado fiscal baseavam a sua teoria na afirmação de que a aplicação de impostos podia permanente e efectivamente alterar a distribuição dos rendimentos. Toda a nossa experiência dos últimos quarenta anos desmente esta asserção.

O caso mais flagrante é a União Soviética, que, oficialmente ao serviço da igualdade, criou uma vasta *nomenklatura* de funcionários privilegiados, que desfrutavam de níveis de rendimentos mais altos dos que qualquer indivíduo rico teria usufruído no tempo dos czares. À medida que a produtividade soviética estagnava, maior se tornava a desigualdade. No entanto, os Estados Unidos são também um bom exemplo. Enquanto a produtividade americana aumentou, até finais dos anos 60 ou inícios dos 70, a igualdade na distribuição dos rendimentos progrediu regularmente. Enquanto os ricos continuavam a ficar mais ricos, os pobres enriqueciam muito mais rapidamente e a classe média mais depressa ainda. Assim que o aumento de produtividade começou a declinar ou a estagnar – isto é, no início da Guerra do Vietname –, a desigualdade aumentou com regularidade, apesar dos impostos. Fez pouca diferença que nos anos de Nixon e Carter os ricos tivessem suportado impostos mais elevados e que nos anos de Reagan os impostos fossem mais leves. Do mesmo modo, no Reino Unido, apesar de um professo empenho no igualitarismo e de um sistema de impostos concebido para minimizar a desigualdade de rendimentos, a distribuição destes tornou-se cada vez menos igualitária nos últimos trinta anos, à medida que a produtividade foi parando de crescer.

Apesar de todas as suas corrupções e escândalos, o país mais igualitário é actualmente o Japão – o país dos aumentos de produtividade mais rápidos e das menores tentativas para redistribuir os rendimentos através dos impostos.

Uma das outras convicções do mega-Estado e da sua moderna teoria, a de que a economia pode ser gerida com êxito se o Governo controlar partes substanciais do rendimento nacional bruto, revelou-se igualmente incorrecta. Os países anglo-saxónicos aderiram totalmente a esta teoria. No entanto, não registaram qualquer declínio no número, gravidade ou extensão das suas recessões. Estas têm sido tantas e tão longas quanto o foram no século XIX. Nos países que não adoptaram a teoria económica moderna (Japão e Alemanha) as crises revelaram-se menos graves e de mais curta duração do que nos países que acreditaram que o excedente ou o défice do Estado, ou seja, as despesas governamentais, gerem eficazmente a economia e podem de forma eficiente amenizar as flutuações cíclicas.[4]

O principal resultado do Estado fiscal é o oposto daquilo que constitui o seu objectivo: os governos de todos os países desenvolvidos – tal como os da maior parte dos países ainda em vias de desenvolvimento – passaram a ser de tal forma gastadores que, num período de recessão, não conseguem aumentar as suas despesas. De acordo com a teoria económica, seria a altura indicada para o fazer, a fim de criar poder de compra e reanimar a economia. Em todos os países desenvolvidos, os governos atingiram os limites da sua capacidade de cobrar impostos e de pedir emprestado. Atingiram esses limites em épocas de desenvolvimento acelerado, durante as quais deveriam, ainda segundo a teoria económica moderna, constituir maiores excedentes. O Estado fiscal esgotou-se até a impotência.

Um outro princípio básico do Estado fiscal também demonstrou ser inválido. A crença de que o total de impostos conseguidos é a única coisa que interessa está no centro da teoria económica keynesiana e das teorias pós-keynesianas. Os últimos quarenta anos têm provado que *aquilo* que é taxado é tão importante como a *quantidade* taxada. Aquilo que os economistas chamam a *incidência do imposto* é decisivo – noção que foi rejeitada desdenhosamente pelos economistas do pós-Segunda Guerra Mundial. (ver também o capítulo 8).[5]

---

4. Um exemplo sempre citado de apoio à teoria económica moderna e à sua capacidade para controlar as recessões, o chamado "corte nos impostos" decretado por Kennedy, no início dos anos 60, nos Estados Unidos, é uma miragem. Não houve nenhum corte de impostos. Na realidade, os impostos federais foram diminuídos, mas, ao mesmo tempo, os Governos estatais e municipais aumentaram-nos, de tal modo que o peso total dos impostos na realidade aumentou. Apesar disso, a economia recuperou, e exactamente no espaço de tempo que teria demorado sem a intervenção estatal.

5. A obra básica sobre este assunto foi escrita, muito antes da Primeira Guerra Mundial, pelo economista americano Edward R. A. Seligman (1861-1939), especialmente no seu clássico "Shifting and Incidence of Taxation", de 1892.

O Estado-fachada

O pior de tudo é que o Estado fiscal se transformou num "Estado-fachada" [6]. Se o Orçamento é elaborado a partir dos gastos, deixa de existir uma disciplina fiscal e as despesas do Governo transformam-se nos meios de que os políticos dispõem para comprarem votos. O argumento mais forte contra o *Ancien Régime*, a monarquia absoluta do século XVIII, era que o rei utilizava o erário público para enriquecer os seus cortesãos favoritos. A responsabilidade fiscal, e, em particular, a orçamental, de uma legislatura eleita foi estabelecida para o Governo se sentir responsável e evitar que os cortesãos saqueassem a riqueza comum. No Estado fiscal, esse saque é feito pelos políticos, para assegurarem a sua própria eleição.

Uma vasta fatia do Orçamento dos Estados Unidos – tanto do Orçamento federal como dos estatais ou municipais – é gasta em subsídios atribuídos a pequenos grupos de eleitores: uma mão-cheia de agricultores de tabaco da Carolina do Norte; um número ainda mais reduzido de produtores de amendoins da Geórgia; alguns cultivadores de cana-de-açúcar da Louisiana; indústrias obsoletas num dos Estados do Midwest; os reformados mais ricos, cerca de 5 por cento do total; proprietários de terras expropriadas, para construir canais e barragens sem qualquer interesse económico; ou a pequena cidade vizinha de uma base do exército sem qualquer significado militar.

Ninguém sabe que percentagem dos gastos do Estado, nos Estados Unidos, é despendida com eleitores sem qualquer objectivo de serviço público – o que, em muitos casos, redunda num sentido totalmente contrário ao do bem comum. Mas é com certeza uma parte elevada tanto do Orçamento federal como do estatal – muito mais do que se possa imaginar. Também no Japão, o papel do político é, cada vez mais, visto como o daquele que desvia largas somas do erário público para pequenos grupos de eleitores, e isso é encarado como um escândalo público.

No entanto, o mais gigantesco e descarado exemplo do Estado-fachada que compra votos aconteceu, no Outono de 1990, na Alemanha, quando o chanceler Helmut Kohl sobrecarregou o seu país

---

6. Pork-barrel state – calão americano que designa os gastos do Governo em melhoramentos com fins de propaganda política. (N.T.)

com a maior dívida pública jamais contraída em tempo de paz para comprar – com êxito – os votos dos seus novos eleitores da ex-RDA. Nessa altura foi extremamente popular, mas, em apenas dois anos, no Outono de 1992, despoletou uma das crises financeiras e monetárias mais severas na Europa, desde a Grande Depressão.

O governo democrático continua a crer que a primeira tarefa dos deputados é defender os seus eleitores contra o Governo ganancioso. Mas o Estado-fachada cada vez mais debilita as fundações de uma sociedade livre. Esses deputados, pelo contrário, despojam os seus eleitores a fim de satisfazerem os interesses especiais de alguns grupos, comprando-lhes assim os votos. Isto é a negação do conceito de cidadania – e começa a ser visto como tal. O facto de que está a minar as fundações de um Governo representativo é revelado pelo declínio progressivo da participação no acto eleitoral. Também é demonstrado pela contínua diminuição do interesse pela função do Governo, pelos problemas, pela política, que se encontra generalizada em todos os países. Em vez disso, cada vez mais, os eleitores votam apenas com base "no proveito que me traz".

Em 1918, Joseph Schumpeter alertava para o perigo de o Estado fiscal acabar por minar a capacidade de o Governo exercer a sua função. Quinze anos mais tarde, Keynes saudava o Estado fiscal como o grande libertador: sem restrições nas despesas, o Governo podia governar eficazmente. Hoje sabemos que Schumpeter tinha razão.

O mega-Estado teve mais êxito na esfera social do que na económica, mas, de qualquer maneira, foi um êxito sofrível. Por outras palavras, as instituições sociais e políticas que funcionaram foram as que, de modo geral, pouco seguiram a doutrina do mega-Estado. Foram as políticas sociais que seguiram as leis e conceitos iniciais. Foram as políticas sociais que *regularam* ou as políticas sociais que *asseguraram* serviços. Não foram as políticas sociais em que o Governo se tornou o prestador do serviço (essas, com raras excepções, foram um fracasso).

No Serviço Nacional de Saúde britânico, o sector que paga aos médicos de clínica geral funciona extremamente bem. Contudo, no que diz respeito à outra parte – a que se ocupa da gestão dos hospitais e dos cuidados de saúde – têm surgido problemas uns atrás dos outros. Os custos são elevados e aumentam rapidamente, como em qualquer outro país. Os doentes têm de esperar meses, e por vezes anos, por uma cirurgia especializada, para corrigir situações que são sérias, mas que não põem em risco a vida, quer seja a fixação de um osso da bacia, um prolapso do útero ou a remoção de uma catarata. Que, durante esses meses ou anos, o paciente tenha dores ou, muitas vezes, esteja incapacitado é irrelevante. Enquanto prestador de serviços, o Estado tornou-se tão incompetente que o Serviço Nacional de Saúde está actualmente a encorajar os hospitais a "subcontratar". O Governo pagará aos hospitais, como faz aos médicos, mas deixará de os gerir.

Igualmente instrutivas são as políticas americanas da guerra contra a pobreza que o presidente Lyndon B. Johnson iniciou, com tão boas intenções, em 1960. Um desses programas funcionou: o Headstart, que paga a organizações independentes e geridas localmente para ensinar crianças com deficiência em idade pré-escolar. Nenhum dos programas que o Governo gere atingiu bons resultados.

As políticas sociais de maior êxito dos últimos dez ou quinze anos foram aquelas em que o Governo – principalmente a nível regional – "subcontratou", quer a uma empresa quer a agências sem fins lucrativos. O número de programas subcontratados com sucesso está a crescer, e rapidamente. Inicialmente, serviços do tipo limpeza de ruas eram geridos desta forma. Mas actualmente o Governo americano está a "subcontratar" programas sociais, como o Headstart ou a reabilitação de jovens delinquentes. Pelo menos nos Estados Unidos assistiremos à crescente contratação fora da escolaridade, com a utilização de "vales" fornecidos aos pais, que decidirão para que escola, pública ou privada, desejam mandar os filhos – o Estado paga aquela que escolherem. Estamos, por outras palavras, a começar a aplicar ao ensino básico aquilo que aprendemos há quarenta anos com a Carta de Direitos do Militar relativamente ao ensino superior. O Governo faz as leis, o Governo estabelece os padrões, o Governo assegura o serviço. Mas o Governo *não presta* esse serviço.

O Estado-Guerra Fria – o fracasso do sucesso

O Estado-Guerra Fria não garantia a "paz": durante os anos do pós-Segunda Guerra Mundial travaram-se tantos "pequenos" conflitos em todo o mundo como em qualquer outro período da história. Mas o Estado-Guerra Fria tornou possível evitar uma grande guerra global, devido ao tremendo arsenal militar que ambas as superpotências possuíam.

A corrida aos armamentos tornou possível o controle das armas. Isto resultou no período da história moderna mais longo sem uma grande guerra. Passaram-se cinquenta anos sem que ocorresse um conflito entre grandes poderes. A paz estabelecida na Conferência de Viena, depois das guerras napoleónicas – tão celebrada pelos actuais *"real politicians"* como Henry Kissinger –, manteve a paz entre as grandes potências durante trinta e oito anos, desde 1815 até à eclosão da Guerra da Crimeia, em 1853. Depois de quase vinte anos de grandes conflitos – a Guerra Civil americana, a guerra entre a Prússia e a Áustria, a guerra entre a França e a Alemanha –, decorreram quarenta e três, de 1871 a 1914, durante os quais nenhuma grande potência lutou contra outra (com excepção do conflito entre o Japão e a Rússia, em 1905; mas nessa altura o Japão não era considerado uma grande potência e só passou a sê-lo depois dessa guerra). Entre a Primeira e a Segunda Grande Guerra Mundial decorreram apenas vinte e um anos. Os quase cinquenta anos que se seguiram a 1945, durante os quais nenhuma grande potência lutou contra outra, foram um recorde. Precisamente porque as grandes potências se tinham tornado Estados-Guerra Fria, podiam controlar os armamentos e, por isso mesmo, assegurar-se de que nenhuma delas se arriscaria a provocar um grande conflito.

O melhor exemplo é a Crise dos Mísseis em Cuba, em grande parte originada por o presidente John F. Kennedy não ter enfrentado a URSS relativamente ao Muro de Berlim e pelos seus erros de cálculo e vacilações no caso da invasão da Baía dos Porcos. Isto convenceu Khrushchev de que os Estados Unidos aceitariam o estabelecimento de uma base nuclear soviética no hemisfério ocidental. Logo que se tornou claro que os EUA não tolerariam tal provocação, os russos recuaram – e porque Khrushchev tinha avaliado mal a situação, arriscando-se a um conflito com outra grande potência, foi derrubado pelos seus próprios militares pouco tempo depois.

Os cinquenta anos posteriores à Segunda Guerra Mundial provaram inteiramente os pressupostos básicos do Estado-Guerra Fria. As armas das guerras modernas não podiam ser produzidas nas mesmas instalações onde se fabricavam os bens necessários em tempo de paz. Não podiam ser feitas convertendo instalações civis para a produção em tempo de guerra, como acontecera em grande escala durante a Segunda Guerra Mundial. Por outro lado, as instalações que produziam o moderno material bélico, quer se tratasse de aviões, "bombas inteligentes" ou mísseis teleguiados, tinham de ser construídas antes de existir uma guerra ou até mesmo antes de surgir uma ameaça de conflito.

Para provar a validade destes pressupostos, basta citar a guerra de 1991, contra o Iraque. Nenhuma das armas que paralisaram aquela que era uma das forças militares mais numerosas do mundo, e que decidiram a contenda em tempo extremamente reduzido (batendo o recorde estabelecido em 1866, quando os prussianos derrotaram os austríacos em quatro semanas) poderia ter sido produzida em instalações civis. Cada sistema de armamento precisou de, pelo menos, dez anos de pesquisa e trabalho, e, na maior parte dos casos, de quinze, antes de poderem ser eficazes no campo de batalha.

Não é possível regressar aos pressupostos em que o Estado-nação se fundou: de que uma pequena força militar reforçada por reservistas é tudo o que é necessário para resistir enquanto os equipamentos económicos civis são convertidos em indústrias de guerra.

Mas os cinquenta anos durante os quais o Estado-Guerra Fria funcionou também terminaram. Mais do que nunca, precisamos de controle de armamento. Não há regresso possível à "paz" se definida como ausência de poderio militar. A inocência, uma vez perdida, não pode ser recuperada. Mas o chamado Estado-Guerra Fria já não é sustentável. Já não funciona.

O Estado-Guerra Fria tornou-se, do ponto de vista económico, autodestrutivo. A União Soviética, como já vimos, conseguiu construir com sucesso uma força militar extremamente poderosa. Porém, o esforço que esta força militar impunha tornou-se de tal forma intoleravelmente pesado que acabou por desempenhar um papel importante no colapso da economia e sociedade soviéticas.

Agora, o esforço está a tornar-se igualmente pesado para os Estados Unidos. É vulgarmente aceite que uma das principais razões por que o Japão e a Alemanha se estão a sair bem economicamente, enquanto os EUA ficam para trás, são os encargos com a defesa dos EUA. Este esforço económico – 5 ou 6 por cento do PNB – é um problema menor. O problema mais complicado é o desvio dos recursos mais raros (os cientistas e os engenheiros especializados) para trabalho de defesa, que é economicamente improdutivo. Nos EUA, 70 por cento de todo o capital aplicado na investigação e desenvolvimento científico é gasto na defesa, contra os 5 por cento que o Japão despende. Isto implica ainda outra diferença qualitativa ainda mais importante. A investigação na área da defesa nos EUA atraiu os melhores e mais brilhantes cientistas e engenheiros, privando assim a economia americana do seu alimento mais necessário, o conhecimento. Enquanto os técnicos americanos mais qualificados trabalhavam em "bombas inteligentes", os seus pares japoneses dedicavam-se a aperfeiçoar a máquina de fax ou a eliminar os ruídos das portas dos automóveis. Os produtos do tempo de paz e os do tempo de guerra deixaram de ser produzidos pelas mesmas tecnologias, pelos mesmos processos ou pelas mesmas instalações. Não existe por isso muito, se é que há algum, "seguimento". Os Estados Unidos gastaram somas enormes na "transferência de tecnologia" da investigação militar para produtos civis. Os resultados situaram-se próximo do zero.

Ainda piores foram os efeitos do Estado-Guerra Fria no desenvolvimento económico, pois não existe qualquer dúvida de que a América Latina, muito mais do que o Leste asiático, poderia ter sido um "milagre económico" entre os anos 60 a 70, se o capital e as pessoas qualificadas, nesses países, não tivessem sido desperdiçados na formação de exércitos imensos e sem qualquer valor militar.

Uma nação, mesmo a mais rica, que gaste em tempo de paz mais do que 2 ou 2,5 por cento do seu PNB em armamento (mesmo assim o dobro do que o Japão despende) não pode manter-se competitiva durante muito tempo no mundo económico. Estará sob uma crescente pressão inflacionária, por isso, nem deverá ser considerada como *merecedora de crédito*.

Mesmo militarmente, o Estado-Guerra Fria já não funciona. De facto, deixou de poder garantir o controle das armas. Até as nações mais pequenas não podem ser impedidas de ter armas de destruição maciça – sejam nucleares, químicas ou biológicas. A preocupação em relação a como controlar o arsenal nuclear da União Soviético à medida que o império se desintegra em Estados-nações individuais é apenas uma indicação disto, como também o é o facto de um sem número de países, embora praticamente insignificantes em termos de população ou força económica, estarem a adquirir rapidamente armamento nuclear, químico e biológico; o Iraque foi um exemplo; a Líbia, outro; tal como o são o Irão, a Coreia do Norte e o Paquistão. Estes pequenos países não poderiam evidentemente, ganhar uma guerra contra uma grande potência – como Saddam Hussein ainda acreditava. Mas podem tornar-se chantagistas e terroristas internacionais. Com estes países a servirem de base a pequenos bandos de aventureiros (na realidade, piratas de terra) podem fazer do mundo seu refém.

O controle das armas não pode ser exercido através do Estado-
-Guerra Fria, como aconteceu durante o meio século que se seguiu
à Segunda Guerra Mundial. A não ser que o controle de armas se torne transnacional, não pode ser exercido – o que torna o conflito global praticamente inevitável, mesmo que as maiores potências consigam ainda evitar a guerra quente entre elas.

Contrariamente ao que acontece com o Estado fiscal e com o Estado-ama, o Estado-Guerra Fria não foi um fracasso total. De facto, se o objectivo de política nacional, na era das armas absolutas, era evitar uma terceira guerra mundial, então pode ser considerado um sucesso – aliás, o único sucesso do mega-Estado. Mas, terminado este sucesso, transformou-se, económica e militarmente, num fracasso.

O mega-Estado chegou assim a um beco sem saída. E não há possibilidade de regresso ao Estado-nação de ontem, como os neoconservadores ou os economistas da escola austríaca (como Ludwig von Mises ou Frederick Hayek) quereriam que acreditássemos. Porque há novas forças a nascer que levarão vantagem e, simultaneamente, debilitarão o Estado-nação.

7. Transnacionalismo, Regionalismo e Tribalismo

Mesmo antes da Primeira Guerra Mundial, os políticos e politólogos já tinham avisado que o Estado-nação iria passar de moda e que eram necessárias instituições supranacionais. Na realidade, o século XIX já tinha criado algumas. Nos séculos anteriores, os tratados eram entre dois Estados; no século XIX subscreveram-se acordos multinacionais, um atrás do outro. Na primeira metade do século produziram-se convenções multinacionais para eliminar a pirataria, acabar com o mercado de escravos e garantir a liberdade nos mares. Na segunda metade do século, os tratados multinacionais criados – que deram origem, por exemplo à União Postal Internacional e à Cruz Vermelha Internacional – colocavam, pela primeira vez, instituições supranacionais à frente das nacionais. Depois, nos primeiros anos do século XX, o Tribunal Internacional de Haia foi estabelecido e foi-lhe dado poder judicial sobre conflitos entre Estados nacionais. Estes tratados de organizações não nacionais ou transnacionais foram, todavia, considerados como relacionados com assuntos "técnicos", e como tal não infringiam a soberania nacional. (Isto era pura ficção. Foi dado o direito à Cruz Vermelha Internacional de inspeccionar os campos de prisioneiros em tempo de guerra e ao Tribunal de Haia foi atribuída jurisdição sobre os litígios fronteiriços entre Estados nacionais)

Depois da Primeira Guerra Mundial, assumiu-se convencionalmente que o Estado-nação era obsoleto. Esta crença sublinhava a tentativa de criar uma primeira organização declaradamente supranacional, a Liga das Nações, que logo se provou impotente. E as Nações Unidas, estabelecidas depois da Segunda Guerra Mundial, durante os seus primeiros quarenta anos de existência foram, antes de mais, uma arena onde as superpotências lutavam entre si. A tentativa feita a seguir à Segunda Guerra Mundial de criar uma moeda transnacional foi patrocinada por John Maynard Keynes nos seus últimos meses de vida. Foi rejeitada pelos americanos. Por sua vez, a proposta dos americanos para transnacionalizar o átomo – o plano Baruch para transnacionalizar o controle da energia nuclear e das armas nucleares – foi rejeitada pelos russos. Assim, a invenção de maior sucesso do pós-Segunda Guerra seria o GATT-General Agreement on Trade and Tariffs (Acordo Geral de Tarifas e Comércio), embora o seu objectivo de impor o transnacionalismo numa área central de soberania – o comércio externo – raramente se sobrepusesse aos interesses de cada nação.

Em vez disso, a seguir à Segunda Guerra Mundial, primeiro assistimos a um crescimento explosivo do número de Estados-nações, dado que todos os países resultantes do desmembramento dos impérios anteriores à guerra se organizaram segundo essa lógica, e, em segundo lugar, a uma mutação destes Estados-nações para mega-Estados.

Contudo, nas últimas décadas, a começar talvez nos anos 70, o Estado-nação começou a desfazer-se. Já tinha sido ultrapassado em áreas cruciais, onde a "soberania" havia perdido o sentido. Cada vez mais, os governos enfrentavam desafios que não podiam ser resolvidos através de uma actuação nacional ou mesmo internacional – exigiam instituições *transnacionais* dotadas de "soberania" própria.

Cada vez mais, o *regionalismo* está a pôr de lado o Estado-nação, que, por sua vez, está a ser minado pelo *tribalismo* a nível interno.

O capital não tem pátria...

"O capital não tem pátria" é um velho ditado. Mas o Estado-nação foi inventado, em grande parte, para refutar isso. O controle monetário estava bem no centro daquilo que veio a designar-se por "soberania". No entanto, o capital tomou o freio nos dentes, tornou-se transnacional. Deixou de poder ser controlado pelos Estados-nações ou mesmo através das suas actuações conjuntas.

Nenhum banco central consegue controlar fluxos de capital. Contudo, em relação a estes, os factores políticos começam a ser tão importantes quanto as taxas de juro. O montante de capital fora do controle de qualquer banco central, ou seja, o montante de capital transaccionado todos os dias nos mercados transnacionais (a Bolsa de Valores de Nova Iorque ou o mercado interbancário de Londres), excede de tal forma os montantes necessários para financiar as transacções nacionais e internacionais que este fluxo foge a qualquer tentativa de controlo ou limitação, quanto mais de gestão.

... *nem a informação*

A informação não fazia parte das características da soberania enunciadas por Bodin – quase não existia nos finais do século XVI. Mas quando os *mass media* emergiram, neste século, o controle da informação passou a ser visto como essencial pelos novos praticantes da soberania nacional – os totalitários. Começando com Lenine, todos eles – Mussolini, Estaline, Hitler – tentaram exercer o controle total sobre a informação. E nos países democráticos, dominar a informação (especialmente da televisão) tornou-se cada vez mais a arte fundamental dos políticos e da política.

Hoje, a informação é totalmente transnacional – tal como o capital. Os governos ainda conseguem controlar os noticiários, mas mesmo na Alemanha, durante a Segunda Guerra Mundial, pode ter havido tanta gente a ouvir clandestinamente a BBC como a ouvir o chefe da propaganda nazi, Joseph Goebbels, nos noticiários da noite. Contudo, os noticiários são cada vez mais uma pequena parte da "informação". Quaisquer trinta segundos de publicidade, quaisquer dezoito minutos de uma telenovela contêm tanta informação como o noticiário mais cuidadosamente controlado – talvez mais, até. Já não existem mais fronteiras nacionais à informação. Seguramente, a crescente incapacidade, por parte do regime mais ditatorial da história, de controlar o acesso à informação foi um factor determinante para o colapso do comunismo e do império soviético.

A informação pode ser distorcida. O retrato da vida americana veiculado por uma das séries de televisão mais populares do mundo, "Dallas", não chega a ser sequer uma caricatura. Mas isso não altera o facto de ter sido vista por mais gente em mais países do que qualquer outro tipo de "mensagem". Mesmo a China comunista não a conseguiu impedir de passar nas televisões. Em poucos anos, com as parabólicas a ficarem cada vez mais pequenas, nenhuma polícia secreta conseguirá evitar o seu uso dentro das casas, e com satélites a transmitir programas para qualquer ponto do globo, a informação, no bom e no mau sentido, tornou-se verdadeiramente transnacional e está totalmente fora do controle de qualquer país. Países preocupados com a integridade da sua cultura própria (o Japão ou a França, por exemplo) tentarão proteger a sua soberania e controlar a informação popular. Mas é bastante claro que serão tentativas vãs.

Talvez seja possível restaurar o controle sobre o capital através de uma instituição transnacional. A Comunidade Europeia propõe a formação do Banco Central Europeu e uma moeda comum. Isso seria equivalente ao controle transnacional da economia e da política de impostos, o que reduziria cada Estado-membro, nessas esferas de acção, à posição de um administrador local. Relativamente à informação, é impossível existir esse tipo de instituição transnacional – nem mesmo com um ditador mundial. A tecnologia moderna muniu o indivíduo de meios para contornar o controle totalitário da informação. Banir as máquinas de fax e as fotocopiadoras foi a última tentativa desesperada dos comunistas para manter o controle da informação. Conduziu apenas ao aparecimento de publicações clandestinas, os *samizdat*, manuscritos copiados à mão por centenas ou milhares de estudantes e que circulavam livremente por toda a União Soviética. A partir do momento em que as pessoas têm computadores portáteis, telefones, fotocopiadoras e leitores de videocassetes em sua posse e em casa (já para não falar dos receptores de televisão capazes de receber mensagens de qualquer satélite), deixa de existir a possibilidade de restabelecer o controle da informação.

O capital transnacional ultrapassará o Estado-nação, tornando nula a sua política económica. Tal como uma informação transnacional ultrapassará o Estado-nação também, minando (na verdade, destruindo) a equivalência entre identidade "nacional" e identidade "cultural". "O que significa ser francês, se a maior parte deles prefere Charlie Chaplin a qualquer peça escrita por um compatriota e produzida em França?", perguntava um crítico, quando apareceram os primeiros filmes, nos anos 20. Na verdade, actualmente, os franceses – e os americanos, os ingleses, os alemães, os russos, os japoneses e os chineses – preferem os sucessores de Charlie Chaplin, as comédias de costumes ou os "docudramas" a qualquer coisa produzida no seu próprio país. A "cultura intelectual" tornou-se tão supranacional como a "cultura popular". Há tanta mensagem na arquitectura como num *show* de TV ou num noticiário; e hoje há pouca diferença entre os edifícios de escritórios construídos em Tóquio, em Dallas ou em Dusseldorf.

Necessidades transnacionais: o ambiente

Existe uma necessidade crescente de criar instituições verdadeiramente transnacionais, que, na sua esfera, transcendam o Estado-nação. Estas podem – na realidade, devem – tomar decisões e actuar numa vasta gama de áreas que ultrapassam a barreira da soberania e controlam directamente os cidadãos e as organizações de um Estado-nação. Estas decisões marginalizam o Estado-nação, ou transformam-no num agente das instituições transnacionais.

A primeira destas áreas é o ambiente. São necessárias acções locais para evitar a poluição destruidora. Mas a maior ameaça ao ambiente não é a poluição local – quer se trate das descargas de uma fábrica de papel, dos detritos lançados nos oceanos pelos esgotos, ou da utilização de pesticidas e fertilizantes nas explorações agrícolas. O maior perigo é a destruição do habitat humano, da atmosfera, das florestas tropicais – que são os pulmões da Terra –, dos mares, da água e do ar, enfim, de tudo aquilo de que a humanidade depende. Existe a necessidade urgente de equilibrar a protecção do ambiente com a procura do mundo em desenvolvimento, cuja população está a crescer rapidamente.

Estes não são desafios que possam ser resolvidos no interior das fronteiras de um Estado nacional. A poluição não conhece fronteiras, tal como o capital e a informação.

As florestas na Escandinávia, que devem ser o maior recurso natural da Europa, estão a ser destruídas pela poluição produzida na Escócia, na Bélgica e na ex-Alemanha de Leste. A chuva ácida que ataca as árvores do Canadá, talvez a maior reserva da América do Norte, tem origem no Midwest americano. Mas manter as florestas tropicais da Amazónia significa, de facto, impor severas limitações de curto prazo à capacidade de uma população brasileira em crescimento se auto-alimentar. Quem pagaria isso? E como?

Acabar com o terrorismo

A seguir ao ambiente, vem a necessidade crescente de empreender acções transnacionais e criar instituições para eliminar o regresso aos exércitos privados e ao terrorismo. A operação militar contra o Iraque, no Inverno e Primavera de 1991, pode ter sido o ponto de partida. A invasão do Koweit pelo Iraque só significou uma ameaça para um número muito reduzido de países; *não* constituiu uma ameaça para os EUA, nem para qualquer país desenvolvido. De facto, e pela primeira vez na história, praticamente todos os Estados-nações agiram em conjunto para combater um acto de terrorismo – porque foi isso que esta invasão representou.

Hoje, os exércitos privados regressaram, depois de uma ausência de quase quatrocentos anos. No século XVII, o Japão (por volta de 1600) e a Europa, cinquenta anos mais tarde, decidiram que só o Estado-nação podia ter o direito de manter uma força militar. Mas com as armas nucleares, químicas e biológicas, os exércitos privados voltaram a ser possíveis. O terrorismo é uma ameaça terrível, já que pequenos grupos podem manter como reféns países poderosos. Uma bomba nuclear coloca-se facilmente num cacifo ou num marco do correio em qualquer grande cidade, para ser accionada por controle remoto; o mesmo pode suceder com uma bomba bacteriológica, que contenha antrax suficiente para matar milhares de pessoas ou contaminar as reservas de água de uma grande cidade, tornando-a inabitável.

Há vinte anos, muitos países, principalmente os comunistas, pensavam que o terrorismo podia ser utilizado como uma ferramenta de política nacional. E restam poucas dúvidas, por exemplo, de que os grupos terroristas da Alemanha Ocidental eram recrutados, financiados e treinados na Alemanha de Leste. Ou que o Iraque, o Irão, a Síria e a Líbia procediam de modo idêntico para aterrorizar o mundo ocidental, e principalmente os Estados Unidos.

Neste momento, a maior parte dos países – embora não todos – perceberam que isto era contraproducente. Mas não é suficiente não apoiar o terrorismo. O que é necessário para controlar a ameaça do terrorismo é uma acção que transcende qualquer Estado soberano. Existe um precedente: os tratados do século XIX que eliminaram o comércio de escravos e fizeram da pirataria dos mares uma ofensa transnacional.

O controle das armas

Em terceiro lugar – e estreitamente ligada à eliminação do terrorismo – surge a necessidade do controle das armas, que discutimos no capítulo anterior.

Por último, deve ou não criar-se uma instância transnacional para vigiar e reforçar os direitos humanos? Uma instituição deste tipo teria, por exemplo, sido capaz de evitar o Holocausto de Hitler? Ou a "limpeza étnica" dos muçulmanos e croatas levada a cabo pelos sérvios na antiga Jugoslávia? Jimmy Carter, quando presidente dos Estados Unidos nos anos 70, apoiou claramente essa instituição. A questão que tornou de novo este assunto pertinente é a ameaça que existe em relação a muitos países prósperos de serem inundados por milhões de refugiados, a não ser que uma actuação transnacional ponha fim às perseguições raciais, religiosas, políticas e étnicas.

Já devemos ter avançado mais no sentido do transnacionalismo do que a maior parte das pessoas – e sobretudo dos políticos – julgaria ser possível. No que respeita ao ambiente, estamos perto de empreender uma acção transnacional para evitar, ou, pelo menos, diminuir, a destruição da camada de ozono e o "efeito de estufa", ou seja, o aquecimento global. Estamos perto de uma actuação transnacional para proteger os grandes oceanos e os seus recursos. E já existe um tratado multilateral para preservar a Antárctida.

No que diz respeito ao terrorismo e ao controle de armas, o ponto de viragem poderá ter sido a Guerra do Golfo, e principalmente o facto de se ter confiado a destruição das armas de terror iraquianas (nucleares, químicas e biológicas) não a um exército exclusivamente americano, mas às Nações Unidas. Ainda antes disso – e numa iniciativa sem precedentes, que foi contra todos os princípios legais iniciais da América – o Governo americano propôs a criação de um tribunal criminal internacional com jurisdição sobre actos de terrorismo cometidos em qualquer lugar. O novo governo da República Russa fez renascer o Plano Baruch, de 1947, e lançou a ideia de o controle de todas as armas nucleares mundiais ser entregue a uma instância transnacional, o que poderia, de facto, ter como resultado a eliminação dessas armas e da possibilidade de qualquer país as construir.

Como desenhar estas instituições transnacionais ainda pertence ao futuro e também ignoramos a que velocidade cada uma delas se irá desenvolver. Possivelmente será preciso esperar que alguma catástrofe aconteça para os governos aceitarem subordinar-se a essas instituições e às suas decisões. Assim, o desenvolvimento dessas instituições transnacionais, a decisão quanto às suas esferas de acção, à sua constituição, aos seus poderes, ao seu relacionamento com os governos nacionais, ao seu financiamento (deverão, por exemplo, deter um sistema fiscal próprio?) são questões que ainda pertencem ao futuro. Estamos, na realidade, totalmente desprevenidos – como disso é testemunha a querela absurda sobre quem vai pagar, e que parcela, os custos da acção militar no Iraque, em 1991. Todavia, é previsível que a concepção e a criação de instituições transnacionais seja um assunto político central das próximas décadas, o que significa que a *limitação da soberania* será um assunto central nas relações internacionais, tal como na política nacional e negócios estrangeiros.

Regionalismo: a nova realidade

O internacionalismo já não é utopia: está no horizonte, ainda que vagamente. O regionalismo é já uma realidade, embora não origine um super-Estado cujo Governo *substitui* o Governo nacional. Em vez disso, cria *instâncias* de âmbito regional que superam este último em áreas importantes e o tornam progressivamente irrelevante.

A tendência para o regionalismo foi desencadeada pela Comunidade Europeia (CE), mas não se limita a ela. A Comunidade Europeia começou por ser Comunidade *Económica* Europeia (CEE), ou seja, uma organização puramente económica. Foi assumindo cada vez mais funções políticas e está prestes a criar um Banco Central e uma moeda europeia. Chamou a si a jurisdição sobre o acesso ao comércio e às profissões: sobre fusões e aquisições, sobre legislação social e sobre tudo o que venha a constituir-se como "barreira não tarifária" à livre circulação de bens, serviços e pessoas. E está a caminho de formar um exército europeu.

A Comunidade Europeia deu também origem à tentativa de criar uma comunidade económica semelhante na América do Norte, constituída a partir dos Estados Unidos e integrando o Canadá e o México num mercado comum. Até ao momento esta tentativa é, nos seus objectivos, puramente económica, mas dificilmente permanecerá como tal a longo prazo.

O que torna isto importante é que o impulso para a formação de uma comunidade económica norte-americana não veio dos Estados Unidos, mas do México. No entanto, durante cento e cinquenta anos, desde que o México foi unificado sob a presidência de Benito Juárez, o objectivo da política mexicana foi colocar-se à máxima distância possível do seu grande vizinho do Norte, totalmente diferente e muito mais desenvolvido. Não há, em todo o mundo, dois Estados contíguos tão diferentes como o México e os Estados Unidos, na língua, na religião e, acima de tudo, na cultura, nos valores e na tradição. Todavia, o México aceitou, ao fim de século e meio, que a sua política isolacionista tinha redundado em fracasso e que, para sobreviver como país e como civilização, precisava de se integrar, pelo menos economicamente, com o grande, diferente e perigoso vizinho do Norte.

O tratado que o Governo mexicano propôs no sentido de formar uma união alfandegária entre o México e os outros países da América do Norte – os Estados Unidos e o Canadá – pode ter dificuldade em se concretizar. Porém, a integração económica dos três países numa região está a avançar tão rapidamente que será pouco importante se este casamento é abençoado ou não.

O mesmo acontecerá progressivamente no Leste Asiático. A única questão é se existirá apenas uma ou, pelo contrário, várias destas regiões económicas. Pode existir uma região na qual o litoral da China e os países do Sudeste Asiático se juntem à volta do Japão. Também é possível que o rápido crescimento do litoral da China, com cerca de dois quintos da população chinesa e responsável por perto de dois terços do PNB da China – desde Tsientin, no Norte, a Cantão, no Sul –, se constitua a si próprio como uma região autónoma – formando o Japão e o Sudeste Asiático uma segunda região.

Assim, a questão-chave dos anos 90 e dos primeiros anos do século XXI será descobrir qual o caminho por que a Ásia vai enveredar.

Existe igualmente um movimento crescente no sentido das "mini-regiões". Assim que o império soviético se desintegrou, os Estados "turcos" daí resultantes propuseram que fosse criada uma região com centro no país turco mais desenvolvido, ou seja, a Turquia. Do mesmo modo, assim que os três países bálticos – Lituânia, Letónia e Estónia – se desligaram do império soviético, começaram a falar de "região báltica", à qual deveriam juntar-se os seus vizinhos escandinavos – sobretudo a Finlândia e a Suécia. Uma mini-região semelhante, abrangendo os povos e nações do Sudeste Asiático (Malásia, Singapura, Indonésia, Filipinas, Tailândia) foi proposta pelo primeiro-ministro da Malásia. E aquilo que o primeiro-ministro russo também deseja e tenta fazer avançar é uma região económica que substitua a velha União Soviética.

Contudo, o facto de poderem vir a existir três, quatro ou mais destas regiões é menos importante do que a irreversibilidade do movimento no sentido do regionalismo. É também inevitável como nova realidade económica. Na economia do conhecimento, nem o proteccionismo tradicional nem o comércio livre tradicional podem funcionar por si próprios. O que é necessário é a existência de uma unidade económica tão grande que possa promover no seu interior um comércio livre significativo e uma competição forte. Esta unidade tem de ser suficientemente grande para permitir o desenvolvimento de indústrias de alta tecnologia sob um elevado grau de protecção. A razão para isso reside na natureza dessa alta tecnologia, ou seja, da indústria do conhecimento.

A indústria de alta tecnologia não segue a lei da oferta e da procura da economia clássica, neo-clássica e keynesiana. Nesses casos, os custos de produção crescem proporcionalmente ao volume de produção. Em contraste, nas indústrias de alta tecnologia esses custos *descem*, e muito depressa, à medida que o volume de produção aumenta – aquilo a que agora se chama a "curva da aprendizagem" (ver a análise feita no capítulo 10).

O significado disto é que a indústria de alta tecnologia pode constituir-se a si própria de um modo tal que destruirá qualquer concorrente – aquilo a que uma vez chamei "concorrência hostil" *(adversarial trade)*. Se isto acontecer não há qualquer hipótese de recuperação para a indústria derrotada, que deixa de existir. Simultaneamente, e por isso mesmo, esta nova indústria de alta tecnologia precisa de ter concorrência e desafios suficientes – de outro modo não cresce nem se desenvolve; torna-se monopolista, preguiçosa e rapidamente obsoleta. A economia do conhecimento exige unidades económicas substancialmente maiores do que as de um Estado-nação razoavelmente grande; de outro modo não existirá competição. Mas também precisa de ter capacidade para proteger a indústria e para conduzir o comércio com outros blocos comerciais com base mais na reciprocidade do que no mercado livre ou proteccionista. Esta é uma situação sem precedentes – o que torna o regionalismo tanto inevitável como irreversível.

No entanto, a Comunidade Europeia demonstra que o regionalismo não é simplesmente "internacional". Tem de criar instituições transnacionais e, naturalmente, supranacionais.

Uma breve análise revelará que as diversas regiões, tal como estão a surgir, são muito diferentes entre si. A Comunidade Europeia, por exemplo, está construída à volta de um pequeno número de países — Inglaterra, Alemanha, França, Itália e Espanha — de um modo geral comparáveis em dimensão e população e que, apesar das grandes diferenças em riqueza, ainda aparecem dispostos ao longo de um contínuo de desenvolvimento económico. Por exemplo, a empresa espanhola mais desenvolvida encontra-se mais avançada do que a média empresa alemã.

A comunidade económica da América do Norte já será muito diferente. Em população, os três parceiros variam de 250 milhões de pessoas dos Estados Unidos a um décimo deste número no Canadá. Os três diferem entre si no que respeita ao desenvolvimento económico — certas zonas norte-americanas são das mais ricas do mundo, ao passo que no México, principalmente no Sul, estão algumas das mais pobres e menos desenvolvidas.

Quanto às regiões económicas da Ásia, serão ainda mais diferentes. Não partilham sequer uma herança cultural comum — a Indonésia ou a Malásia nunca fizeram parte da cultura confuciana. Mas criaram vastas áreas que estão unidas como resposta ao mundo exterior e capazes de ser "recíprocas", isto é, de serem simultaneamente abertas e proteccionistas.

Estas regiões não vão *substituir* o Estado-nação, mas vão ultrapassá-lo.

O regresso ao tribalismo

O internacionalismo e o regionalismo desafiam a soberania do Estado-nação pelo exterior. O tribalismo mina-o por dentro, enfraquece o seu poder integrador — na realidade, ameaça a substituição da nação pela tribo.

Nos Estados Unidos, que sempre foi um país de emigrantes, o tribalismo manifesta-se na crescente ênfase dada à diversidade, em detrimento da unidade. Todos os grupos de emigrantes foram primeiro considerados "estrangeiros" e como tal discriminados, até que, duas gerações mais tarde, se tinham transformado em "pessoas normais" – a começar pelos irlandeses, entre 1830 e 1840. A América era um *melting pot* (caldeirão de fusão). Nos últimos trinta anos, este conceito ficou totalmente fora de moda. Agora a "diversidade" é a mensagem que se apregoa e pratica. Qualquer tentativa para transformar novos grupos em "americanos" é que é considerada discriminação, precisamente ao contrário do que sucedia há apenas sessenta anos – em que qualquer tentativa para evitar que estes grupos se tornassem "americanos" era visto como discriminação. Quer os novos grupos sejam europeus ou asiáticos, negros, mestiços ou brancos, católicos ou budistas, a ênfase agora é colocada na manutenção da sua identidade, não os encorajando, e muito menos forçando, a tornarem-se "americanos".

Isto não é de modo algum um fenómeno exclusivo dos Estados Unidos e não pode ser explicado puramente nesses termos (embora seja claro que, como tudo na sociedade americana, o problema de base – o relacionamento entre brancos e negros – constitua o fulcro do fenómeno).

O tribalismo é ainda mais violento na Europa: afogou a Jugoslávia numa sangrenta guerra civil e ameaça transformar-se também em guerra civil no ex-império soviético, enquanto os escoceses desejam separar-se do Reino Unido, os eslavos exigem autonomia e querem separar-se dos checos e a Bélgica está dilacerada por querelas entre flamengos e valões. Pequenos grupos étnicos que nunca tinham sido discriminados exigem "autonomia cultural" – por exemplo, os 150 mil sórbios que vivem nas florestas a sul de Berlim e que são os últimos descendentes das tribos eslavas que habitavam o Norte da Alemanha há mais de mil anos.

O tribalismo como fenómeno tornou-se universal. O Canadá irá sobreviver a este século ou separar-se-á em duas partes – uma de língua inglesa e outra de idioma francês? Ou mesmo em quatro: o Quebec francês, Ontário e Manitoba, de língua inglesa, as províncias da Prairie e a Colúmbia Britânica? (Para onde irá a região de Maritimes? E a Terranova?) A Índia manter-se-á politicamente unida? A Córsega e a Bretanha continuarão francesas? Os lapões do Norte da Finlândia e do Norte da Suécia ganharão autonomia? O México fica como está, ou o Sul índio vai separar-se do Norte hispânico? Esta lista não acaba.

Uma das razões desta tendência para o tribalismo reside no facto de que ser-se grande deixou de oferecer vantagens. Na era da guerra nuclear, nem mesmo o maior dos países consegue defender os seus cidadãos. Até o mais pequeno – e Israel é um exemplo – é capaz de construir armas de terror.

Agora que o capital e a informação se tornaram transnacionais, mesmo as unidades mais pequenas são economicamente viáveis. Quer as grandes, quer as pequenas têm igual acesso ao capital e informação. De facto, as verdadeiras "histórias de sucesso" nos últimos 30 anos têm sido os países muito pequenos.

Nos anos 20, a república da Áustria, ou seja, o que restava do Império Austro-Húngaro, era universalmente considerada pequena demais para ser economicamente viável, com menos de 6 milhões de habitantes. Este foi um dos principais argumentos dos próprios austríacos a favor da anexação por Hitler. A Áustria dos anos 20/30 estava numa situação económica deplorável, com um desemprego crónico superior a 20 por cento. A Áustria do pós-Segunda Guerra Mundial é pouco maior. Para além disso, perdeu a área comercial que ainda detinha nos anos 20, ou seja, os Estados que haviam sucedido ao anterior Império Austro-Húngaro, e que se tornaram comunistas. Apesar de tudo, a Áustria do pós-Segunda Guerra Mundial tornou-se num dos países mais prósperos da Europa.

O mesmo aconteceu com a Finlândia – igualmente pequena –, a Suécia ou a Suíça, não falando já de Hong Kong e Singapura, que se saíram ainda melhor. Há vinte anos, os nacionalistas mais fervorosos das três repúblicas bálticas que Estaline anexou em 1940 não acreditavam que pudessem sobreviver economicamente por si próprios, mas agora poucos duvidam disso. O mesmo se aplica ao Quebec canadiano.

Afinal, um país pequeno pode, actualmente, integrar-se numa região económica e, desse modo, ter o melhor dos dois mundos: independência cultural e política e integração económica; não sendo seguramente por coincidência que o minúsculo Luxemburgo se tornou o mais fervoroso "europeu" de todos eles.

A necessidade de raízes

A principal razão para o tribalismo não é política nem económica – é existencial, pois, num mundo transnacional, as pessoas precisam de raízes e de se inserirem numa comunidade.

Todos os espanhóis instruídos conhecem o castelhano (que, fora de Espanha, se chama espanhol), mas a língua que falam cada vez mais – na escola, em casa e mesmo nas empresas – é o catalão, o basco, o galego ou o andaluz. Esta mudança pode ser uma simples alteração na ênfase, mas representa uma mudança fundamental de identidade. Os catalães, os bascos, os galegos e andaluzes vêm as mesmas telenovelas nos seus televisores. Os produtos que compram foram provavelmente feitos no Japão, nos Estados Unidos, ou em Espanha. Cada vez mais trabalham para empresas cuja casa-mãe está em Tóquio, na Coreia do Sul, em Nova Iorque ou em Dusseldorf. Vivem num mundo cada vez mais transnacional. Mas sentem que precisam de raízes locais; necessitam de pertencer a uma comunidade local.

O tribalismo não é o oposto de transnacionalismo; é o seu *pólo*. Cada vez mais os judeus americanos casam fora da sua religião, mas é essa a razão por que acentuam ainda mais as suas raízes e cultura judaicas. Nos quarenta anos que se seguiram à Segunda Guerra Mundial, um número crescente de sérvios casou com mulheres croatas – e, inversamente, muitas mulheres sérvias desposaram muçulmanos bósnios ou croatas. Isso apenas tornou o resto dos sérvios, croatas e bósnios mais conscientes das suas identidades tribais. Do mesmo modo, os galeses e os irlandeses casam cada vez mais com os ingleses, só que tal facto ainda os torna mais ciosos das suas raízes. O tribalismo floresce precisamente porque as pessoas têm cada vez mais consciência de que aquilo que acontece em Osaca afecta os habitantes da Eslovénia, que não fazem a mínima ideia onde fica aquela cidade japonesa e teriam até dificuldade em localizá-la no mapa. Exactamente porque o mundo se tornou transnacional sob tantos aspectos (e deverá tornar-se ainda mais), as pessoas necessitam de se definir a si próprias para que se possam compreender. Necessitam de uma geografia, de uma língua, de uma religião e de uma cultura comunitárias que sejam bem demarcadas e que, para usar o velho cliché, "possam abraçar".

Os sórbios das florestas alemãs não deixam de fazer parte da Alemanha nem da sua cultura, mas vêem-se a si próprios – e pedem para assim serem vistos – como algo de distinto. Os latinos imigrantes de Los Angeles – vindos quer do México, quer da América Central – tornam-se cidadãos americanos logo que podem. Esperam ter as mesmas oportunidades que um nativo americano tem. Esperam que os seus filhos tenham acesso ao mesmo ensino, carreiras e emprego. Mas também esperam ser capazes de manter a sua identidade, cultura e comunidade hispânicas. Quanto mais transnacional o mundo se tornar, mais tribalista será também.

Isto mina progressivamente as fundações do Estado-nação, que naturalmente deixa de o ser, transformando-se pura e simplesmente num "Estado", ou seja, numa unidade mais administrativa do que política.

Internacionalismo, regionalismo, tribalismo estão a criar rapidamente uma nova política, com uma estrutura inovadora, complexa e sem precedentes. Para usar uma metáfora matemática, a política pós-capitalista tem três vectores e cada um deles empurra numa direcção diferente. Mas uma equação com três vectores não tem solução.

Entretanto, como se diz em Inglaterra, "os trabalhos do Governo têm de continuar". Até agora as únicas instituições de que dispomos para os executar são as do Estado-nação e do seu Governo. A primeira tarefa da política pós-capitalista deverá ser restaurar a capacidade de desempenho do Governo, que o mega-Estado tão seriamente diminuiu.

8. A Necessária Transformação do Estado

As próximas décadas farão exigências sem precedentes de coragem, imaginação, inovação e liderança política. Estas requerem uma elevada competência de governação. Estas exigências serão, não só *internas*, como também *externas*.

Externamente, há necessidade de uma nova maneira de pensar e são precisas inovações radicais em diversas áreas: no relacionamento entre governos nacionais e tarefas transnacionais; entre governos nacionais e organizações regionais; e entre regiões não só novas mas também muito diferentes. As próximas décadas deverão – pela primeira vez – assistir à emergência de instituições políticas que transcendem o Estado-nação e a legislação transnacional. Terão de ser os governos e os políticos nacionais a conceber e construir estas novas instituições e delinear estas leis transnacionais.

Internamente, existe também uma necessidade imperiosa e urgente de tornar a máquina do Estado novamente eficaz – apesar da transformação da sociedade num pluralismo de organizações e apesar do quase colapso da capacidade de os governos tomarem decisões, sob a pressão de grupos de interesses e da "tirania da pequena minoria".

Os pensadores políticos do século XVIII – ou seja, os autores da Constituição americana – nutriam um grande receio pelas "facções", grupos com interesses especiais e com uma tendência para tornarem os seus interesses ou assuntos um "imperativo moral" em relação ao qual tudo o mais estava subordinado. A resposta brilhante a este receio foi o partido. Foi inventado em simultâneo, embora independentemente, na Inglaterra, nos Estados Unidos e em França, nas duas décadas entre 1815 e 1835, durante as quais muito do mundo moderno se foi criando.

O partido transcendeu a facção. Na Europa, foi organizado à volta de uma ideologia vaga, um "programa". Nos Estados Unidos foi igualmente formado à volta de "interesses" alargados e vagos. Contudo, qualquer que fosse a base racional expressa, o partido era organizado em função de um objectivo comum: conquistar e manter o poder político. Era organizado para *governar*.

Precisava, por isso, de atrair os eleitores do centro, evitar os extremos e ser capaz de fazer compromissos. Tinha de limitar as suas acções, quando estivesse no poder, a medidas que tivessem o apoio daqueles que não eram seus apoiantes, ou seja, a acções que poderiam ser aceites pelo "centro", que não votara nele. A expressão mais clara deste princípio na Constituição americana é a provisão relativa ao veto presidencial, o qual só pode ser ultrapassado pelos votos de dois terços de ambas as câmaras do Congresso. Isto significa que só pode ser posto de lado se uma parte substancial dos membros de ambos os partidos concordarem com a medida, o que obriga tanto o presidente como o Congresso a permanecerem no centro.

Hoje e por toda a parte, os partidos estão em farrapos. As ideologias que permitiram aos partidos europeus unir facções divergentes numa organização para ganhar e controlar o poder, quase perderam a maior parte do seu poder integrador. Os partidos e os seus slogans já não fazem sentido para os eleitores, especialmente para os mais jovens. Os grupos de interesses tradicionais dos Estados Unidos desapareceram: onde estão os agricultores, os trabalhadores, os pequenos empresários, que Mark Hanna trouxe para o Partido Republicano, em 1896, e que depois foram conquistados por Franklin D. Roosevelt, em 1932, para formar o novo Partido Democrático?

Os governos ficaram sem poder face ao ataque devastador de grupos de interesses especiais, ou seja, perderam a força para governar, tomar decisões e impô-las.

Nestes últimos anos, tem estado na moda ser "anti-Estado". Mas isso não funciona, porque precisamos de um Estado forte e eficaz. Por conseguinte, nas próximas décadas, devemos esperar mais Estado e não menos. As novas tarefas – protecção do ambiente; eliminação dos exércitos privados e do terrorismo internacional; tornar o controle da produção de armas eficaz –, tudo isso exige mais do que menos Estado. Porém, é preciso *uma forma diferente de Estado*.

Nos últimos quinze ou vinte anos, os líderes políticos, uns atrás dos outros, chegaram ao poder para "diminuir o peso do Estado" ou "lutar contra os que tinham privilégios especiais". O primeiro a ser eleito nesta base foi Jimmy Carter, nos Estados Unidos, seguido de Ronald Reagan, que, por sua vez, foi substituído por outro presidente "anti-Estado", George Bush. No Reino Unido, Margaret Thatcher foi eleita numa base "anti-Estado" e assim governou durante dez anos.

Em qualquer dos casos, os resultados foram deploráveis. As despesas governamentais aumentaram como nunca antes se vira, sob a governação destes líderes que se diziam anti-Estado. As despesas ficaram completamente fora de controle. E quanto mais estes governos gastavam, menos competentes e menos potentes se tornavam. O Estado não "cresceu", tornou-se obeso, paralisado pelo seu próprio excesso de peso.

Nenhuma Administração na história americana geriu um défice maior do que a do presidente Bush. De acordo com o que generalizadamente se pensava, tal quadro tornaria impossível qualquer tipo de recessão. Mas, de facto, o enorme aumento nas despesas do Governo durante os primeiros três anos da Administração Bush provocou a recessão mais profunda e longa que os Estados Unidos sofreram desde a Segunda Guerra Mundial. Por outro lado, a primeira-ministra Margaret Thatcher, indiscutivelmente o mais capaz e o mais determinado líder político do chamado mundo livre desde o general De Gaulle, pouco mais conseguiu do que agravar o défice devido às suas tentativas de reduzir o peso do Estado para o tornar mais eficaz e competente e dar a volta à economia britânica.

O mesmo aconteceu em França – onde o presidente Mitterrand aumentou drasticamente as despesas do Governo sem atingir quaisquer resultados. Sob a sua presidência, a França perdeu continuamente terreno como potência, quer económica quer industrial. E, no Japão, a capacidade de governar tem sido minada por repetidos escândalos, como resultado directo do Estado-fachada.

Contudo, só os governos nacionais e os seus líderes políticos podem fazer o trabalho que deve ser feito. Só eles têm *legitimidade*.

O Estado tem de readquirir a sua capacidade de desempenho. Tem de sofrer uma *transformação total*, e esta expressão é económica. Mas para dar a volta a qualquer instituição – seja esta um negócio, um sindicato, um hospital ou uma administração pública – há sempre que passar pelas mesmas três etapas:

1. Abandonar aquilo que não funciona e que nunca funcionou; aquilo que perdurou para além da sua utilidade e da sua capacidade para contribuir;

2. Concentrar-se nas coisas que funcionam, que produzem resultados, que melhoram a capacidade de desempenho da organização;

3. Analisar os êxitos e fracassos parciais – uma viragem total exige que se abandone tudo o que não tem um bom desempenho e que se faça mais com tudo o que funciona.

A inutilidade do apoio militar

Se tivéssemos de hierarquizar, por ordem de inutilidade, as políticas do mega-Estado, o apoio militar viria seguramente à cabeça das que nunca resultam e seria, consequentemente, a primeira da lista de coisas a abandonar. Este tipo de apoio remonta à Antiguidade. Os historiadores romanos, por exemplo, já referem que o apoio militar que o rei da Pérsia forneceu a Esparta na guerra contra Atenas só fizera com que, décadas mais tarde, os Macedónios tivessem dominado a Grécia, proporcionando assim a Alexandre, o Grande, o exército e as armas para derrubar o Império Persa.

No entanto, nunca o apoio militar foi usado tão extensamente – e com tanto insucesso – como nos anos do mega-Estado, os posteriores à Segunda Guerra Mundial. E produziu, praticamente sem excepção, resultados contrários aos que se esperavam. Exemplos disso são o apoio militar dos Estados Unidos ao Xá do Irão e ao Iraque, ou o apoio que a União Soviética deu ao Afeganistão. O apoio concedido aos vários generais da América Latina também não foi mais produtivo – apenas tornou os generais mais ricos e os países mais pobres.

Ajudar um país que foi atacado por um inimigo poderoso é uma coisa. Vender material bélico a regimes "amigos" é outra. Isto é extorquir dinheiro – e apenas aumenta o apetite do extorsionista. Perante a ameaça: "Se não nos derem estes aviões, estes tanques ou estes mísseis, vamos arranjá-los noutro lado", a resposta devia ser: "Então, vão". E a muitas vezes invocada necessidade de manter um "equilíbrio militar" na região é puro fingimento. Em caso algum o apoio militar nos últimos quarenta anos estabilizou uma região; apenas acelerou a corrida ao armamento.

A ideia do apoio militar é, em si, muito pobre. O apoio militar não cria aliados de confiança. Na melhor das hipóteses, quem o recebe vira-se contra quem o deu – o Irão e o Iraque viraram-se contra os Estados Unidos, e o Afeganistão, contra a União Soviética. Uma das razões do sucedido é que os destinatários se sentem progressivamente mais dependentes à medida que recebem mais apoio, e ficam ressentidos. Uma outra razão – mais importante – é que quem dá o apoio passa a ser identificado com o Governo ao qual dá apoio. Mesmo que o apoio não seja utilizado para manter esse Governo no poder, quem o dá é cada vez mais visto como apoiante dos beneficiários: os coronéis, na Grécia, por exemplo, ou o Xá, no Irão. Quando os beneficiados são depostos, mesmo que por meios pacíficos, o Governo que lhes sucede é, por norma, forçado a voltar-se contra o poder estrangeiro que colaborou com os seus predecessores, isto é, contra quem os auxiliou.

O apoio militar prejudica tanto o país que o dá como o que o recebe, uma vez que força este último a desviar a sua visão, os seus recursos e as suas energias para fins militares, negligenciando tudo o resto. Vez após vez, tem criado ditadores militares, muitos dos quais se transformaram em terroristas internacionais, que utilizaram o apoio militar que receberam para transformar os seus países em bases de pirataria, de onde aterrorizam a comunidade internacional – como Saddam Hussein fez no Iraque.

Os únicos prejudicados pelo abandono da ajuda militar são os fabricantes de armamento.

O que deve ser abandonado na política económica

A ajuda económica tem sido acaloradamente debatida nos últimos anos. Será que ajuda quem a recebe ou torna os países ainda mais fracos? Há bases para defender que a ajuda alimentar que os EUA forneceram em largas quantidades levou os governos – especialmente em África – a negligenciar a sua própria agricultura e empobreceu os agricultores. No fim de contas, a ajuda de um Estado a outro Estado, aquela invenção dos anos 50, conseguiu, no máximo, resultados marginais. Não se pode dizer melhor dos empréstimos concedidos por, ou através de, instituições quase-governamentais, como o Banco Mundial; poucos resultaram em desenvolvimentos substanciais. No entanto, a ideia da ajuda económica pode ser uma boa ideia, só que nós, claramente, ainda não sabemos como a pôr em prática.

Se alguma coisa aprendemos é que o Governo não consegue gerir o "tempo" económico. O Governo não pode efectivamente evitar ou superar flutuações económicas de curto prazo, como as recessões. Antes de 1929, ninguém esperava que os governos fossem capazes de gerir o "tempo" económico. Desde essa altura, todos os governos, em todos os países, têm prometido curar as recessões. Isso, porém, não passa de puro charlatanismo, pois nenhum até agora cumpriu a promessa. Os líderes políticos têm de aprender a dizer aos seus eleitores: "Ninguém sabe gerir a economia de curto prazo, tal como nenhum médico tem uma receita para curar uma vulgar constipação. Por isso o melhor é não nos metermos nisso."

Um corolário deste aspecto é, no entanto, que os governos precisam de recuperar a capacidade de afastar as depressões maiores. O aumento da despesa do Estado para aumentar o consumo provou-se ineficaz: em todo o lado onde esta medida foi tentada, o público acumulou o poder de compra acrescentado, em vez de o gastar. A última vez que isso aconteceu foi nos Estados Unidos, durante a presidência de Jimmy Carter, mas tal sucede regularmente desde a primeira tentativa: a de Franklin D. Roosevelt, que quis curar a Grande Depressão pondo o Governo a criar poder de compra – o resultado foi o terrível colapso económico de 1936-1937.

Uma das maneiras eficazes de contra-atacar a depressão – que é um período prolongado de mudança estrutural – é através de investimentos nas infra-estruturas; e após longas fases de desenvolvimento explosivo, as infra-estruturas – estradas, pontes, portos, edifícios públicos – encontram-se sempre em mau estado. Para os governos financiarem tais investimentos é necessário, todavia, que funcionem com um Orçamento equilibrado durante os bons períodos – e também durante a recessão. Na altura das recessões, terão a capacidade de recolher capital, especialmente através de empréstimos, quando existe essa necessidade. Por outras palavras, os governos têm de aprender outra vez a manter os seus défices como arma de último recurso. Em tempo de paz, esta deve ser usada – se necessário – apenas para financiar melhoramentos permanentes da capacidade da economia para gerar riqueza.

Na esfera económica, é imperioso pôr de lado a teoria do Estado-fiscal – que o mega-Estado tem vindo a praticar, especialmente no mundo de língua inglesa. Temos de passar de uma política social de impostos para uma política económica de impostos. Claro que os impostos precisam de ter em linha de conta princípios de igualdade e de justiça. Claro que há lugar para impostos que penalizem, até pesadamente, actividades socialmente indesejáveis, como o trabalho infantil ou os principescos salários dos executivos, que se tornaram norma nas empresas americanas nos últimos vinte ou vinte e cinco anos. Mas isso são detalhes. O cerne da política de impostos deve ser uma política *socialmente neutra*.

E é isso politicamente realizável? A resposta é sim – mas não é fácil.

Abandonar o que quer que seja desencadeia sempre uma grande resistência. As pessoas de qualquer organização, incluindo os burocratas e os políticos, estão sempre ligadas ao obsoleto, à obsolescência, àquilo que deveria ter funcionado mas que não resultou, às coisas que já foram produtivas mas que deixaram de o ser. Ficam, em suma, muito amarradas ao que, num livro anterior ("Managing for Results", 1964), chamei de "investimento no ego gestor". Mas também é sempre nestas áreas e organismos obsoletos que a maior parte das pessoas – e normalmente as mais aptas – estão a ser usadas. Todas as organizações têm tendência para colocar as mais aptas a lidar com o que sentem como "problemas" e não com os resultados, sobretudo em organizações que estão em dificuldades.

Abandonar o que quer que seja é, por isso, difícil, mas apenas durante um curto período. Seis meses depois de laboriosos esforços, toda a gente se interroga: "Por que é que isto levou tanto tempo?"

A crença de que o Estado-fiscal pode redistribuir eficazmente os rendimentos e a partir daí reformar a sociedade, através de impostos e subsídios, foi decisivamente refutada. Os países menos igualitários são os que se esforçaram mais duramente por redistribuir o rendimento: a União Soviética, os Estados Unidos e o Reino Unido. Tudo o que conseguiram foi criar o Estado-fachada, seguramente a doença degenerativa mais perigosa de que sofre o corpo político. Até agora ninguém sabe ainda como libertar-se desse assalto legalizado à riqueza comum. Pode exigir inovações constitucionais – talvez uma nova instituição independente, tanto do poder judicial como do executivo, que audite as propostas de despesa e determine se aquilo que se pretende vai realmente no sentido do interesse geral e é compatível com a política pública. (Uma auditoria deste tipo seria idêntica, na esfera pública, à "auditoria ao negócio" proposta no capítulo 3, sobre governação das sociedades empresariais). Dirão que a ideia é ingénua, se não mesmo utópica. É de esperar que o poder legislativo resista a qualquer tentativa de ser disciplinado.

Na realidade, muitos legisladores de todo o mundo dariam as boas-vindas a um controle exterior da sua indisciplina. Não podem aplicá-lo eles próprios – ou pensam que não o podem fazer – sem serem punidos pelos grupos de interesses especiais. Contudo, eles também sabem que o processo do Estado-fachada está a minar as suas próprias posições e os compromissos com os eleitores, para além de lhes destruir o auto-respeito. Nos anos que se aproximam, em todos os países, o dinheiro que o Governo vai ter para despender será cada vez mais escasso, o que pode tornar o controle das despesas de fachada cada vez mais atraente. Já ninguém duvida, sequer, de que é extremamente necessário.

Segundo a estratégia de transformação total, escolher o que deve ser abandonado vem em primeiro lugar. Até que isso se consiga, nada mais se pode fazer, pois todos os recursos são ainda canalizados para resolver "problemas". O debate agressivo e emocional sobre o que é preciso abandonar prende toda a gente. Há aqueles que argumentam que se deveria fazer "mais uma tentativa", os que procuram – infrutiferamente – um "compromisso", os charlatães que prometem amputar sem dor um membro gangrenado, e por aí fora. Antes de se abandonar o que se deve, não há trabalho que possa ser feito.

Concentração no que funciona

Logo que se "enterram os mortos", começa o renascimento. E começa com perguntarmos a nós próprios: o que terá êxito? Onde iremos obter resultados? Em que nos devemos concentrar?

O desempenho económico do Japão e da Alemanha nos últimos quarenta anos ensina-nos a mesma lição. Estes países concentraram-se no "clima" económico, em vez de se preocuparem com o "tempo" económico. O objectivo das suas políticas – para passar a uma metáfora diferente – não tem sido fazer com que o doente se *sinta* bem, mas sim torná-lo saudável e mantê-lo assim; tem sido criar um ambiente económico em que a economia possa crescer;

ganhar resistências à "infecção", aos acidentes, e doenças; adquirir capacidade para se adaptar e mudar rapidamente; e permanecer competitiva.

Ambos os países perderam, todavia, quase imediatamente, o rumo certo quando tentaram "controlar o tempo". A economia alemã começou a andar ao sabor das circunstâncias em 1989, quando o Governo – com o objectivo de ganhar os votos dos recentemente reunificados alemães de Leste – enveredou por um défice maciço da despesa para fazer subir o consumo. A tentativa dos japoneses – que, para equilibrarem a curto prazo a diminuição das exportações, na sequência da desvalorização do dólar americano, em meados dos anos 80, elevaram as despesas do consumo interno – desencadeou quase imediatamente uma corrida explosiva e especulativa ao mercado de acções e do imobiliário. O único resultado foi a criação de "uma bolha económica" que acabou por rebentar em 1991 e 1992.

Criar o clima certo não é a mesma coisa que manter os impostos baixos. A tese dos economistas da oferta-procura de que impostos baixos, só por si, garantem riqueza e crescimento económico ainda não está provada. A defesa de que impostos elevados significam inevitavelmente estagnação económica foi completamente refutada. O Japão tem tido taxas muito elevadas de imposto sobre o rendimento. Como sublinhei antes, a incidência do imposto é mais importante do que a taxa do imposto.

O objectivo apropriado da política fiscal deve ser o encorajamento do investimento no conhecimento e nos recursos humanos, nas instalações produtivas de uma empresa e nas infra-estruturas. Este tem sido o segredo de todas as economias de sucesso do último meio século, do Japão, da Alemanha e dos "Quatro Tigres Asiáticos" (Coreia do Sul, Hong Kong, Singapura e Taiwan). Todas elas tiveram sucesso enquanto seguiram políticas que se concentraram na criação do clima económico, ignorando totalmente o "tempo" económico.

Os êxitos parciais: para além do Estado-ama

O último degrau numa estratégia de transformação total consiste em examinar as políticas e as actividades que em parte tiveram êxito e que em parte fracassaram; tentar determinar com precisão aquilo em que se falhou, para se deixar de o fazer. Mais uma vez, a primeira pergunta é: "O que deve ser abandonado?" Seguida de mais duas: "O que pode funcionar?" e "O que devemos fazer mais?".

Estas questões já foram abordadas a propósito de uma das manifestações do mega-Estado, o "Estado-Guerra Fria". O controle do armamento funcionou, em parte; o Estado-Guerra Fria, não. O que agora é necessário é um controle de armas transnacional. O controle das armas internacional, ou seja, por meio da "destruição mutuamente assegurada", provou ser economicamente insustentável, mesmo para as nações mais ricas, que se mostraram, por outro lado, militarmente impotentes para deter o alastramento e proliferação dos grupos terroristas.

Existe uma segunda esfera onde os resultados foram mistos: a social. O Estado-ama, só por si, teve poucos resultados. Pouco foi conseguido pelos governos enquanto *prestadores* na esfera social. Mas onde houve uma acção não governamental, desenvolvida por organizações comunitárias autónomas, conseguiu-se imenso. A sociedade pós-capitalista e a política pós-capitalista precisam de um novo *sector social* – quer para satisfazer as necessidades sociais, quer para restaurar o significado da cidadania e da comunidade.

Mas este é um assunto tão importante e recente que merece o seu próprio capítulo.

9. A Cidadania através do Sector Social

As necessidades sociais aumentarão em duas áreas. Uma primeira, que tem sido tradicionalmente considerada como *caridade*: ajudar os pobres, os inválidos, os desprotegidos, as vítimas. E aumentarão, talvez ainda mais depressa, em relação a serviços cujo objectivo é *mudar a comunidade* e *mudar* as *pessoas*.

Num período de transição, o número de pessoas carenciadas aumenta sempre. Existem gigantescas massas de refugiados por todo o globo, vítimas de guerras, de convulsões sociais, de perseguições raciais, políticas e religiosas, vítimas, enfim, da incompetência e da crueldade dos governos. Mesmo nas sociedades mais estáveis e mais bem organizadas, muitos trabalhadores vão ficar para trás na mudança para o trabalho do conhecimento. É preciso uma ou duas gerações para que a sociedade e a sua população assimilem mudanças radicais introduzidas na composição da força de trabalho e na procura de competências e conhecimentos. Leva algum tempo – grande parte de uma geração, a julgar pela experiência histórica – até que a produtividade dos trabalhadores dos serviços aumente o suficiente para lhes proporcionar um nível de vida de "classe média".

As necessidades crescerão igualmente – talvez ainda mais depressa – numa segunda área de serviços sociais, em serviços que não praticam caridade mas que tentam mudar a comunidade e as pessoas.

Antigamente, estes serviços eram praticamente desconhecidos, ao passo que a caridade nos acompanha há milénios. Mas têm-se multiplicado nos últimos cem anos, especialmente nos Estados Unidos.

Nas próximas décadas, vão ser ainda mais necessários. Um motivo para isso é o rápido crescimento do número da população idosa em todos os países desenvolvidos, pessoas que, em grande parte, vivem sozinhas e assim desejam continuar. Uma segunda razão é a sofisticação crescente dos cuidados de saúde e da investigação nessa área, a educação das pessoas nesse sentido e os novos equipamentos hospitalares e clínicos. Existe uma necessidade acrescida de formação contínua dos adultos criada pelo aumento de famílias monoparentais. Tudo indica que o sector dos serviços comunitários é uma das verdadeiras "áreas de crescimento" das economias desenvolvidas, ao mesmo tempo que se espera que a necessidade de caridade acabe por diminuir.

A *necessidade de subcontratar*

A tentativa de satisfazer todas estas necessidades através do Estado-ama falhou redondamente – ou, pelo menos, a tentativa de o Governo conduzir e gerir esses serviços. A primeira conclusão a retirar da experiência do Estado-ama é a de que os governos devem deixar de ser quem faz e gere na esfera social e limitarem-se a estabelecer as políticas do sector. Isto significa que na esfera social, tal como na económica, há necessidade de "subcontratação" (*outsourcing*), de "desmembrar". Da mesma maneira que reestruturamos a empresa fazendo subcontratação do trabalho de apoio, administrativo e de manutenção, o Estado precisa da reorganizar-se, concedendo a organizações privadas a execução das tarefas no sector social.

E existe uma razão adicional para isto: a necessidade de aumentar a produtividade do trabalho dos serviços. A administração pública é o maior patrão do sector dos serviços, mas os seus funcionários apresentam a produtividade mais baixa. Enquanto forem empregados do Estado a sua produtividade não pode aumentar. Uma repartição pública é e será sempre burocrática. Mas tem de (na realidade, deve) subordinar a produtividade a regras e regulamentações. Tem se concentrar mais na papelada apropriada do que nos resultados, senão depressa essas pessoas se transformam num bando de ladrões. Contudo, o maior número de funcionários do Estado, nos países desenvolvidos, trabalha para oferecer e gerir esses serviços, para fazer o trabalho no sector social.

É necessário subcontratar para que as tarefas sociais se concretizem. Ao longo dos últimos quarenta anos, em que se tentaram resolver problemas sociais através de acção do governo, nenhum dos programas dos Estados Unidos produziu resultados significativos. Mas as instituições independentes sem fins lucrativos *têm* obtido resultados impressionantes. As escolas públicas dos subúrbios das grandes cidades (por exemplo, Nova Iorque, Detroit ou Chicago) degradam-se a uma velocidade alarmante, enquanto as escolas geridas pela Igreja (principalmente as das dioceses católicas) conseguem êxitos espantosos – nas mesmas comunidades e com crianças de famílias igualmente separadas e de idênticos grupos raciais e étnicos.

Os únicos êxitos – e muito substanciais, diga-se – na luta contra o alcoolismo e o consumo de drogas têm sido obtidos por organizações como os Alcoólicos Anónimos, o Exército de Salvação ou os Samaritanos, que são também instituições independentes sem fins lucrativos. Uma outra destas organizações, o Judson Center (em Royal Oak, Michigan – mais sobre este assunto no meu livro "Managing the Non-Profit Organizations"), conseguiu levar as "mães da assistência social" – mães solteiras, muitas vezes negras ou hispânicas – a deixarem de viver à custa do subsídio e a voltarem a ter um trabalho regular e uma vida familiar estável. As melhorias introduzidas nas áreas de cuidados de saúde mais importantes, por exemplo, a prevenção e tratamento das doenças cardíacas e mentais, resultaram do trabalho de organizações independentes sem fins lucrativos, como a American Heart Association ou a American Mental Health Association, que patrocinam e financiam a investigação e são pioneiras, tanto na educação da comunidade médica, como na prevenção e tratamento públicos.

Encorajar o trabalho de organizações comunitárias independentes no sector social é um passo importante para fazer mudar o Estado e fazê-lo funcionar de novo.

Todavia, o maior contributo que essas organizações comunitárias independentes dão é serem um novo *centro de cidadania com significado*. O mega-Estado nada mais fez do que destruir a cidadania. Para a restaurar, a política pós-capitalista precisa de construir um "terceiro sector" a acrescentar aos dois já reconhecidos, "o privado", dos negócios, e o "público", do Estado. Precisa de um *sector social* autónomo.

Patriotismo não basta

O patriotismo é a capacidade de os cidadãos darem a vida pelo seu próprio país. No início do século, os marxistas tinham profetizado que a classe trabalhadora deixaria de ser patriota, passaria a ter mais lealdade para com sua classe do que para com o seu país. Mas esta profecia veio a revelar-se falsa. Os indivíduos – e principalmente os trabalhadores – ainda são capazes de morrer pelo seu país, mesmo que seja na mais impopular das guerras. Contudo, o patriotismo, sozinho, não é suficiente. Tem de existir cidadania também.[1]

A cidadania é a vontade de contribuir para o seu país. Significa a vontade de viver – e não de morrer – pelo seu país. Restaurar a cidadania é um requisito central da política pós-capitalista.

O patriotismo, na sua acepção comum de morrer pela pátria, tem sido universal. Mas a cidadania é uma invenção claramente ocidental – foi essa, de facto, a glória de Atenas e de Roma (a mais bela declaração política da tradição europeia é o empolgante discurso que, acerca deste tema, o historiador Tucídides põe na boca de Péricles, o líder ateniense).

> A cidadania desapareceu com a queda de Roma. Na Idade Média não há cidadãos – os senhores feudais tinham servos; as cidades, burgueses; a Igreja, fiéis – nem no Japão, antes da restauração Meiji, em 1867, os cidadãos existiam. O dáimio, ou seja, o senhor, tinha servos; os centros urbanos, guildas de artífices; as seitas religiosas, seguidores. Mas não existiam cidadãos.

O Estado nacional reinventou a cidadania, edificou-se sobre ela. O que a cidadania significa no que respeita a direitos e deveres tem sido, desde então, um tema central na teoria e na prática políticas.

"Cidadania", enquanto termo legal, é mais um termo de identificação do que de acção. Enquanto termo político, significa compromisso activo e responsabilidade. Quer dizer fazer a diferença numa comunidade, numa sociedade, num país.

No mega-Estado, a cidadania política já não pode funcionar. Mesmo quando o país é pequeno, os assuntos do Estado estão tão

---

1."Patriotismo não basta", disse a enfermeira inglesa Edith Cavell, durante a Primeira Guerra Mundial, quando foi levada para ser executada pelos alemães por ter dado abrigo a prisioneiros de guerra britânicos fugitivos no hospital belga que dirigia.

longe que os indivíduos não podem fazer a diferença. As pessoas podem votar – e fomos aprendendo, da forma mais difícil, nas últimas décadas, como é importante o direito de votar. As pessoas podem pagar impostos – e também aprendemos, da forma mais difícil, no decorrer desse mesmo tempo, que se trata de uma obrigação significativa. Porém, os cidadãos não podem assumir responsabilidades, nem podem agir para fazer a diferença. Sem cidadania, a política é vazia. Pode existir nacionalismo, mas, sem cidadania, o mais certo é degenerar de patriotismo para chauvinismo. Sem cidadania não pode existir o compromisso responsável que cria ao verdadeiro cidadão e que, em última análise, mantém unido o corpo político. Nem pode existir o sentimento de satisfação e de orgulho que resulta de fazer a diferença. Sem cidadania, a unidade política, quer se chame "Estado" ou "Império", será apenas um poder. O poder acaba por ser a única coisa que o mantém coeso. Para ser capaz de actuar num mundo perigoso e em rápida mudança, a política pós-capitalista tem de recriar a cidadania.

A necessidade de uma comunidade

Há idêntica necessidade de restaurar a comunidade, pois as comunidades tradicionais deixaram de ter poder integrador; já não conseguem sobreviver à mobilidade que o conhecimento confere ao indivíduo. As comunidades tradicionais, agora sabemos, mantinham-se coesas, não por aquilo que os seus membros tinham em comum, mas por necessidade, senão mesmo por coacção ou medo.

Actualmente fala-se muito da desintegração da família, o que, em alguma medida, é um mal-entendido. É verdade que um número substancial de casamentos no mundo desenvolvido acabam em divórcio. Mas não duram menos agora do que há cem ou cento e cinquenta anos atrás. Nessa altura era a morte que os dissolvia, em vez do divórcio.

A família tradicional era uma necessidade. Nos romances do século XIX, a maior parte delas eram aquilo a que actualmente chamaríamos "famílias desfeitas". No entanto, tinham de permanecer unidas, por muito grande que fosse o ódio, a repugnância ou o medo entre alguns dos seus membros. "Família é onde me têm de aceitar" era um ditado do século passado. Antes deste século, a família providenciava praticamente todos os serviços sociais disponíveis. Agarrar-se à família era uma necessidade; ser repudiado por ela era uma catástrofe. Uma figura estereotipada das peças e dos filmes americanos dos anos 20 era a do pai que expulsava a filha quando ela chegava a casa com uma criança ilegítima nos braços. Nessa altura, ela só tinha duas alternativas: suicidar-se ou tornar-se prostituta.

Hoje a família está, de facto, a tornar-se mais importante para a maioria das pessoas. Mas isso acontece mais como um laço voluntário, um laço de afecto, de respeito mútuo, e não de necessidade. Os jovens de hoje, ultrapassada a fase rebelde da adolescência, sentem uma necessidade muito maior do que a minha geração de ficarem ligados aos pais e irmãos.

Contudo, a família já não constitui a comunidade. Mas as pessoas precisam mesmo da comunidade, especialmente nas imensas cidades e subúrbios onde a maior parte de nós vive. Já não podemos contar – como acontecia nas aldeias – com vizinhos que tenham idênticos interesses, preocupações, ocupações, que partilhem a mesma ignorância e vivam no mesmo mundo que nós. Mesmo que sejamos chegados à família, não podemos contar com ela. A mobilidade geográfica e ocupacional significa que as pessoas já não permanecem no lugar, classe e cultura em que nasceram, em que os seus irmãos e primos vivem. A comunidade que é necessária na sociedade pós-capitalista – em especial para o trabalhador do conhecimento – tem de se basear no *compromisso* e na *compaixão* em vez de ser imposta pela proximidade ou isolamento.

O desaparecimento da comunidade laboral

Há quarenta anos atrás pensava que esta comunidade seria o local de trabalho. Nos meus livros "The Future of Industrial Man" (1942), "The New Society" (1949) e "The Practice of Management" (1954) eu falava da comunidade laboral como aquela que daria ao indivíduo estatuto e função, bem como a responsabilidade de se autogovernar. Mas, mesmo no Japão, esta comunidade não vai funcionar por muito mais tempo. Tem-se tornado cada vez mais claro que a comunidade laboral japonesa se baseia mais num sentimento de medo do que de pertença. Um funcionário de uma grande empresa, com o seu sistema de salário por antiguidade, que perdia o emprego depois dos trinta anos, tornava-se praticamente desempregado para o resto da vida. Porém, também isso se foi alterando à medida que o Japão evoluía rapidamente de uma grande falta de oferta de empregos – o que aconteceu até 1960 – para uma carência acentuada de mão-de-obra disponível.

No Ocidente, a comunidade laboral nunca ganhou raízes. Continuo a defender que tem de se dar ao empregado o máximo de responsabilidade e de autocontrolo – a ideia-chave da minha defesa desse tipo de comunidade. A organização do conhecimento tem de se tornar numa organização baseada na responsabilização.

Contudo, os indivíduos, e principalmente os trabalhadores do conhecimento, necessitam de uma vida social significativa, de relações pessoais e de poderem dar o seu contributo no exterior, para além do seu trabalho e mesmo fora da sua área de especialização e de conhecimento.

O voluntário como cidadão

A área em que se torna possível satisfazer esta necessidade é o sector social. Aí os indivíduos podem contribuir. Podem ter responsabilidade. Podem fazer a diferença. Podem ser "voluntários".

Isto já está a acontecer nos Estados Unidos.

> Na maior parte dos outros países desenvolvidos, a tradição de voluntariado foi esmagada pelo Estado-providência. No Japão, por exemplo, os templos e os santuários foram centros activos de serviço comunitário com forte participação dos voluntários locais, mas a restauração Meiji "ocidentalizou-os", tornando a religião uma função do Estado, e tanto os voluntários como os serviços comunitários desapareceram. Em Inglaterra, ao longo de todo o século XIX, a caridade era uma actividade comunitária, encarada como uma responsabilidade das pessoas abastadas. A partir de 1890, com a crença crescente de que o Estado era o senhor da sociedade, tudo isso desapareceu. O Exército de Salvação, fundado em Londres, em 1878, é um dos poucos sobreviventes daquilo que foi um serviço comunitário florescente nos tempos da Rainha Vitória. Em França, *qualquer* acção comunitária que não fosse organizada e controlada pelo Governo era, desde Napoleão, considerada suspeita e vista como quase subversiva.
>
> A diversidade de nomenclatura das igrejas americanas; a forte ênfase na autonomia local dos estados, *counties* e cidades; e a tradição comunitária das povoações fronteiriças isoladas abrandaram a

velocidade de politização e centralização das actividades sociais nos Estados Unidos. Em resultado disso, o país tem actualmente quase um milhão de organizações sem fins lucrativos activas no sector social. Estas representam cerca de um décimo do PNB – um quarto dessa verba é obtido a partir de donativos públicos, outro é pago pelo Estado por tarefas específicas (por exemplo, a título de reembolso pela administração de programas de cuidados de saúde) e o resto provém de taxas cobradas pelos serviços prestados (por exemplo, verbas pagas pelos estudantes que frequentam universidades privadas ou obtidas pelas lojas de artigos de arte que existem actualmente em quase todos os museus americanos).

As organizações sem fins lucrativos tornaram-se o maior empregador da América. Cada adulto americano – noventa milhões no total – trabalha pelo menos três horas por semana numa "equipa não remunerada", ou seja, como voluntário numa organização não lucrativa: igreja, hospital, organismo de saúde, serviços comunitários – como a Cruz Vermelha, ou os Escuteiros; serviços de reabilitação – como o Exército de Salvação e os Alcoólicos Anónimos; centros para mulheres vítimas de maus tratos conjugais e centros de acolhimento para crianças negras dos subúrbios, etc. No ano 2000 ou 2010, o número de pessoas que integra estas equipas não remuneradas deve aumentar para 120 milhões e o seu trabalho rondará, em média, as cinco horas semanais.

Estes voluntários deixaram de ser "ajudantes"; passaram a ser "parceiros". As organizações sem fins lucrativos, nos Estados Unidos, têm cada vez mais executivos a tempo inteiro, mas a restante equipa é voluntária, embora participe, cada vez mais, na gestão.

A maior mudança verificou-se na Igreja Católica americana, podendo citar-se como exemplo o facto de, numa das suas maiores dioceses, todas as paróquias serem geridas por mulheres laicas, na sua qualidade de "administradoras paroquiais". O padre apenas dá missa e os sacramentos, mas tudo o resto, incluindo o trabalho social, é feito pela "equipa não remunerada", liderada pelo administrador paroquial.

A razão principal para este ressurgimento da participação voluntária nos Estados Unidos não tem a ver com uma necessidade acrescida. A principal razão prende-se com os voluntários procurarem uma comunidade, um compromisso, e quererem dar um contributo. A maioria dos novos voluntários não é composta por reformados; são homens e mulheres com boas carreiras profissionais, membros de famílias com rendimentos duplos, pessoas de trinta ou quarenta anos, com formação superior, influentes e ocupadas. Gostam dos seus empregos, mas sentem que têm de fazer alguma coisa onde "possam fazer a diferença" – para usar uma frase que se ouve muito – quer seja dar catequese numa igreja de bairro, ensinar tabuada a crianças com dificuldades, ou visitar pessoas idosas que regressaram a casa depois de um longo período de hospitalização e ajudá-las nos exercícios de reabilitação.

Aquilo que as organizações americanas sem fins lucrativos fazem pelos seus voluntários pode ser tão importante como o que fazem pelos beneficiários dos seus serviços.

> As Guias são das poucas organizações americanas que estão, na verdade, racialmente integradas. Nas suas fileiras, e independentemente da cor, brancas, negras, hispânicas e asiáticas trabalham e divertem-se juntas. Contudo, o grande contributo para esta integração, iniciada em 1970, foi terem sido recrutadas em grande número mães – negras, asiáticas, hispânicas – para os lugares de direcção como voluntárias para trabalho de comunidade integrado.
>
> Do mesmo modo, o que tornou as igrejas "pastorais" muito atractivas – o seu rápido crescimento pode vir a ser o mais importante fenómeno social americano do fim deste século – é a actividade comunitária eficaz que oferecem aos seus membros. Estas igrejas são quase todas constituídas por equipas de voluntários. Uma das maiores tem 13 mil membros e apenas 150 trabalhadores pagos, incluindo o pastor decano, mas presta mais serviços comunitários do que qualquer igreja tradicional alguma vez prestou. Espera-se que quem adere à congregação, depois de participar durante alguns domingos, comece a trabalhar numa actividade da Igreja – seja na própria igreja ou na comunidade. Alguns meses mais tarde, ser-lhe-á pedido que assuma a gestão dessa mesma actividade. É esperado que todos tenham a possibilidade de se tornarem "líderes".

Ser cidadão no sector social e através dele não é uma panaceia para os males da política e da sociedade pós-capitalistas, mas pode ser um pré-requisito para a cura das suas "doenças", porque restaura a responsabilidade civil, que é a marca da cidadania, e o orgulho cívico, que é a marca da comunidade.

Esta necessidade é maior onde a comunidade e as organizações comunitárias – e a cidadania, no seu conjunto – foram muito prejudicadas ou quase totalmente destruídas, como aconteceu nos países ex-comunistas. O Governo destes países não só ficou totalmente desacreditado, como se tornou totalmente impotente. Pode levar anos até que os governos que vão suceder aos comunistas – na Checoslováquia, no Cazaquistão, na Rússia, na Polónia, na Ucrânia – possam desempenhar as tarefas que só o Estado pode fazer: gerir o capital e os impostos, enquadrar as Forças Armadas e a Justiça, conduzir a política externa. Entretanto, apenas as organizações sem fins lucrativos, locais e independentes – ou seja, as organizações do sector social que têm por base voluntários e libertam as energias espirituais das pessoas –, podem tanto providenciar os serviços sociais de que a sociedade necessita, como desenvolver a liderança de que a política precisa.

Diferentes sociedades e diferentes países vão seguramente estruturar o sector social de um modo totalmente diferente. As igrejas, por exemplo, não vão desempenhar na Europa ocidental o papel-chave que têm na vasta América cristã. No Japão, pertencer à comunidade laboral pode ser considerado, ainda durante muito tempo, o ponto central da comunidade e a marca de pertença à sociedade, em especial para os trabalhadores sem cargos de chefia. Contudo, todos os países desenvolvidos necessitam de organizações comunitárias no sector social, independentes e auto-governadas – para providenciar os serviços comunitários indispensáveis, mas, acima de tudo, para restabelecer os laços de comunidade e o sentimento de cidadania activa. Historicamente, a comunidade era uma fatalidade. Na sociedade e na política pós-capitalistas, a comunidade tem de se tornar um compromisso.

PARTE III
O Conhecimento

10. Conhecimento: a sua Economia e Produtividade

À primeira vista, a economia parece ter sido pouco afectada pela mudança para o conhecimento enquanto recurso básico. Parece que se manteve "capitalista" em vez de "pós-capitalista". Mas as aparências enganam.

A economia permanecerá certamente uma economia de mercado – e mundial. Irá mais longe do que foi a economia de mercado mundial antes da Primeira Guerra Mundial, quando não existiam economias "planeadas" nem países "socialistas". Porém, as críticas em relação ao mercado enquanto organizador da actividade económica remontam a Aristóteles. E a maioria delas são bem fundamentadas.

Contudo, como o próprio anticapitalista Karl Marx sublinhava há mais de cem anos, o mercado, com todas as suas imperfeições, ainda é muitíssimo superior a todos os outros modos de organizar a actividade económica – algo que, na verdade, os últimos quarenta anos provaram amplamente. O que torna o mercado superior é precisamente o facto de organizar a actividade económica à volta da *informação*.

No entanto, embora a economia mundial vá permanecer uma economia de mercado e manter as instituições de mercado, a sua substância tem-se alterado completamente. Se ainda é "capitalista", é agora dominada pelo "capitalismo da informação". As indústrias que se mudaram para o centro da economia nos últimos quarenta anos têm como negócio a produção e distribuição do conhecimento e da informação, e não a produção e distribuição de coisas. O actual produto da indústria farmacêutica é o conhecimento: as pomadas e os comprimidos não são mais do que uma embalagem do conhecimento. Existem também as indústrias de telecomunicações e as que produzem ferramentas de processar informação e equipamentos, como computadores, semicondutores e *software*.

Há ainda os produtores e distribuidores de informação: filmes, espectáculos de televisão, videocassetes. O "não-negócio" que produz e aplica o conhecimento – educação e cuidados de saúde – tem crescido em todos os países desenvolvidos ainda mais depressa do que os negócios que têm por base o conhecimento.

Os "super-ricos" do velho capitalismo eram os barões do aço do século XIX. Os "super-ricos" do boom pós-Segunda Guerra Mundial são os produtores de computadores, de *software*, de espectáculos de televisão, ou aqueles que, como Ross Perot, criaram empresas que instalam e dirigem sistemas de informação. Fortunas enormes, comparáveis às que se fizeram no sector retalhista – a de Sam Walton, da WalMart, nos Estados Unidos, a de Masatoshi Ito de Ito-Yokado, no Japão, ou a dos irmãos Sainsbury, no Reino Unido –, passaram a formar-se a partir da reorganização do seu negócio à volta da informação.

Na realidade, todas as indústrias que cresceram nos últimos quarenta anos só o conseguiram porque se reestruturaram à volta do conhecimento e da informação. A siderurgia, por exemplo, está a ficar obsoleta; e mesmo nos países de salários reduzidos não consegue competir com as mini-siderurgias, que mais não são do que produtores organizados preferencialmente à volta da informação em vez do calor.

Deixou de ser possível obter grandes lucros fazendo ou transportando coisas, ou através do controle de capital.

> Em 1910, um socialista austro-alemão, Rudolf Hilferding (1877-1941), criou a expressão "capitalista financeiro". Afirmou que esse era o último e final estádio do capitalismo antes da chegada inevitável do socialismo. Numa economia capitalista, postulou ele, a margem entre

o que os bancos pagam pelo dinheiro e aquilo que cobram por ele aumentará inexoravelmente. Em resultado disso, os bancos e os banqueiros transformam-se nos únicos produtores de lucro e nos reguladores da economia capitalista. Lenine, alguns anos mais tarde, fez desta tese a base da sua teoria do Comunismo. Isto explica por que razão o planeamento soviético estava organizado à volta do banco estatal e era controlado através da alocação do crédito bancário. O capitalismo financeiro ainda era um dogma socialista depois da Segunda Guerra Mundial, o que justifica a atitude por parte do governo trabalhista do Reino Unido, de nacionalizar imediatamente o Banco de Inglaterra, e, alguns anos mais tarde, a do primeiro governo socialista francês, ao fazer o mesmo aos principais bancos comerciais.

Hoje, os bancos comerciais estão em crise por toda a parte. A margem entre o que pagam pelo capital e o que recebem está a reduzir-se continuamente. Não é à custa dos retornos do capital que vivem bem. Cada vez mais, conseguem viver da cobrança de honorários pela informação.

Cada vez mais o retorno dos recursos tradicionais – trabalho, terra e capital – tem vindo a diminuir. Os principais produtores de riqueza são a informação e o conhecimento.

A economia do conhecimento

Ainda não percebemos bem como se comporta o conhecimento como recurso *económico*, pois não temos a experiência suficiente para formular uma teoria e para a testar. Até agora, só podemos dizer que precisamos dessa teoria. Precisamos de uma teoria económica que coloque o conhecimento no centro do processo da produção de riqueza. Só essa teoria poderá explicar a economia actual, o crescimento económico e a inovação. Só ela pode explicar como funciona a economia japonesa – e acima de tudo porque funciona. Explicará também por que razão empresas de áreas de alta tecnologia recém chegadas ao mercado, conseguiram, da noite para o dia, instalar-se e expulsar a concorrência, por mais bem defendida que estivesse – como fizeram os japoneses com a electrónica de consumo e no mercado automóvel dos Estados Unidos.

Até agora, não há quaisquer sinais de um Adam Smith ou de um David Ricardo do conhecimento. Mas os primeiros estudos sobre o comportamento económico do conhecimento começaram a surgir.[1] Estes estudos tornam claro que a economia com base no conhecimento não se comporta como as teorias existentes prevêem. Por isso, sabemos que a nova teoria económica, a teoria da economia baseada no conhecimento, será muito diferente de todas as existentes, quer seja keynesiana, neokeynesiana, clássica ou neoclássica.

Um dos pressupostos básicos dos economistas é o de que o modelo para a alocação de recursos e distribuição de recompensas económicas é a "concorrência perfeita". A concorrência imperfeita é comum no "mundo real", mas parte-se do princípio de que é resultado de interferências exteriores na economia, ou seja, dos monopólios, do proteccionismo de patentes, da regulamentação por parte do estado, e assim por diante. Na economia do conhecimento, a concorrência imperfeita parece ser inerente à própria economia. As vantagens iniciais conquistadas através da aplicação e exploração inicial do conhecimento (ou seja, através do que se tornou conhecido como "curva da experiência") tornam-se permanentes e irreversíveis, o que implica que nem a economia do comércio livre nem o proteccionismo funcionarão por si próprios como políticas económicas. A economia do conhecimento parece exigir um equilíbrio de ambos.

Um outro pressuposto básico da economia é que é determinada ou pelo consumo ou pelo investimento. Keynesianos e neokeynesianos (tais como Milton Friedman) fazem-na depender do consumo; clássicos e neoclássicos (os da Escola Austríaca) afirmam que depende do investimento. Na economia do conhecimento, nenhum destes factores parece assumir o controle. Não há o mais leve indício de que um maior *consumo* na economia conduza a uma maior produção de conhecimento. Ou que um maior *investimento* o faça. Pelo menos, o tempo decorrido entre o aumento de consumo e a produção de conhecimento, ou entre o acréscimo do investimento e a pro-

---

1. Exemplo disso é o trabalho realizado por Paul Romer, da Universidade de Berkeley, na Califórnia, escrito, em 1990, em dois artigos: Endogenous Technical Change, no "Journal af Political Economy", e Are Nonconvexities Important for Understanding Growth?, na American Economic Review; o trabalho produzido por Maurice Scott, de Oxford, principalmente o seu livro "A New View of Economic Growth", Oxford University Press, 1989; e o artigo de Jacob T. Schwartz, um matemático e cientista da computação, America's Economic-Technological Agenda for the 1990's, publicado no "Daedalus, The Journal of the American Academy of Arts and Sciences" (Inverno de 1992), um trabalho rigoroso sobre a economia da inovação baseada no conhecimento.

dução de conhecimento, parece ser tão longo que desafia qualquer análise – e é por certo demasiado longo para servir de base, seja na teoria económica, seja na política económica, a qualquer correlação, seja ela qual for.

Igualmente incompatível com a teoria económica tradicional é a ausência de um denominador comum aos diversos tipos de conhecimento. Por exemplo, parcelas diferentes de terra produzem diferentes colheitas, sendo o seu preço determinado por essas diferenças, ou seja, pela quantidade dos resultados. Mas quanto ao novo conhecimento, existem três tipos (como já dissemos no capítulo 4). Primeiro, o melhoramento *contínuo* do processo, do produto, do serviço – os japoneses, que fazem isso melhor do que ninguém, chamam-lhe *kaizen*. Depois há a *exploração* a exploração contínua do conhecimento existente para se desenvolverem novos e diferentes produtos, processos e serviços. Finalmente, existe a *inovação* genuína.

Estas três formas de aplicar o conhecimento para produzir mudança na economia (e também na sociedade) necessitam de funcionar juntas e ao mesmo tempo. Todas são igualmente necessárias. Mas as suas características económicas – os seus custos, bem como impactos económicos – são qualitativamente diferentes. Pelo menos por agora, não é possível *quantificar* o conhecimento. Embora possamos, é claro, estimar quanto custa produzir e distribuir conhecimento. Mas quanto é produzido – na verdade, o que podemos chamar de "rendimento do conhecimento" –, não podemos dizer. No entanto, não podemos ter teoria económica se não houver um modelo que traduza os acontecimentos económicos em relações quantitativas. Sem ele, não há possibilidade de fazer uma escolha racional – e escolhas racionais é do que trata a economia.

Acima de tudo, a *quantidade* de conhecimento, ou seja, o seu lado quantitativo, não é tão importante como a *produtividade* do conhecimento, ou seja, o seu impacto qualitativo. E isto é válido, tanto para o conhecimento antigo e suas aplicações, como para o novo conhecimento.

A *produtividade do conhecimento*

O conhecimento não fica barato. Todos os países desenvolvidos gastam cerca de um quinto do seu PNB na produção e disseminação do conhecimento. A escolaridade – escolarização dos jovens antes de entrarem no mundo do trabalho – absorve cerca de um décimo do PNB (2 por cento por altura da Primeira Guerra Mundial). Os empregadores gastam mais 5 por cento na formação contínua dos seus colaboradores, ou talvez mais. E 3 a 5 por cento do PNB são despendidos em investigação e desenvolvimento, ou seja, na produção de novo conhecimento.

Poucos países põem de lado uma tal porção do seu PNB na constituição tradicional de capital (isto é, dinheiro). Mesmo no Japão e na Alemanha, os dois maiores países com a taxa de formação de capital mais elevada, esta excedeu um quinto do PNB apenas durante os quarenta anos febris da reconstrução e expansão que se seguiram à Segunda Guerra Mundial. Nos Estados Unidos, durante vários anos, a taxa de formação de capital não chegou aos 20 por cento do PNB.

Por conseguinte, a formação do conhecimento é já o maior investimento em todos os países desenvolvidos. Certamente que o rendimento que um Estado ou uma empresa obtiver do conhecimento será cada vez mais um factor determinante na sua competitividade. Cada vez mais a produtividade do conhecimento será decisiva no êxito económico e social e no seu desempenho económico. Sabemos que existem diferenças tremendas na produtividade do conhecimento entre países, entre indústrias e entre organizações individuais.

Seguem-se alguns exemplos.

De acordo com a sua produção de conhecimento científico e técnico, o Reino Unido deveria ter sido o líder económico mundial na era do pós-guerra – os antibióticos, o avião a jacto, a tomografia computadorizada e mesmo o computador foram descobertas inglesas. Mas os britânicos não conseguiram transformar estas conquistas de conhecimento em produtos e serviços de sucesso, em empregos, em exportações, em mercado permanente. É a ausência da produtividade do seu conhecimento, mais do que qualquer outra coisa, que está na raiz da lenta e progressiva erosão da economia britânica.

Na actual sociedade americana abundam idênticos sinais de perigo em relação à produtividade do conhecimento. Indústria atrás de indústria – desde os *microchips* aos faxes, até às ferramentas mecânicas e fotocopiadoras – as empresas americanas desenvolveram as novas tecnologias apenas para verem as suas congéneres japonesas criarem novos produtos e invadirem os mercados. Nos Estados Unidos, o resultado adicional de cada *input* adicional de conhecimento é claramente mais baixo do que o dos seus concorrentes japoneses.

Em áreas importantes, a produtividade do conhecimento nos EUA está a ficar para trás.

A Alemanha fornece um exemplo diferente. No pós-Segunda Guerra Mundial – pelo menos até 1990 e, mais precisamente, até à reunificação – registou um impressionante nível de desempenho económico. Em muitas indústrias, mas também em áreas como a banca e os seguros, a Alemanha Ocidental atingiu posições de liderança mais fortes do que as que alguma vez tiveram a Alemanha imperial e a Alemanha pré-Hitler. A Alemanha Ocidental, ano após ano, exportou, *per capita*, quatro vezes mais do que os Estados Unidos e três vezes mais do que o Japão, revelando assim uma extraordinária produtividade do conhecimento antigo, aplicando-o, melhorando-o, explorando-o. Relativamente ao conhecimento novo revelou uma produtividade extremamente baixa, especialmente nas novas áreas de alta tecnologia: computadores, telecomunicações, indústria farmacêutica, materiais avançados, biogenética, etc. Proporcionalmente, a Alemanha Ocidental investiu tanto capital e talento nestes sectores como os Estados Unidos – provavelmente mais. Produziu uma quantidade notável de novo conhecimento. Só que falhou redondamente em converter este novo conhecimento em inovações de sucesso. O novo conhecimento manteve-se como informação, em vez de ser produtivo.

O exemplo mais instrutivo é o do Japão, pois actuou excepcionalmente bem, nos últimos quarenta anos, tanto nas indústrias tradicionais como nas baseadas no novo conhecimento. No entanto, esta ascensão meteórica não teve como base a *produção* de conhecimento. Tanto na tecnologia como na gestão, a maior parte do conhecimento do Japão foi produzido fora, e o grosso dele nos Estados Unidos. Até 1970, os Japoneses quase não se preocuparam em construir uma base séria de conhecimento, e mesmo agora, nos anos 90, quando já são o segundo poder económico mundial, ainda importam mais conhecimento do que exportam. Na realidade não importam muito conhecimento tecnológico (preferem importar, em vez disso, as técnicas de gestão). Mas tornam altamente produtiva a utilização dos conhecimentos que adquirem.

É provável que a produtividade dos recursos se torne uma preocupação central da economia na sociedade pós-capitalista. Está subjacente à relação que existe entre o ambiente e o crescimento económico. Uma das consequências do nosso trabalho recente sobre a produtividade do capital é que esta nova preocupação nos leve a economias muito diferentes.

A produtividade do capital

A produtividade do capital era ignorada pelos economistas até à Segunda Guerra Mundial. Praticamente todos, incluindo Marx, pensavam em termos de quantidade de capital, mais do que em termos da sua produtividade. Até mesmo Keynes distinguia apenas entre dinheiro investido e acumulado. Para ele, bastava que o capital fosse investido para ser produtivo.

Contudo, no pós-Segunda Guerra Mundial, começámos a perguntar-nos: qual é o valor acrescentado de produção de uma unidade adicional de capital investido? O que é a produtividade do capital? Tornou-se evidente que existem grandes diferenças e que elas são extremamente importantes.

Por essa altura, em que surgia pela primeira vez a preocupação com a produtividade do capital – no fim dos anos 50 e início dos 60–, o planeamento central estava no auge em todo o mundo. As pessoas apenas se perguntavam qual seria o melhor caminho para a economia, se o Plano Quinquenal soviético, de comando hierárquico, se o planeamento francês *Plan Indicatif*, que partia de consensos. Quase toda a gente aceitou que os resultados que a planificação permitia obter eram imensamente superiores aos da alocação não planeada de capital do mercado, quer ao nível do resultado total quer ao nível do resultado por unidade de investimento.

Contudo, as primeiras tentativas para medir o desempenho real demonstraram de forma concludente que, sob ambas as planificações, a produtividade do capital era muito baixa e diminuía progressivamente. Demonstraram que, sob planeamento central, unidades adicionais de investimento de capital proporcionam resultados adicionais cada vez menores.

Os franceses actuaram imediatamente. Puseram na prateleira o *Plan Indicatif* e com ele a economia planificada. Se não tivessem feito uma viragem de cento e oitenta graus no início da década de 60, estariam hoje num estado semelhante ao da Alemanha de Leste.

Os soviéticos continuaram a planificar e a produtividade do capital no império soviético foi decaindo até ao ponto em que se tornou, de facto, negativa. Sob a liderança de Brejnev, o investimento agrícola aumentou constantemente até ficar com a parte de leão de todo o capital disponível que sobrava da Defesa. Porém, quanto mais capital era colocado no sector agrícola, mais reduzidas eram as colheitas. E a mesma produtividade negativa afogou a indústria civil (não temos dados sobre o que aconteceu no sector da Defesa).

Foi o fracasso da produtividade do capital, mais do que qualquer outra coisa, que provocou, por fim, o colapso da economia soviética.

A centralização, sabemo-lo agora, é um impedimento sério à produtividade do capital-dinheiro. Os enormes investimentos do Banco Mundial no Terceiro Mundo não foram planeados centralmente, mas são altamente centralizados, e a sua produtividade tem sido fraca. Construíram-se, com eles, monumentos, bem visíveis, como enormes siderurgias, mas estes tiveram, no seu todo, efeitos "multiplicadores" muito reduzidos. Criaram pouco emprego fora dos portões das fábricas, raramente se mostraram auto-suficientes e muito menos lucrativos. Em consequência disso, arrastam para o fundo as economias nacionais, em vez de lhe fornecerem capital de investimento adicional.

É altamente provável que o planeamento centralizado e a centralização em geral tornem o capital do conhecimento tão improdutivo como o fizeram com o capital-dinheiro.

> O planeamento japonês em relação ao conhecimento de alta tecnologia está tão na moda hoje como a planificação russa e francesa relativamente ao desenvolvimento económico estava há trinta anos atrás. Até agora, os resultados são singularmente irrelevantes. Os êxitos japoneses nessas indústrias devem muito pouco aos tão falados planos do Governo – a maior parte foram fracassos (por exemplo, o ambicioso plano de desenvolver o supercomputador de "quinta geração"). Também os diversos planos dos Estados Unidos para vencer os japoneses, através de "consórcios" patrocinados pelo Governo, ou seja, por meio da centralização da inovação, foram bastante mal sucedidos.

A inovação, isto é, a aplicação do conhecimento à produção de um novo conhecimento, não é, como afirma muito do folclore americano, "inspiração" e trabalho árduo desenvolvido por solitários nas suas garagens. Exige, antes, um esforço sistemático e um elevado grau de organização.[2] Também exige descentralização e diversidade, ou seja, o oposto de planeamento central e de centralização.

---

2. Sobre este assunto ver o meu livro "Innovation and Entrepreneurship", 1986.

As exigências da Gestão

Termos como "centralização", "descentralização" e "diversidade" não são económicos, mas sim oriundos da Gestão. Não temos uma teoria económica da produtividade do investimento no conhecimento; e podemos nunca descobrir uma. Mas temos *preceitos de Gestão*. Sobretudo, temos a noção de que é responsabilidade da Gestão tornar o conhecimento produtivo. A gestão não pode ser abandonada pelo Estado, mas também não pode ser criada pelas forças do mercado. Exige uma aplicação organizada e sistemática do conhecimento ao conhecimento.

Uma primeira regra poderá ser a de que o conhecimento necessita de ter em vista objectivos elevados para produzir resultados. Os passos podem ser pequenos e incrementais, mas os objectivos têm de ser ambiciosos. O conhecimento só é produtivo se for aplicado para fazer a diferença.

> O Prémio Nobel húngaro-americano Albert Szent-Gÿorgyi (1893-1990) revolucionou a Fisiologia. Quando lhe pediram que explicasse as suas descobertas, citou um seu obscuro professor de uma universidade de província do seu país. "Quando iniciei o meu doutoramento", contou Gÿorgyi, "propus-me estudar a flatulência – sabia-se muito pouco sobre isso, tal como ainda hoje. "Muito interessante", disse-me o meu professor, "mas nunca ninguém morreu de flatulência. Se quer obter resultados (e este é um grande "se"), será melhor procurá-los onde eles possam fazer a diferença." E foi assim que me dediquei ao estudo da química básica do corpo e descobri as enzimas", concluiu Gÿorgyi.

Cada um dos projectos de investigação de Szent-Gÿorgyi constituía um pequeno passo, mas desde o início que tinha objectivos elevados: descobrir a química básica do corpo humano. Do mesmo modo, no Japão *kaizen*, cada passo é pequeno – uma pequena mudança aqui, um pequeno melhoramento ali. O objectivo é produzir, através de melhoramentos, passo a passo, um produto, um processo, um serviço, radicalmente diferentes, alguns anos mais tarde. Isto é *fazer a diferença*.

Para tornar o conhecimento produtivo, é preciso ainda que este esteja claramente focalizado, ou seja, profundamente concentrado. Quer seja trabalho individual ou de equipa, esse esforço de conhecimento exige determinação e organização. Não é um "golpe de génio", é um trabalho duro.

Tornar o conhecimento produtivo exige também a exploração sistemática das oportunidades de mudança – aquilo a que eu chamei, num livro anterior[3] as "sete janelas da inovação". Estas oportunidades têm de ser compatibilizadas com as competências e pontos fortes do trabalhador do conhecimento e da equipa do conhecimento.

Tornar o conhecimento produtivo exige tempo. Uma produtividade elevada de conhecimento – quer no aperfeiçoamento, quer na exploração ou na inovação – só surge ao fim de um longo período de gestação. No entanto, a produtividade do conhecimento também exige um fluxo contínuo de resultados de curto prazo. Implica a mais difícil de todas as conquistas de gestão: compatibilizar o curto com o longo prazo.

A nossa experiência em tornar o conhecimento produtivo tem sido, até à data, conquistada principalmente na economia e na tecnologia. Mas as mesmas regras são aplicáveis em relação a tornar o conhecimento produtivo na sociedade, na política e em relação ao próprio conhecimento. Até agora, pouco trabalho tem sido feito para aplicar o conhecimento nessas áreas. Porém, ainda necessitamos mais da produtividade do conhecimento nestas áreas do que na economia, na tecnologia ou na medicina.

É só relacionar...

A produtividade do conhecimento exige o aumento crescente da produção a partir daquilo que já é conhecido – tanto individualmente, como pelo grupo. Existe uma velha história acerca de um agricultor americano que recusou uma proposta de um novo método agrícola, dizendo: "Eu já sei cultivar o campo duas vezes melhor do que aquilo que faço".

A maior parte das pessoas (talvez todas) sabe muito mais do que o que põe em prática. A principal razão para isso é não mobilizarmos os múltiplos conhecimentos de que dispomos. Não os utilizamos como parte de uma caixa de ferramentas. Em vez de perguntarmos: "O

---

3. " Innovation and Entrepreneurship".

que sei eu, que conhecimentos já possuo que possa aplicar a esta tarefa?", temos tendência para classificar as tarefas em termos de áreas de conhecimento especializadas.

Verifiquei vezes sem conta, ao trabalhar com gestores, que um determinado desafio na estrutura organizacional, por exemplo, ou na tecnologia, resulta em conhecimento que os executivos já possuíam: podem tê-lo adquirido, por exemplo, num curso de Economia, na universidade. "Claro que sei isso", é a resposta habitual, "mas isso é Economia, não é Gestão." Esta distinção, como é óbvio, é puramente arbitrária, necessária talvez para ensinar e aprender uma determinada "disciplina", mas irrelevante enquanto definição daquilo que o conhecimento é, e do que pode fazer. O modo como tradicionalmente organizamos os negócios, os organismos do Estado e as universidades encoraja a tendência para acreditar que o objectivo das ferramentas é adornar a caixa de ferramentas, e não fazerem o trabalho.

Ao aprender e ensinar, devemos concentrar-nos na ferramenta. Ao usá-la, é preciso que tenhamos em vista o resultado final, a tarefa, o trabalho. "É só relacionar..." era o conselho que o romancista inglês E. M. Forster (1879-1970) dava continuamente, e foi também a imagem de marca dos grandes artistas, dos grandes cientistas como Darwin, Bohr ou Einstein.

Ao seu nível, a capacidade de relacionar pode ser inata e fazer parte de um mistério chamado "génio". Contudo, em grande parte, a capacidade de relacionar, e assim aumentar a produção conhecimento existente (quer individual, quer da equipa ou da organização no seu todo), é passível de ser aprendida. Há-de acabar por poder ser ensinada. Exige uma metodologia para *definir os problemas* – mais do que, eventualmente, a metodologia de "resolução de problemas" que está agora em moda. Requer ainda uma análise sistemática do tipo de conhecimento e de informação que determinado problema exige, e uma metodologia para organizar os níveis em que determinado problema pode ser equacionado – ou seja, uma metodologia subjacente ao que chamamos hoje "investigação de sistemas". Exige aquilo que pode designar-se por "ignorância organizada"[4] – e existe sempre muito mais ignorância do que conhecimento.

A especialização de conhecimentos permitiu-nos um enorme

---

4. Título de um livro que comecei a escrever há quarenta anos mas que nunca terminei.

potencial de desempenho em cada área. Mas porque os conhecimentos são especializados, precisamos de uma metodologia, de disciplina, de um processo para transformar esse potencial em desempenho. De outro modo a maior parte do conhecimento disponível não se tornará produtivo, permanecerá apenas informação.

Ver as árvores e não ver a floresta é uma falha grave. Mas é uma falha igualmente séria não ver as árvores e só ver a floresta. Cada pessoa só pode plantar e deitar abaixo árvores individuais. No entanto, a floresta é a "ecologia", o meio ambiente sem o qual as árvores nunca poderiam crescer. Por isso, precisamos de aprender a relacionar.

A produtividade do conhecimento será um factor determinante na posição competitiva de uma indústria, de uma empresa e de um país inteiro. Nenhum país, indústria ou empresa apresenta qualquer vantagem ou desvantagem "natural". A única que podem ter é a capacidade para explorar o conhecimento universal disponível. A única coisa que cada vez será mais importante, quer na economia nacional quer na internacional, é o desempenho da gestão no sentido de tornar o conhecimento produtivo.

11. A Responsabilização da Escola

Uma revolução tecnológica – computadores, transmissão por satélite directamente para a sala de aula – está a submergir as nossas escolas. Dentro de algumas décadas, tudo isso irá transformar o modo como ensinamos e a forma como aprendemos. Tudo isto mudará a economia da educação. De escolas quase exclusivamente centradas no trabalho intensivo passaremos a ter escolas de capital altamente intensivo.

Ainda mais drásticas – mas, por enquanto, raramente discutidas – serão as transformações da posição social e do papel da escola. Sendo há muito uma instituição central, tem-no sido mais "da sociedade" do que "na sociedade". Isto porque se preocupava com os jovens, que ainda não eram cidadãos, nem responsáveis, nem pertenciam à força de trabalho. Na sociedade do conhecimento, a escola torna-se a instituição dos adultos, e principalmente dos que possuem formação superior. Acima de tudo, na sociedade do conhecimento, a escola torna-se responsável pelo seu desempenho e pelos seus resultados.

No Ocidente, a escola passou por uma primeira revolução tecnológica há algumas centenas de anos, na sequência do aparecimento do livro impresso. Esta revolução traz lições importantes para os dias de hoje – e lições que não são tecnológicas. Primeira lição:

adoptar a nova tecnologia do ensino e da aprendizagem é um pré-requisito para o sucesso cultural e nacional – e também para a competitividade económica.

O Ocidente assumiu a liderança do mundo entre 1500 e 1650 devido, em larga escala, a ter reorganizado as suas escolas com base na nova tecnologia do livro impresso, atitude que, por não ser seguida pela China e pelo Islão, representou o factor mais importante no seu declínio e na sua submissão final ao Ocidente. Tanto uma como o outro usavam caracteres impressos – a China fazia-o, naturalmente, há séculos (embora não utilizasse tipos móveis) – mas ambos mantiveram os livros fora das escolas, rejeitando-os como instrumento de ensino e aprendizagem. O clero islâmico manteve-se fiel ao ensino tradicional e à recitação, pois via no livro uma ameaça à sua autoridade, precisamente porque permitia que os estudantes lessem sozinhos; na China, os académicos confucianos rejeitaram-no igualmente, permanecendo leais à caligrafia. O livro era incompatível com um princípio-chave da cultura chinesa: o de que o domínio da caligrafia era o passaporte para a autoridade.

Antes de 1550, a China e o Império Otomano – o corpo político do Islão – eram as "superpotências" mundiais em todas as arenas: política, militar, económica, científica e cultural. Até 1550, estiveram em curva ascendente. Desde essa altura começaram progressivamente a estagnar, porque se viraram para dentro e se puseram cada vez mais na defensiva. No Ocidente, a escola era vista como instituição "progressista" e como motor de arranque em todas as áreas: na cultura, nas artes, na literatura, na ciência, na economia, na política e militarmente. No Islão e na China, em contraste, a escola começou por ser encarada como um obstáculo ao progresso, sendo a rebelião contra ela o ponto de partida para todos os movimentos de reforma destas duas grandes civilizações.

A primeira revolução na aprendizagem revela ainda outra lição igualmente importante: a tecnologia significa menos do que as mudanças que desencadeia – na substância, no conteúdo e na focalização da escolaridade e da escola. Estas mudanças na substância, no conteúdo e na focalização são o que realmente importa. São eficazes, mesmo que apenas se verifiquem progressos mínimos na tecnologia da aprendizagem e do ensino.

Como fizeram os japoneses

É isto que o Japão demonstra. Os japoneses não seguiram o modelo ocidental nas suas "novas" e "modernas" escolas – as escolas que o movimento dos *bunjin* (que significa literato, humanista) da Renascença de Quioto desenvolveu nos finais do século XVIII e inícios do XIX. O Japão não colocou o livro impresso no centro do ensino; na realidade, a caligrafia japonesa atingiu o seu apogeu nas escolas *bunjin* fundadas em Quioto e que, a partir daí, se estenderam a todo o país. Estas escolas insistiam na disciplina e no treino da percepção estética que a caligrafia transmite – tal como a educação japonesa ainda faz hoje. No entanto, as escolas *bunjin* não evitaram o livro impresso, como os chineses tinham feito; pelo contrário, usaram-no de forma eficaz. Acima de tudo, rejeitaram a ideia de formar "académicos" como um grupo de elite, isolado e diferente da gente comum. Os *bunjin* queriam alcançar a literacia universal; onde quer que chegassem, induziam o senhor local a construir nos seus domínios escolas para as crianças, abertas a todos. No seu conteúdo e substância, as escolas *bunjin* apoiavam fortemente a difusão dos conhecimentos provenientes do Ocidente e da educação ocidental – sobretudo através dos comerciantes holandeses que residiam em Nagasaqui. De facto, estas escolas da Renascença de Quioto, de há duzentos anos, são talvez o melhor exemplo da grande capacidade que os japoneses têm para absorver cultura estrangeira – neste caso, tanto chinesa como ocidental – e para a "japonizar".

Foram as escolas *bunjin* que, um século mais tarde, permitiram aos japoneses – caso único fora do mundo ocidental – transformarem-se numa nação moderna, tornarem-se "ocidentalizados" na sua economia, tecnologia, instituições políticas e militares, permanecendo, contudo, profundamente japoneses. Os homens que transformaram, nos finais do século XIX, o isolado e ainda feudal Japão dos xóguns no país "moderno" da restauração Meiji, tinham sido alunos das escolas *bunjin* e discípulos de algum dos seus grandes mestres.

A tecnologia, por mais importância e visibilidade que tenha, não será, contudo, a variável decisiva na transformação da educação. Mais importante será repensar o papel e a função da escolarização – a sua focalização, propósitos e valores. A tecnologia será, sem dúvida, relevante, mas essencialmente porque nos obriga a fazer coisas novas e não porque nos ajuda a fazer coisas antigas de uma forma melhor.

É de novo a primeira revolução europeia no ensino que dá o exemplo. A grande figura neste domínio, o homem a quem chamaram o "pai da escola moderna", foi John Ámos Comenius (1592-1670), um protestante checo (o seu nome original era Komensky) expulso do seu país pela Contra-Reforma católica que se seguiu à derrota do levantamento de 1618 contra os Habsburgos. De facto, devemos a Comenius a tecnologia que fez do livro impresso o veículo eficaz do ensino e de aprendizagem, pois inventou a cartilha e o manual escolar. Para ele, eram apenas instrumentos. A sua escola apostou num novo currículo, naquilo que ainda hoje em todo o mundo se considera, em traços gerais, "ensino". O seu objectivo era a literacia universal e tinha uma motivação religiosa: permitir que os seus compatriotas checos permanecessem protestantes e pudessem ler e estudar a Bíblia sozinhos, apesar de a sua religião ter sido abolida e de os sacerdotes terem sido expulsos pelos papistas vitoriosos.

O verdadeiro desafio do futuro não é a tecnologia em si, mas sim aquilo para que vai ser usada. Até agora, nenhum país tem o sistema de ensino de que a sociedade do conhecimento necessita. Nenhum respondeu às suas exigências fundamentais, nenhum conhece as "respostas", nem consegue fazer o que é necessário. Mas, ainda assim, podemos fazer as perguntas. Podemos definir, embora apenas em traços gerais, as especificações para a escolarização e para as escolas que irão responder às realidades da sociedade pós-capitalista e da sociedade do conhecimento.

Estas especificações exigem uma escola tão diferente das que actualmente existem quanto a escola "moderna" de Comenius, de há três séculos e meio, era diferente da que existia antes do livro impresso.

Estas são as novas especificações:

. A escola de que precisamos tem de providenciar uma literacia universal de qualidade superior, muito para além do que "literacia" hoje significa.

. Tem de transmitir aos estudantes de todos os níveis motivação para aprender e uma disciplina de aprendizagem contínua.

. Tem de ser um sistema aberto tanto a quem tem formação muito superior como a quem, por qualquer razão, não teve acesso a ensino avançado enquanto jovem.

. Tem de transmitir o conhecimento enquanto substância e enquanto processo – a distinção que os Alemães estabelecem entre *Wissen* e *Können*.

. Finalmente, a escolarização tem de deixar de ser um monopólio das escolas. A educação, na sociedade pós-capitalista, deve estender-se à sociedade inteira, a organizações de todos os tipos: de negócios, governamentais e sem fins lucrativos – que têm de ser tornar instituições de ensino e de aprendizagem também. As escolas, cada vez mais, devem trabalhar em parceria com empregados e empregadores.

As novas exigências do desempenho

A primeira prioridade, a fundamental, é uma literacia universal de grande qualidade. Sem ela, nenhuma sociedade pode esperar ser capaz de um bom desempenho no mundo pós-capitalista e na sua sociedade do conhecimento. Equipar os estudantes, individualmente, com os instrumentos necessários para poderem ter desempenho, darem o seu contributo e serem empregáveis é também o primeiro dever social de qualquer sistema de ensino.

A nova tecnologia do ensino terá um primeiro impacto na literacia universal. A maior parte das escolas, ao longo dos tempos, tem passado horas sem fim a tentar ensinar coisas que são mais bem aprendidas do que ensinadas, que se aprendem por comportamento, treino, repetição e *feedback*. A maior parte das disciplinas ensinadas no ensino básico estão aqui incluídas, bem como um bom número de disciplinas ensinadas em estádios posteriores do processo de ensino. Estes assuntos, quer sejam a escrita ou a leitura, a Aritmética, a Fonética, a História ou a Biologia – e mesmo outros mais avançados, como a Neurocirurgia, diagnóstico médico e a maior parte das engenharias –, aprendem-se mais facilmente, por exemplo, através de um programa de computador. O papel do professor é motivar, conduzir e encorajar. O professor, de facto, transforma-se num líder e num recurso.

Na escola de amanhã, os estudantes serão os seus próprios instrutores, com um programa de computador como ferramenta pessoal. De facto, quanto mais jovens eles são, mais o computador os atrai, os guia e os ensina. Historicamente, o ensino básico centrou-se no trabalho intensivo, mas no futuro será muito mais de capital intensivo.

Contudo, apesar da tecnologia disponível, a literacia universal coloca tremendos desafios. Os conceitos tradicionais da literacia já não são suficientes. Ler, escrever e fazer contas serão tão importantes como agora, mas a literacia, hoje, tem de ir além destas fundações. É necessária uma numeracia; uma compreensão básica da ciência e da dinâmica da tecnologia; o conhecimento de línguas estrangeiras; e é preciso, igualmente, aprender como ser um membro eficaz de uma organização, um empregado.

A literacia universal implica um compromisso claro na prioridade da escolarização. Exige que a escola das crianças, principalmente nos primeiros anos, subordine tudo o resto à aquisição das capacidades fundamentais. Se a escola não transmitir com êxito estas capacidades ao jovem aprendiz, terá falhado na sua missão crucial: dar aos que começam autoconfiança e competência, tornando-os capazes, daí a alguns anos, de terem um bom desempenho e de se sentirem realizados na sociedade pós-capitalista, a sociedade do conhecimento.

Isto vai exigir uma inversão da tendência prevalecente da educação moderna, principalmente da americana. Tendo conseguido, como se previra, uma literacia universal nos finais da Primeira Guerra Mundial ou, no máximo, no fim da segunda, a educação americana inverteu as suas prioridades. Em vez de dar prioridade a ser uma instituição de educação, pôs em primeiro lugar ser uma instituição social. Nos anos 50 e 60, quando nos Estados Unidos se tomou essa decisão, ela era provavelmente inevitável, pois a gravidade e extensão do problema racial que se enfrentava obrigava a transformar a escola num agente de integração racial; os negros e a herança do pecado da escravatura constituíram o âmago dos desafios americanos durante século e meio, e parecem ir continuar a sê-lo nos próximos cinquenta a cem anos, pelo menos.

No entanto, as escolas não deviam ter desempenhado esta tarefa social, já que, como qualquer outra organização, as escolas só são boas nas tarefas que constituem as suas próprias metas. Subordinar a aprendizagem aos objectivos sociais, pode, na realidade, ter impedido a integração racial e o avanço dos afro-americanos, como se prova pelo número decrescente dos que são bem sucedidos. Assim, colocar os fins sociais à frente dos objectivos de aprendizagem tornou-se um factor muito importante no declínio do ensino básico americano. As crianças das classes média e superior ainda adquirem literacia básica, mas as que mais necessitam dela, isto é, os filhos dos pobres, especialmente dos pobres negros e dos imigrantes, não.

Por isso, o que é necessário neste momento é a reafirmação do objectivo original da escola; é a aprendizagem individual, e não a reforma ou o aperfeiçoamento social. O acontecimento mais promissor na educação dos Estados Unidos poderá ser a intervenção de um número cada vez maior de afro-americanos e hispânicos de sucesso, como foi o caso de uma legisladora negra de Milwaukee, no Wisconsin, que avançou com um "plano de vales" em oposição ao sistema educacional estabelecido. Este plano possibilitava aos pais escolherem para os filhos uma escola que concentre a sua atenção no ensino e que exija que eles aprendam.

Tais medidas vão, por certo, ser objecto de ataques por parte dos liberais e dos progressistas, que as acusarão de elitistas. Porém, a mais elitistas das escolas, a japonesa, criou a mais igualitária das sociedades. Mesmo os que não brilham na corrida educacional competitiva do Japão ainda conseguem aquilo que, face a qualquer padrão tradicional, é uma elevada literacia e uma enorme capacidade para realizar tarefas e ter um bom desempenho na sociedade moderna. Na escola japonesa, a literacia é colocada em primeiro lugar e tudo o resto lhe está subordinado. Mas também há muitas escolas americanas onde as crianças mais desfavorecidas aprendem *porque é isso o que se espera delas e é isso que lhes é exigido.*

Aprender a aprender

"Literacia" significava tradicionalmente conhecimento sobre um assunto; por exemplo, saber multiplicar ou ter alguns conhecimentos de História americana. Mas a sociedade do conhecimento necessita igualmente de *processos de conhecimento* – algo que as escolas raramente tentaram ensinar.

Na sociedade do conhecimento, as pessoas precisam de aprender a aprender. Nesta sociedade, as disciplinas podem ter menos importância do que a capacidade de os estudantes continuarem a instruir-se e a sua motivação para o fazerem. A sociedade pós-capitalista exige uma aprendizagem ao longo de toda a vida. Para isso, é necessário, não só uma disciplina na aprendizagem, mas também que as matérias sejam interessantes, e, na realidade, proporcionem satisfação por si próprias e se transformem mesmo em algo por que o indivíduo anseia.

De todos os sistemas educacionais actuais, apenas o japonês tenta dotar os seus estudantes de disciplina na aprendizagem. O aluno japonês que consegue uma nota muito alta em Matemática aos dezoito anos, dez anos mais tarde não se lembra melhor da matéria do que um americano de vinte e oito que teve uma classificação abissalmente mais baixa dez anos antes. Só que o primeiro sai da escola a saber como estudar, como persistir, como aprender.

Contudo, no ensino japonês, a disciplina na aprendizagem – principalmente, o "inferno do exame" para entrar na universidade – não motiva. Baseada no medo e na pressão, apaga o desejo de continuar a aprender, e é desse desejo que precisamos.

Nas escolas de *liberal arts* americanas, pelo contrário, aprender é agradável para muitos estudantes. Mas é um simples prazer, sem qualquer disciplina. Confunde-se "sentir-se bem" com sentir-se realizado e "ser-se estimulado" com disciplina.

Na realidade *sabemos* o que fazer. De facto, durante centenas, senão milhares de anos, temos vindo a criar, tanto a motivação para continuar a aprender, como a disciplina necessária para que tal aconteça. Os bons professores de arte fazem-no, assim como os bons treinadores desportivos e os bons "mentores" nas organizações de negócios, de que tanto ouvimos falar actualmente na literatura de desenvolvimento da gestão. Conseguem conduzir os seus alunos a um grau de realização tão elevado que surpreendem os próprios, provocando alegria e motivação – principalmente a motivação para um trabalho e prática rigorosos, disciplinados e persistentes, que são essenciais para a aprendizagem contínua.

> Há poucas coisas mais aborrecidas para um pianista do que fazer escalas; no entanto, os melhores são os que as praticam fielmente, hora após hora, dia após dia, semana após semana. Do mesmo modo, os cirurgiões mais hábeis são os que praticam a realização de suturas, fielmente, hora após hora, dia após dia, semana após semana. Tanto uns como outros necessitam às vezes de trabalhar durante meses para obter um pequeno aperfeiçoamento na sua capacidade técnica, mas isso permite aos pianistas realizar o resultado musical que já tinham registado no seu ouvido e, aos cirurgiões, melhorarem a destreza dos seus dedos, o que poderá apressar uma operação e salvar uma vida. Sentirmo-nos realizados provoca habituação.

No entanto, sentirmo-nos realizados não significa fazer um pouco menos mal aquilo em que não somos particularmente bons. O sentimento de realização que motiva é fazer excepcionalmente bem aquilo em que se é já competente. O sentimento de realização deve basear-se nos pontos fortes dos estudantes – como há milénios o sabem os mestres das artes, os treinadores desportivos e os mentores. Tentar encontrar estes pontos fortes dos estudantes e focalizá-los na realização de algo é a melhor definição de professor e de ensino. É a definição que, no "De Magistro", é dada por um dos maiores professores da tradição ocidental, Santo Agostinho (354-430).

As escolas e professores sabem isso muito bem, mas raramente lhes foi dada a oportunidade de se focalizarem nos pontos fortes dos estudantes e de os desafiar. Em vez disso, tiveram quase sempre de se concentrar nas suas fraquezas. Na prática, todo o tempo das aulas tradicionais do Ocidente – pelo menos até à universidade – é passado a reparar as fraquezas, a produzir uma mediocridade respeitável.

Os estudantes precisam realmemente de adquirir competências mínimas em capacidades fundamentais, precisam de trabalho de reforço; de adquirir a mediocridade. Mas na escola tradicional não há praticamente tempo para mais nada. Os produtos de que se pode orgulhar, "os alunos do vinte", são os que conseguem satisfazer os seus níveis medíocres. Não são os que se sentem realizados, mas os que cumprem. Contudo, repetimos, na escola tradicional não há alternativa. A sua primeira tarefa é dar a cada aluno a capacidade de desenvolver as aptidões fundamentais. Isto só pode ser conseguido – mesmo numa classe pequena – se nos focalizarmos nas fraquezas dos estudantes para as corrigir.

É aqui que as novas tecnologias podem fazer a diferença. Libertam o professor de passar a maior parte do tempo, senão todo, no ensino de rotina, repetitivo. Os professores ainda têm de liderar estas actividades. Mas a grande parte do seu tempo tem sido tradicionalmente gasto no *follow-up*. Os professores, segundo um dizer antigo, gastam a maior parte do seu tempo a ser "assistentes de ensino". E isso o computador faz bem, mesmo melhor do que o ser humano. Os professores, esperamos, vão ter mais tempo para identificar os pontos fortes dos estudantes, para se concentrarem neles e para conduzir os estudantes na direcção da se sentirem realizados. Vão ter tempo para *ensinar*.

No entanto, mesmo que a tecnologia lhes permita isso, irá a escola alterar a sua atitude e concentrar-se nos pontos fortes? Será capaz de passar a ensinar "indivíduos" em vez de "estudantes"? A escola e o professor ainda terão de dizer: "Betsy (ou John), precisa de praticar a divisão e aqui estão os exemplos para treinar". A escola e o professor terão ainda de verificar se a Betsy ou o John fazem de facto este trabalho. Terão também de se sentar com o estudante para explicar, demonstrar, encorajar. Mas com o computador como assistente de ensino, os professores deixarão de estar sentados com os alunos para controlar o seu trabalho – onde passam actualmente todo ou, pelo menos, muito do seu tempo. Será que assim quererão focalizar-se nos pontos fortes de quem aprende? Será que assim poderão dizer: "Betsy, tu desenhas tão bem; porque não fazes o retrato de todos os colegas da aula?"

Há um segundo processo do conhecimento que deveria ser ensinado pelas escolas – ou, pelo menos, ser aprendido nas mesmas: aquele que é necessário para conseguir o que no capítulo anterior chamei "produção do conhecimento". Isto será provavelmente atingido pela prática, em vez de o ser na escola. Mas as únicas instituições de ensino que até agora estão preocupadas com a produção de conhecimento são as escolas "profissionais", por exemplo, de Engenharia, de Medicina, de Direito, de Gestão. Estas são as escolas que se concentram mais na prática do que na teoria. Contudo, toda a gente terá de ser capaz de produzir a partir do conhecimento, o que exige que o processo – os conceitos, os diagnósticos, as competências – seja ensinável ou, pelo menos, aprendível. Isto é, seguramente, um desafio para o ensino.

A escola na sociedade

A escola é, desde há muito, uma instituição social central – no Ocidente, a partir do Renascimento; no Oriente, há mais tempo. Mas tem-no sido mais "da sociedade" do que "na sociedade", ou seja, funcionou quase sempre como uma instituição isolada, raramente, se é que alguma vez sucedeu, relacionada com qualquer outra instituição. As primeiras escolas do Ocidente, os mosteiros beneditinos da Idade Média, formavam sobretudo monges e não indivíduos laicos. Além disso, a escola não era para pessoas crescidas – a raiz do vocábulo "pedagogia" *(paidos)* é uma palavra grega que significa "rapaz".

A escola estar *na* sociedade poderá constituir uma mudança tão radical como qualquer outra nos métodos de ensino e de aprendizagem de uma determinada disciplina, ou no processo de ensino e aprendizagem. A escola continuará a ensinar os jovens. Mas com a aprendizagem transformada numa actividade para a vida, em vez de algo que se deixa quando uma pessoa "cresce", a escola precisa de estar organizada de forma diferente. As escolas têm de se transformar em "sistemas abertos".

As escolas – quase por toda a parte – estão organizadas com base no pressuposto de que o estudante tem de entrar em cada estádio com uma determinada idade e com uma preparação prevista e padronizada. Nos Estados Unidos, começa-se o jardim de infância aos cinco anos, o ensino básico aos seis, o 3º ciclo aos doze, o secundário aos quinze, a universidade aos dezoito, etc., e se alguém falha um destes passos (à excepção da infantil) está para sempre fora do percurso normal e raramente lhe é permitido reentrar.

Para a escola tradicional, este é um axioma auto-evidente, quase uma lei natural. Mas é incompatível com a natureza e com as exigências da sociedade do conhecimento, da sociedade pós-capitalista. Assim, do que precisamos é de um novo axioma: "Quanto mais escolaridade uma pessoa tem, de mais escolaridade necessita."

Nos Estados Unidos, espera-se cada vez mais dos médicos, juristas, engenheiros e gestores que regressem às escolas, de anos a anos, caso contrário correrão o risco de se tornarem obsoletos. Fora dos Estados Unidos, isso constitui ainda excepção – principalmente o regresso de adultos às instituições de ensino superior nas áreas em que já tenham adquirido conhecimento substancial e um grau académico avançado. No Japão, o fenómeno ainda é quase desconhecido; mas também o é em França, em Itália e, de um modo geral, na Alemanha, Escandinávia e Reino Unido. Porém, terá de ser um padrão a seguir em todos os países desenvolvidos.

Outra novidade ainda maior é a necessidade de o sistema de ensino passar a ter um fim em aberto, ou seja, permitir que as pessoas entrem em qualquer idade e em qualquer das fases. Nos Estados Unidos isto está a acontecer muito rapidamente. No Reino Unido também já há uma universidade aberta, mas até agora são apenas começos.

A sociedade do conhecimento não se pode dar ao luxo de desperdiçar potencial de conhecimento; e a licenciatura passou a ser o passaporte para "empregos" no conhecimento. Mesmo em países como os Estados Unidos e o Japão, nos quais um elevado número de jovens vai para a universidade, um número ainda mais elevado suspende a sua escolarização aos dezasseis ou aos dezoito anos. Não existe qualquer razão para acreditar que estas pessoas não são dotadas intelectualmente para o trabalho do conhecimento. Toda a nossa experiência prova o contrário. O que as distingue dos jovens que continuam a estudar é muitas vezes apenas a falta de dinheiro.

Muitos jovens inteligentes não vão para a universidade aos dezoito anos porque são maduros e preferem ser adultos a continuarem no casulo da adolescência. Dez anos mais tarde, a maioria deles gostaria de voltar atrás. Então – e toda a gente que já ensinou o pode testemunhar – transformam-se nos estudantes mais empenhados, possivelmente por causa da sua forte motivação. Nesse momento *querem* aceitar tarefas complexas; enquanto aos dezanove anos se limitam a fazer o que lhes *dizem* para fazer.

Mais, e ainda mais importante: deixar livre o acesso ao ensino superior, independentemente da idade e das habilitações anteriores, é uma necessidade social. O trabalhador individual dos serviços deve ter a oportunidade de mudar para o trabalho do conhecimento, o que significa que a sociedade pós-capitalista tem de criar um sistema de ensino que, para usar um termo informático, ofereça "acesso aleatório". Os indivíduos devem poder, em qualquer fase da sua vida, ter a possibilidade de continuarem a sua educação formal e de se qualificarem para o trabalho do conhecimento. A sociedade tem de ser capaz de os aceitar em qualquer emprego para o qual possuam qualificações, independentemente da sua idade.

Nenhuma sociedade, hoje, está organizada assim. De facto, a maior parte dos países desenvolvidos estruturou-se no sentido de manter as pessoas onde começaram as suas carreiras profissionais. Este sistema é muito rígido no Japão e quase igualmente rígido na Europa. Os Estados Unidos têm ido mais longe na criação de oportunidades de aprendizagem para adultos. A área de maior crescimento da educação americana tem sido, nestes últimos anos, a de formação contínua para todas as idades, e a vontade de oferecer conhecimento adicional, mais avançado, nas suas especializações para pessoas de formação superior. Isto dá aos Estados Unidos uma enorme vantagem relativamente aos outros países desenvolvidos. Contudo, mesmo aí há ainda alguma relutância em aceitar trabalhadores na área do conhecimento se não tiverem adquirido as qualificações básicas cedo na vida.

As escolas como parceiros

A escolarização deixará de ser aquilo que as escolas fazem; será cada vez mais uma *joint venture* em que as escolas funcionam como parceiras e não como monopolistas. Em muitas áreas, as escolas serão apenas uma das instituições de ensino e aprendizagem disponíveis, em concorrência com outros fornecedores de ensino e aprendizagem.

A escola, como dissemos já, tem sido tradicionalmente o lugar onde se estuda; e o emprego, o sítio onde se trabalha. Cada vez mais, esta fronteira ir-se-á esbatendo. Cada vez mais a escola será o local onde os adultos continuam a aprender, embora trabalhem a tempo inteiro. Voltarão à escola para um seminário de três dias, para um curso de fim-de-semana, para um estágio intensivo de um mês ou ainda para terem aulas duas noites por semana durante vários anos, até obterem uma licenciatura.

Por outro lado, o emprego passará também a ser o lugar onde os adultos continuam a aprender. Embora a formação profissional não seja, obviamente, nada de novo, era costume utilizar-se apenas para principiantes.

Cada vez mais, a formação será, de um modo ou outro, aquilo que se faz ao longo da vida. O adulto, e especialmente o adulto com conhecimentos avançados, será tanto formando como formador, tanto professor como aluno.

Nos Estados Unidos, os empregadores gastam já quase tanto dinheiro na formação dos empregados adultos como o país gasta na educação dos jovens nas suas escolas.

O que ainda está para acontecer é a parceria entre escolas e instituições empregadoras. Há mais de século e meio que os alemães, nos seus programas de ensino, põem as escolas a trabalhar em conjunto com as empresas. Cada vez mais as escolas e as instituições empregadoras têm de aprender a trabalhar em conjunto na formação superior de adultos. Esta tarefa – quer o objectivo seja a educação de pessoas com formação elevada, quer a formação básica de quem, por qualquer razão, não conseguiu ter acesso ao ensino superior na juventude – será conseguida progressivamente através de todo o tipo de parcerias, alianças, estágios, em que escolas e outras organizações trabalhem em conjunto. As escolas precisam do estímulo de trabalharem com adultos, e as organizações empregadoras, tanto como os adultos e os seus empregadores, necessitam do estímulo de trabalharem com as escolas.

A escola responsabilizada

É vulgar ouvir-se falar de "boas" e "más" escolas, de escolas com prestígio e de escolas consideradas "de segunda". No Japão, meia dúzia de universidades – as de Tóquio, Quioto, Keio, Waseda, Hitotsubashi – controlam largamente o acesso às oportunidades de emprego nas maiores empresas e organismos estatais. Em França, as *Grandes Écoles* gozam de uma posição de poder e prestígio semelhantes. E, embora já não tanto como antigamente, Oxford e Cambridge ainda são as "superpotências" do ensino superior inglês.

Aceitamos estas definições com base numa série de formas quantitativas de medir a qualidade: a proporção de licenciados que lá se doutoram; o número de livros existente nas suas bibliotecas; a quantidade de finalistas dos liceus suburbanos que conseguem ser admitidos pela escola que foi a sua primeira escolha e a popularidade dessas universidades junto dos estudantes. Contudo, nunca nos perguntámos: o que são os *resultados* de uma escola? E o que deveriam ser?

Estas questões teriam forçosamente de surgir. No nosso século, a educação tornou-se demasiado cara para não lhe serem atribuídas responsabilidades. Como já dissemos em capítulos anteriores, nos países desenvolvidos, as despesas com o sistema de ensino dispararam em flecha de 2 por cento do PNB em 1913, para 10 por cento, oitenta anos mais tarde.

Mas as escolas tornaram-se igualmente demasiado importantes para não serem vistas como responsáveis – deverão pensar quais devem ser os seus resultados e avaliar o seu desempenho para os atingir. Evidentemente que sistemas educativos e escolas diferentes darão e deverão dar respostas também diferentes a estas questões. Mas muito em breve será pedido que respondam a essas questões e que as levem a sério. Deixou de ser aceitável a desculpa tradicional do mestre-escola face ao mau aproveitamento da sua classe: "Os alunos são preguiçosos e estúpidos." Assim, como o conhecimento é o recurso central da sociedade, os alunos preguiçosos ou os maus alunos serão da responsabilidade da escola. Só haverá dois tipos de escola: com bom desempenho e com mau desempenho.

As escolas estão já a perder o seu monopólio como fornecedoras da escolarização. Sempre existiu competição entre escolas diferentes – em França, uma rivalidade intensa entre as escolas estatais e as católicas e, nos Estados Unidos, entre as diversas universidades. Por outro lado, em poucas indústrias a competição é tão intensa – e impiedosa – como entre as "escolas de prestígio" dos países desenvolvidos. Mas, cada vez mais, essa competição passará a ser entre escolas e "não escolas", com diferentes tipos de instituições em campo, cada uma a oferecer uma abordagem diferente da escolarização.

> Um exemplo do que é de esperar é a grande empresa americana começar a concorrer com as maiores escolas de gestão: já está a promover para outras empresas o programa de gestão executiva que desenvolveu para os seus próprios gestores e está prestes a oferecer esse programa também a organismos estatais e forças armadas. Um outro exemplo são os juku japoneses, as "escolas intensivas", nas quais se inscreve grande número de alunos do ensino secundário. E há a editora americana que, recentemente, constituiu uma empresa para construir seiscentas escolas nos próximos cinco anos. Planeadas com o objectivo de cobrarem propinas moderadas (não mais do que o custo médio de uma criança no ensino público) pretendese que sejam altamente lucrativas. E tencionam prometer resultados: "notas altas ou devolvemos-lhe o seu dinheiro".

Um bom número destas iniciativas irá certamente falhar, mas surgirão outras.

À medida que o conhecimento passa a ser o recurso da sociedade pós-capitalista, a posição social da escola como "produtor" e "canal de distribuição" do conhecimento e a sua posição monopolista estão sujeitas a serem desafiadas. E prevê-se que alguns dos seus concorrentes consigam ganhar.

O que será ensinado e aprendido; como será ensinado e aprendido; quais os utilizadores da escola; qual a posição da escola na sociedade – tudo isso irá mudar muito nas próximas décadas. Na realidade, nenhuma outra instituição enfrenta desafios tão radicais como aqueles que irão transformar a escola.

No entanto, aquilo que constitui a grande mudança – aquela para que estamos menos preparados – é que a escola terá de se empenhar nos resultado. Terá de estabelecer os seus objectivos mínimos, o desempenho pelo qual é responsável e por que está a ser paga. A escola será finalmente *responsabilizada*.

12. A Pessoa Instruída

A Sociedade Pós-Capitalista trata do ambiente no qual os seres humanos vivem, trabalham e aprendem. Não trata da pessoa. Mas na sociedade do conhecimento para a qual nos dirigimos, os indivíduos são centrais.

O conhecimento não é algo de impessoal, como o dinheiro. O conhecimento não está num livro, numa base de dados ou num programa de *software*; estes contêm apenas informação. O conhecimento toma corpo numa pessoa, é transportado por uma pessoa; criado, melhorado por uma pessoa; aplicado por uma pessoa; ensinado e passado por uma pessoa; bem ou mal usado por uma pessoa.

A mudança para a sociedade do conhecimento põe, portanto, a pessoa no seu centro. Ao fazê-lo, levanta novos desafios, novos problemas, novas questões totalmente inéditas sobre o representante da sociedade do conhecimento, ou seja, a pessoa instruída.

Nas sociedades iniciais, a pessoa instruída era um ornamento. Personificava a *Kultur* – o termo alemão que, na sua mistura de respeito e desprezo, é intraduzível (nem mesmo "intelectualóide" se aproxima). Porém, na sociedade do conhecimento, a pessoa instruída é o emblema da sociedade; o símbolo da sociedade; o seu porta-estandarte. A pessoa instruída é o "arquétipo" social – para utilizar o termo sociológico. É ela quem define a capacidade de desempenho de uma sociedade. Mas também personifica os seus valores, crenças e compromissos. Se o cavaleiro feudal personificava a sociedade no início da Idade Média, se o burguês era o emblema do capitalismo, a pessoa instruída representará a sociedade pós-capitalista, na qual o conhecimento se tomou o recurso central.

Isto deve alterar o verdadeiro significado de "pessoa instruída"; deve modificar o real significado do que se entende por ser-se instruído. É, portanto, de prever que a definição de "pessoa instruída" seja um tema crucial. Com o conhecimento a representar o recurso--chave, a pessoa instruída enfrenta novas exigências, novos desafios e responsabilidades. *A pessoa instruída passa a ter importância.*

Durante os últimos dez ou quinze anos, os académicos têm-se envolvido num intenso debate – por vezes acalorado – acerca da pessoa instruída. Deve ou não existir? Existe alguma? O que se deve entender por "educação"?

Uma legião heterogénea de pós-marxistas, feministas radicais e outros "antis" argumentam que a pessoa instruída não existe – a posição dos novos niilistas, os "desconstrucionistas". Outros, neste grupo, afirmam o contrário e que cada sexo, cada grupo étnico, cada raça, cada minoria, deve exigir a sua cultura separada e a sua própria – naturalmente isolada – pessoa instruída. Dado que estas pessoas estão preocupadas principalmente com "humanidades", não fazem eco da "física ariana" de Hitler, da "genética marxista" de Estaline ou da "psicologia comunista" de Mao. No entanto, os argumentos destes antitradicionalistas lembram os dos totalitários e a sua meta é a mesma: o universalismo que está no centro do conceito de pessoa instruída, independentemente do que lhe chamem ("pessoa instruída" no Ocidente, ou *bunjin*, na China e no Japão).

O campo oposto – podemos chamar-lhe os humanistas – despreza também o actual sistema, mas isso acontece porque não consegue apresentar uma pessoa instruída universal. Os críticos humanistas exigem, por isso, um regresso ao século XIX, às "*liberal arts*", aos "clássicos", ao *Gebildete Mensch* alemão. Até agora ainda não citaram a afirmação de Robert Hutchins e Mortimer Adler, proferida há cinquenta anos, na Universidade de Chicago, de que o "conhecimento", na sua totalidade, consistia numa centena de "grandes livros", mas estão na linha directa do "Regresso à Pré-Modernidade", de Hutchins-Adler.

No entanto, ambos os lados estão enganados. A sociedade do conhecimento *deve* ter no seu centro o conceito de pessoa instruída. Deve ser um conceito universal precisamente porque a sociedade do conhecimento é a sociedade dos conhecimentos e porque é global – no capital, na economia, nas carreiras, na tecnologia, nos assuntos centrais e, acima de tudo, na informação. A sociedade pós-capitalista exige uma força unificadora, um grupo de liderança que possa transformar as tradições locais, particulares, separadas, num compromisso comum de valores, num conceito comum de excelência e de respeito mútuo.

A sociedade pós-capitalista – a sociedade do conhecimento – necessita, desse modo, do contrário daquilo que propõem os desconstrucionistas, as feministas radicais ou os anti-Ocidente. Precisa da única coisa que eles rejeitam totalmente: uma pessoa instruída universal.

No entanto, a sociedade do conhecimento necessita de um tipo de pessoa instruída diferente do ideal por que lutavam os humanistas. Estes punham em evidência, com toda a razão, a loucura dos seus oponentes – que exigiam o repúdio da "grande tradição", da sabedoria e da beleza que constituem a herança da humanidade. Mas uma ponte para o passado não é suficiente, e isso é tudo o que os humanistas oferecem. A pessoa instruída necessita de ser capaz de utilizar o seu conhecimento para enfrentar o presente, senão mesmo para moldar o futuro. Nas propostas dos humanistas, não há condições para possuir essa capacidade, nem há sequer essa preocupação. Mas sem ela a "grande tradição" continua a ser uma antiguidade cheia de pó.

No seu livro, de 1943, "O Jogo das Contas de Vidro", no original "Das Glasperlenspiel", Hermann Hesse antecipou o mundo que os humanistas desejavam – e o seu fracasso. O livro descreve uma irmandade de intelectuais e artistas que vive uma vida de esplêndido isolamento, dedicada à "grande tradição", à sua sabedoria e à sua beleza. Mas o herói da narrativa, o mestre da irmandade, decide, no final, regressar à realidade poluída, gordurosa, vulgar, turbulenta, gananciosa, dilacerada por conflitos – porque os valores que defende, se não forem relevantes para o mundo, apenas são ouro para os loucos.

Aquilo que Hesse previa há mais de cinquenta anos está a acontecer agora. O "ensino liberal" e a *Allgemeine Bildung* estão actualmente em crise porque se transformaram numa *Glasperlenspiel*, um deserto onde brilha a realidade gordurosa, vulgar, gananciosa. Os alunos mais dotados gostam das *liberal arts*, apreciam-nas tanto como os seus avós que se formaram antes da Primeira Guerra Mundial. Para esta primeira geração, as *liberal arts* e a *Allgemeine Bildung* continuaram a ter um significado importante ao longo das suas vidas, definiram as suas identidades. Também se mantêm com significado para muitos indivíduos da minha geração, que se formaram antes da Segunda Guerra Mundial, mesmo que a seguir esquecessem o seu latim e o seu grego. Todavia, hoje, os estudantes, por esse mundo fora, alguns anos depois das suas licenciaturas, queixam-se: "Aquilo que aprendi com tanto trabalho hoje não tem significado; é irrelevante para aquilo por que me interesso, para o que pretendo ser". Ainda querem um *curriculum* de *liberal arts* para os seus próprios filhos – Princeton ou Carleton, Oxbridge; Universidade de Tóquio, o *Lycée* – na realidade, sobretudo pelo seu estatuto social e por dar acesso a bons empregos. Mas, nas suas vidas pessoais, repudiam esses valores, repudiam a pessoa instruída dos humanistas. Por outras palavras, a sua educação liberal não lhes permite compreender a realidade, quanto mais dominá-la.

Ambos os lados deste presente debate são altamente irrelevantes. A sociedade pós-capitalista precisa mais da pessoa instruída do que qualquer outra sociedade anterior. Por outro lado, o acesso à grande herança do passado terá de ser também um elemento essencial. Mas essa herança abrange algo mais do que aquilo que é sobretudo a "civilização ocidental" e a "tradição judaico-cristã", por que os humanistas lutam.

A pessoa instruída de que necessitamos tem de ser capaz de apreciar as outras culturas e tradições; a grande herança da pintura e da cerâmica chinesa, japonesa e coreana; os filósofos e as religiões do Oriente; a religião e a cultura do Islão. A pessoa instruída também terá de ser menos exclusivamente "livresca" do que o produto do ensino liberal humanista. Precisará de treinar tanto a sua percepção como a análise.

A tradição ocidental terá de continuar a ser a essência, quanto mais não seja para permitir à pessoa instruída lutar contra o presente, senão mesmo contra o futuro, futuro esse que pode ser "pós-ocidental" ou "anti-ocidental", mas nunca "não ocidental". A sua civilização material e os seus conhecimentos permanecem nas fundações do Ocidente – a ciência, os instrumentos, a tecnologia, a produção, a economia, as finanças e a banca. Nada disto poderá funcionar se não for ancorado na compreensão e aceitação das ideias ocidentais e no conjunto da tradição ocidental.

> Os africanos que, no início do século XIX, gravaram as máscaras de madeira que os países desenvolvidos coleccionam agora tão avidamente nada sabiam do Ocidente, deviam-lhe muito pouco. Os seus descendentes da África Ocidental que actualmente fazem esses trabalhos – alguns de grande valor artístico – ainda vivem em cabanas de lama numa aldeia tribal. Os seus países ainda não estão sequer "em vias de desenvolvimento". Contudo, têm rádio, televisão, moto e utilizam ferramentas novas, tudo produtos da tecnologia ocidental. E fazem trabalhos de madeira para negociantes de Paris ou de Nova Iorque, mas a sua estética deve tanto ao expressionismo alemão e a Picasso como aos seus antepassados.

O movimento mais profundamente "anti-ocidental" não é o fundamentalismo islâmico: é a revolta do Sendero Luminoso no Peru – a tentativa desesperada por parte dos descendentes dos Incas de eliminar a Conquista Espanhola e fazer regressar o seu povo às origens e às línguas quechua e aymara, expulsando os odiados europeus e a sua cultura. Mas esta rebelião anti-ocidental financia-se cultivando cocaína para os toxicodependentes de Nova Iorque e de Los Angeles e usa como arma favorita, não a funda inca, mas antes o automóvel armadilhado.

A pessoa instruída de amanhã tem de estar preparada para viver num mundo global. Será um mundo "ocidentalizado", mas também progressivamente tribalizado. Ele ou ela tem de se tornar um "cidadão do mundo" – na visão, no horizonte, na informação. Contudo, terá também de encontrar alimento para as suas raízes locais e enriquecer e alimentar a sua própria cultura.

A sociedade pós-capitalista é, ao mesmo tempo, a sociedade do conhecimento e das organizações, cada uma delas dependente uma da outra e, no entanto, diferentes nos seus conceitos, valores e visões.

A maior parte – senão todas – das pessoas instruídas terá de praticar o seu conhecimento enquanto membro de uma organização. A pessoa instruída terá de estar preparada para viver e trabalhar simultaneamente em duas culturas – a do "intelectual", que se centra nas palavras e nas ideias, e a do gestor, que se focaliza nas pessoas e no trabalho.

Os intelectuais vêem a organização como uma ferramenta que lhes permite praticar a sua *techné*, o seu conhecimento especializado. Os gestores vêem o conhecimento como um meio para atingir um fim do desempenho organizacional. Ambos têm razão. São o oposto; mas relacionam-se entre si, mais como pólos do que como contradições. Necessitam um do outro; o investigador científico precisa do gestor de investigação tanto como este precisa do primeiro. Se um se sobrepõe ao outro, só existe não desempenho e uma total frustração. O mundo do intelectual, a não ser que seja contrabalançado pelo do gestor, transforma-se num mundo em que toda a gente "faz as suas coisas", mas ninguém produz seja o que for. O mundo do gestor, se não for compensado pelo do intelectual, torna-se a burocracia cinzenta e absurda do "Homem da Organização". Se ambos se equilibrarem entre si, surgirá criatividade e ordem, plenitude e missão.

Um bom número de pessoas na sociedade pós-capitalista irá viver e trabalhar simultaneamente nestas duas culturas. Muitas mais poderão – e deverão – estar expostas a experiências de trabalho em ambas as culturas, transitando, no início das suas carreiras, de uma função de especialista para outra de gestão. Por exemplo, o jovem técnico de informática que passa a responsável de projecto e chefe de equipa, ou o jovem professor que participa, a tempo parcial, durante dois anos, na administração da universidade. Assim, uma vez integrado numa "equipa não remunerada" ou num organismo estatal do sector social, o indivíduo ganhará uma perspectiva e um sentido de equilíbrio que lhe permitirão conhecer e respeitar ambos os mundos – o do intelectual e o do gestor. Todas as pessoas instruídas na sociedade pós-capitalista terão de estar preparadas para *compreender* ambas as culturas.

Para uma pessoa instruída do século XIX as *technés* não eram conhecimento. Já eram ensinadas na universidade e já se tinham transformado em "disciplinas". Quem as praticava eram "profissionais", e não "comerciantes" ou "artífices", embora não fizessem parte das *liberal arts* ou do *Allgemeine Bildung*, e por isso não fizessem parte do conhecimento.

Há muito tempo que as pessoas se licenciam nas *technés*: na Europa existem médicos e advogados desde o século XIII. No Continente e na América – com excepção de Inglaterra – a nova licenciatura em Engenharia (conferida pela primeira vez na França de

Napoleão um ano ou dois antes de 1800) tornou-se socialmente aceite. A maior parte das pessoas que foram consideradas "instruídas" vivia da prática de uma *techné* – juristas, médicos, engenheiros, geólogos ou, cada vez mais, homens de negócios (na realidade, só em Inglaterra se tinha consideração por um *gentleman* que não exercia qualquer ocupação). Mas o seu emprego ou a sua profissão era "um modo de vida", não era a sua "vida".

Fora dos seus escritórios, os praticantes de uma *techné* não falavam do seu trabalho nem das suas disciplinas. Isso era "falar de trabalho", e os alemães desprezavam-no como *Fachsimpeln*. O mesmo acontecia em França, pelo que quem se atrevesse a "falar de trabalho" era considerado imediatamente um indivíduo aborrecido e prontamente eliminado das listas de convidados da sociedade educada.

Contudo, agora que as *technés* se transformaram em conhecimentos, no plural, têm de ser integradas no conhecimento. As *technés* têm de se tornar parte daquilo que significa uma pessoa instruída. O facto de o *curriculum* das *liberal arts*, de que tanto gostavam no seu tempo de universidade, se recusar a fazê-lo é a razão por que os estudantes actuais as repudiaram alguns anos mais tarde. Sentiram-se postos de lado e até traídos e têm uma boa razão para sentir isso. As *liberal arts* e *Allgemeine Bildung*, que não integram os conhecimentos num "conhecimento universal", não são nem "liberais" nem "*Bildung*". Falham na sua primeira tarefa: criar uma compreensão mútua, esse "universo do discurso" sem o qual não existiria civilização. Em vez de unirem, estas disciplinas apenas fragmentam.

Não precisamos, nem teremos "polissábios" que estejam à vontade em vários conhecimentos; provavelmente tornar-nos-emos mesmo mais especializados. porém, aquilo de que, na realidade, precisamos – e que irá definir a pessoa instruída na sociedade do conhecimento – é da capacidade para *compreender* os vários conhecimentos. De que trata cada um deles? O que se está a tentar fazer? Quais as suas preocupações centrais e teorias? Que novos e importantes conhecimentos profundos produziu? Quais são as suas áreas mais importantes de ignorância, os seus problemas e desafios?

Sem esta compreensão, os conhecimentos tornam-se estéreis, e deixarão de ser "conhecimentos". Tornam-se intelectualmente arrogantes e improdutivos, porque os principais novos conhecimentos, em cada uma das áreas especializadas, resultam de outras áreas também especializadas, ou seja, de um dos outros conhecimentos.

Tanto a Economia como a Meteorologia estão actualmente a ser transformadas pela nova matemática da Teoria do Caos. A Geologia tem sido profundamente alterada pela física da matéria; a Arqueologia, pela genética do ADN; a História, pelas análises e técnicas psicológicas, estatísticas e tecnológicas. Um americano, James M. Buchanan (nascido em 1919), recebeu o Prémio Nobel de Economia, em 1986, pela sua aplicação de teoria económica recente ao processo político, identificando assim os pressupostos e teorias a partir das quais os politólogos fundamentaram o seu trabalho durante um século.

Os especialistas devem assumir responsabilidade por se fazerem entender tanto a si próprios como à sua área de conhecimento. Os *media* – quer sejam revistas, filmes, televisão – têm um papel fundamental a desempenhar, mas não podem fazer o trabalho sozinhos, tal como não o pode qualquer outro tipo de divulgação popular. Os especialistas têm de ser compreendidos por aquilo que são: sérios, rigorosos, exigentes. Isso requer que os líderes, em cada conhecimento, a começar pelos académicos em cada área, assumam o duro trabalho de definir o que fazem.

Não existe nenhuma "Rainha dos conhecimentos" na sociedade do conhecimento. Todos os conhecimentos são igualmente valiosos; todos, nas palavras de um santo e filósofo medieval, São Boaventura, conduzem igualmente à verdade. Contudo, para fazer deles caminhos para essa verdade, os homens e as mulheres que detêm esses conhecimentos têm de se responsabilizar. Colectivamente, garantem a autenticidade do conhecimento.

O capitalismo foi dominante durante um século, quando Karl Marx, no seu primeiro volume de "O Capital" o identificou (em 1867) como uma ordem social distinta. O termo "capitalismo" só surgiu trinta anos mais tarde, muito depois da morte de Marx. Por isso, seria extrema presunção a tentativa de escrever hoje "O Conhecimento"; seria ridiculamente prematuro. Assim, tudo o que se pode tentar – tudo o que este livro tenta – é descrever a sociedade e a política no ponto em que começa a transição da idade do capitalismo (que foi também, evidentemente, a idade do socialismo).

No entanto, podemos ter esperança de que, dentro de cem anos, um livro deste tipo, mesmo que não tenha como título "O Conhecimento", possa ser escrito, o que significa que superámos com sucesso a transição na qual agora mesmo embarcámos. Seria tão absurdo prever a futura sociedade do conhecimento como tentar adivinhar, em 1776 – o ano da revolução americana, da "Riqueza das Nações", de Adam Smith e da máquina a vapor de James Watt –, a sociedade sobre a qual, cem anos mais tarde, Marx iria escrever. Tal como seria absurdo Marx ter previsto, em pleno capitalismo vitoriano – e com "infalibilidade científica" – a sociedade em que hoje vivemos.

Mas uma coisa podemos prever: a maior mudança será a mudança no conhecimento – na sua forma e no seu conteúdo; no seu significado; na sua responsabilidade; e naquilo que irá significar ser-se uma pessoa instruída.

Entrevista

Entrevista de Peter Drucker publicada na revista "Gestão Pura" em Junho de 2003. O autor respondeu a cinco questões colocadas por três professores portugueses.

Questões do Professor Vasconcellos e Sá, Professor Catedrático na Universidade Técnica de Lisboa.

1. A governação das sociedades empresariais (Corporate Governance) é um assunto quente hoje em dia. Alguns podem achar que são más notícias: se é sentida como uma necessidade, então é porque não é praticada. De qualquer das formas, casos como a Enron colocam este assunto na agenda, e até mesmo a OCDE produziu documentos sobre o assunto. Qual é a sua recomendação para melhorar a governação das sociedades empresariais?

PD: Uma razão importante para o fracasso da governação das sociedades empresariais – não só nos EUA, mas em Inglaterra e também na Alemanha (e de forma especialmente acentuada em França) – é a pressão para os resultados a curto prazo, da qual a bem intencionada regulação do Governo americano é em parte responsável. A correcção – eu defendi-o durante 50 anos – consiste em demonstrar os resultados de curto prazo, por exemplo, do último trimestre – numa curva de cinco anos em movimento – e fazer o mesmo relativamente às projecções do trimestre seguinte ou do próximo ano. Só por si, os resultados de um trimestre não têm significado.

Outra razão para a crise actual é que a Gestão – e os analistas externos ainda pior – acredita que existe ou deve existir uma medida dos resultados. Não faz diferença se essa mesma medida é a rentabilidade, o retorno do investimento, a reputação no mercado, o volume de vendas ou o número de empregados. Ter uma única medida, ou acreditar que existe uma só medida principal, é como acreditar que sabemos tudo sobre a saúde e o desenvolvimento de uma criança conhecendo só o seu peso ou a sua altura. Qualquer empresa necessita de medidas múltiplas; e, em diferentes alturas, diferentes medidas têm mais peso. Estabelecer a medida que é nesta altura mais importante é uma decisão de gestão essencial e muito crítica. A rentabilidade ou o lucro são a última coisa a ter em conta – nenhum negócio "faz" um lucro. Os negócios fazem sapatos. O lucro é a margem final. Em primeiro lugar, vêm os principais elementos que revelam o desempenho do negócio: a reputação no mercado, a produtividade, o desempenho na inovação... A rentabilidade é tão necessária à sobrevivência como uma componente determinante do custo, por exemplo, o custo do capital. Mas, como disse antes, é um resultado último, uma margem.

Também o balanço entre os resultados de curto prazo e a rentabilidade de longo prazo é de importância vital – e a presente ênfase dos EUA é posta no lucro para o trimestre corrente, que, por si só, é insignificante, como qualquer outra medida individual, por exemplo, o volume de vendas e reputação no mercado japonês ou a segurança no trabalho na Alemanha.

Acontece que as empresas norte-americanas (e europeias) bem geridas sabem disso. O presidente executivo (CEO) pode venerar a maximização do lucro em público – é moderno e é o que o mercado bolsista quer ouvir – mas não a coloca em primeiro lugar na sua prática. As empresas que o fazem (ou fizeram, porque esta moda já está a mudar nos EUA, como é cabalmente demonstrado no recente livro de James Collins, "Good to Great": até agora, poucas grandes empresas norte-americanas tiveram a coragem de afirmar publicamente o que sabem e praticam em privado) destroem rapidamente os seus negócios e por isso existe a crise (ou uma aparente crise) da governação das sociedades empresariais.

E neste caso, a questão básica para a governação das sociedades empresariais será a pergunta: "Perante quem é que a gestão é responsável?" É relativamente fácil responder a uma outra pergunta: "Pelo que é que a gestão é responsável?" É responsável pelo desempenho, sobrevivência e sucesso do negócio do qual é guardiã. Mas a responsabilidade sem responsabilização (avaliar resultados) não funciona. Na típica grande empresa, qualquer órgão de supervisão – o *board of directors*, o *conseil d´administration*, o *aufsichtsrat* – pura e simplesmente não funciona bem, se é que consegue de todo trabalhar. Sabemos isto há 50 anos; eu salientei este assunto no meu livro "The Practice of Management", em 1953. Mas até agora ninguém encontrou uma solução eficaz. É necessário que a gestão de topo queira um Conselho de Administração eficaz e que trabalhe arduamente em consegui-lo – o que significa arriscar a própria sobrevivência num lugar de gestão de topo. Já trabalhei com algumas grandes organizações – tanto de negócios como não lucrativas – em que o presidente executivo (CEO) queria um conselho de administração verdadeiramente independente e com conhecimentos e queria realmente construir um. Neste caso não existe o problema da governação das sociedades empresariais, mas estes exemplos são raros. Já agora, o melhor debate sobre o assunto da governação das sociedades empresariais é um relatório feito pelo Governo britânico, o relatório Cadbury.

2. Globalização é outro tema actual. Penso que foi Benjamin Franklin que disse que nenhuma nação foi alguma vez arruinada pelo comércio. No entanto, alguns criticam a globalização, cultural e economicamente. Culturalmente, por impor "the american way of life" [estilo de vida norte-americano] e, economicamente, por aumentar a pobreza nos países mais pobres. Qual é a sua opinião sobre este assunto?

PD: Um estudo recente, de há três anos, debatido na revista "Economist" demonstra de forma concludente que a "globalização" aumentou muito os rendimentos (reais e nominais) da grande maioria dos pobres nos países em desenvolvimento e nos países emergentes. O melhor exemplo é, de certeza, a China, onde os rendimentos dos pobres no litoral, uma economia em rápida emergência, aumentaram pelo menos dez vezes nos últimos quinze anos. E a China é o maior país do mundo com mais pobreza. Mas a globalização aumenta as diferenças de rendimento entre países ou regiões que se globalizaram e participam na economia mundial de outros países – como a Tailândia, a África do Sul, a China litoral, o México e o Brasil – e regiões que não participam na economia mundial e tentam evitar a sua integração nesse mundo, como o interior rural da China ou a África subsariana. Por outro lado, é certo que aumenta o fosso de rendimentos entre quem tem formação técnica e instrução e quem não as tem. O rendimento dos pobres na China – que há quinze anos era, à vontade, o país mais pobre do mundo – aumentou pelo menos dez vezes mais no litoral (que tem cerca de um terço da população total da China, consideravelmente mais pessoas do que as que existem nos EUA ou mesmo em toda a União Europeia) do que no interior. Este facto está directamente relacionado com o grau de instrução na região – perto de 100 por cento na área costeira e não mais de 55 por cento no interior do país. A globalização é vista como uma oportunidade para combater a pobreza em países como o Brasil, o México ou a China, enquanto países que não querem participar na economia global, ou que, mais provavelmente, são impedidos disso por incompetência dos seus governos ou por conflitos tribais contínuos, como é o caso da África subsariana e da Birmânia, ficam mais pobres. Não ficam mais pobres por causa da globalização. Ficam mais pobres porque não estão a aproveitar as oportunidades que a economia mundial oferece.

No que diz respeito à imposição do *american way of life*, há muitas coisas na actual cultura ocidental de que eu não gosto particularmente. Mas ninguém me força a mim nem a ninguém em qualquer país, incluindo China, Portugal ou Indonésia, a ver os filmes de Hollywood, a fazer compras nos hipermercados ou a comprar uma moto ou uma televisão. Se existe quem o faça, é por sua própria escolha e não porque alguém lho "impõe". E, claramente, o estilo de vida ocidental é o que a maioria destas pessoas sempre quis.

O facto é que a humanidade, em todo o lado, tem os mesmos (baixos) apetites e desejos, especialmente no que diz respeito aos bens materiais. Os intelectuais de todos os pontos do mundo esperavam que rendimentos mais altos quisessem dizer uma melhoria na "cultura" – eu já esperei isso, em tempos – e os marxistas ainda pensam assim. Mas não é isso o que acontece. Rendimentos mais altos, em qualquer ponto do mundo, significam mais das mesmas necessidades, em vez de requinte (cultura). Por acaso, o último economista que verdadeiramente acreditou que maiores rendimentos significavam requinte cultural foi o maior economista do século XX, John Maynard Keynes. O seu correspondente americano/austríaco, o grande Joseph Schumpeter, soube correctamente antever, nos anos 40, durante a segunda Guerra Mundial, quer o *boom* pós-guerra que ocorreu no mundo inteiro, quer a consequente explosão de procura de bens materiais nos países mais avançados, especialmente nos EUA. Não acreditei nele, mas ele tinha razão e Keynes estava errado.

A propósito, este apetite pode ser por bens que são vistos como "americanos". Mas são, na sua maioria, negócios não americanos que os fornecem. A América é, claro, o maior exportador mundial. Mas a maioria das exportações americanas não são bens materiais, mas sim alimentos e matérias-primas. O apetite mundial por bens materiais e também pelos serviços ocidentais (o mais importante dos quais a educação moderna) não é satisfeito por empresas ou instituições americanas mas – no caso dos bens materiais – por negócios japoneses, alemães e franceses. Por exemplo, o hipermercado não é uma invenção americana, mas sim francesa (Carrefour) e a ideia da banca "universal" e global é inglesa (Hong Kong & Shangai Banking Corporation é o banco mais mundial que existe); o Citibank americano é o número dois em termos de presença global, mas é, acima de tudo, o banco americano com mais subsidiárias estrangeiras, em vez de ser um banco global como é o caso do HSBC.

E, para lhe dar um exemplo pessoal de que o *american way of life* é criado pela procura em vez de pela oferta, e deixando de lado a "imposição", os maiores mercados dos meus livros de Gestão (e a Gestão faz certamente parte do *american way of life*) não são os EUA ou a Europa Ocidental, mas sim os países emergentes, primeiro o Japão, nos anos 50 e 60, e depois a Coreia, o Brasil, etc. Por outras palavras, a Gestão não está a ser "imposta" pela América, apesar de ter sido aí inventada.

É mais simples, barato e fácil para países emergentes e em desenvolvimento comprar o que já foi desenvolvido, em vez de passar trinta anos a reinventá-lo – como Adam Smith já sublinhou há 225 anos atrás.

Questão de Paulo de Lencastre, professor de Marketing na Universidade Católica Portuguesa

3. Foi um grande pioneiro do conceito moderno de marketing: a sua célebre frase "o marketing não é uma função, é toda a empresa vista da perspectiva do cliente", data de 1954, antes mesmo de "Marketing Myopia" de Ted Levitt (1960). Cinquenta anos passados, como vê a evolução do conceito que ajudou a criar?

PD: O verdadeiro marketing ainda é muito raro e é a excepção em quase todo o lado. A maioria dos negócios, americanos, europeus ou japoneses, ainda encara o marketing como uma parte das vendas, e não como uma dimensão do negócio no seu conjunto. A maioria das empresas que conheço iniciam a sua planificação, por exemplo, com os produtos e serviços que fazem e querem vender. Muito poucas começam pelo que sabem sobre o mercado potencial e sobre o que os clientes querem comprar e estão dispostos a pagar. Mas as poucas que começam com o mercado, o que significa começar com a parte exterior ao negócio, onde estão os resultados (no interior do negócio só existem custos – não existem "centros de lucro" dentro do negócio – o único centro de lucro é o cliente cujo cheque não tem de ser devolvido), têm em regra bons resultados. São exemplos disso a editora alemã Bertelsmann, o Citibank e a General Electric, nos EUA, e algumas empresas médias de engenharia muito bem sucedidas no Brasil.

Questões do Professor Pinto dos Santos, Insead, França

4. *De todas as suas contribuições para a Teoria da Gestão e as suas implicações práticas, qual considera mais importante? Porquê?*

PD: A minha maior, e talvez única contribuição, não é um princípio ou técnica, como por exemplo a "Gestão por objectivos". É, certamente, ter criado a consciência da Gestão como um trabalho profissional, como uma disciplina, e como uma função-chave na sociedade moderna.

Existiram, com certeza, gestores desde que existe memória do tempo. O maior gestor de todos os tempos, na minha opinião, viveu e trabalhou há quatro mil anos atrás – o egípcio que concebeu a ideia da pirâmide, para a qual não existe precedente; na realidade, construiu uma – e num tempo recorde – e ainda se mantém de pé!

Mas a primeira vez que me interessei pela Gestão – nos primeiros anos da Segunda Guerra Mundial – poucos gestores sabiam que estavam a praticar Gestão. Eles eram os "patrões", o que significa que a Gestão era uma categoria, em vez de uma função. Não existiam praticamente nenhuns livros sobre Gestão; havia muitos sobre Contabilidade e sobre Vendas, mas nenhum sobre Gestão. Nenhuma escola ensinava Gestão; eram escolas de negócios que ensinavam funções individuais, por exemplo, Contabilidade ou Relações do Trabalho. A própria palavra "Gestão" era praticamente desconhecida – não podia encontrar o seu actual significado em nenhum dos maiores dicionários de língua inglesa. Os meus primeiros dois livros, "Concept of Corporation" (1946) e "Practice of Management" (1953) – na realidade os meus terceiro e quarto livros, porque os dois primeiros tinham como temas a política e a sociedade –, alteraram isso. Agora temos uma consciência dela mundialmente generalizada e temos preocupações com a Gestão. Também sabemos que não existem países subdesenvolvidos, mas sim mal geridos ou subgeridos. Se ter consciência da gestão e ter preocupações com ela é bom ou mau é uma coisa que pode ser discutida. E foi discutida. Os marxistas – se é que ainda há alguma esquerda – pensam que é uma coisa má; para eles, as únicas pessoas legítimas são os trabalhadores e os capitalistas, e o sucesso do negócio tem por base a exploração dos trabalhadores e a expropriação do seu *mehrwert* (valor acrescentado). No entanto, para o bem e para o mal, a consciência da gestão e a preocupação com ela é, sem dúvida, em grande parte resultado do meu trabalho – e é certamente a minha contribuição mais importante.

No caso de achar que exagerei em relação ao desconhecimento da gestão há 50 anos atrás, conto-lhe o seguinte: em 1947, depois da publicação do meu livro "Concept of the Corporation", a Harvard Business School queria contratar-me. Na altura dava aulas de Política e Religião num pequeno colégio de *liberal arts* na Nova Inglaterra. Mas o reitor da Harvard Business School não queria que eu ensinasse Gestão, nem queria, de facto, que ninguém ensinasse Gestão. Ele queria ensinar Relações Humanas e Relações do Trabalho. E disse-me firmemente que a minha ideia de existir uma prática da Gestão, uma profissão de Gestão e disciplina de Gestão era pura imaginação. Só existiam superiores e subordinados. E a maioria do seu corpo docente, nessa altura, apoiou-o – a Harvard Business School só escreveu o primeiro caso de gestão depois de o meu livro "The Practice of Management" ter aparecido, em 1953 ou 1954. A Wharton School, em Filadélfia, começou a leccionar Gestão mais cedo – depois de "Concept of the Corporation" ter surgido e a Wharton se ter esforçado, em vão, por me recrutar; a New York University contratou-me em 1949 expressamente para ensinar Gestão.

5. *Existe algum texto ou contribuição que se arrependeu de ter feito? Porquê?*

PD: Não – mas gostava de ter equilibrado mais a minha escrita entre trabalhos sobre Gestão e trabalhos noutras áreas, mais para outras áreas. Existem três livros que gostava de escrever, que, aliás, já comecei a escrever e que só foram preteridos em favor de um livro sobre Gestão e de outro sobre os seus aspectos. Estes três livros falam sobre a organização da ignorância, ou seja, sobre a aplicação dos sistemas de pensamento à descoberta do conhecimento. Partes deste futuro livro já foram incorporadas no livro "Innovation and Entrepreneurship", que escrevi em 1985. Um segundo futuro livro, nunca escrito porque o pus de lado para escrever um livro sobre Gestão (o meu "Managing for Results", 1964), teria o título "American Experiences" e 25 a 30 capítulos, dos quais escrevi sete ou oito (um dos quais sobre Henry Ford – o último não conformista) que pode encontrar no meu volume de textos "The Ecological Vision" (Transaction Publishers). O último, potencialmente o meu melhor livro e talvez o mais importante, chama-se "On Reading Prose", que era o título de um curso que eu leccionei durante vários anos. Gostava de ter escrito estes livros, apesar de saber que teriam certamente menos sucesso do que os livros de Gestão que escrevi, em vez deles.

Livros de F. Peter Drucker

GESTÃO
Management Challenges for the 21 st Century - Desafios da Gestão para o séc. XXI (Civilização Editora)
Management for the Future
Managing in the Next Society
Managing for the Future: the 1990s and beyond
Managing in a time of Great Change
The Executive in Action: Managing for Results, Innovation and Entrepreneurship, the Effective Executive
Managing the Non-Profit Organization
The Frontiers of Management- Fronteiras da Gestão (Editorial Presença)
Innovation and Entrepreneurship- Inovação e Gestão (Editorial Presença)
The Changing World of the Executive
Managing in Turbulent Times
Management: Tasks, Responsibilities, Practices
Technology, Management and Society
The Effective Executive/ The Effective Executive Revised
Managing for Results
The Practice of Management
Concept of the Corporation

ECONOMIA, POLÍTICA E SOCIEDADE
Post-Capitalist Society - Sociedade Pós Capitalista (Actual Editora)
The Ecological Vision
The New Realities
Toward the Next Economics
The Unseen Revolution
Men, Ideas and Politics
The Age of Discontinuity
Landmarks of Tomorrow
America's Next Twenty Years
The New Society
The Future of Industrial Man
The End of Economic Man
The Pension Fund Revolution

FICÇÃO
The Temptation to do Good
The Last of All Possible Worlds

AUTOBIOGRAFIA
Adventures of a Bystander